Disney·PIXAR

INSIDE OUT

길벗 이지:톡

Disney · Pixar Best Collection – INSIDE OUT

초판 발행 · 2024년 7월 1일
초판 3쇄 발행 · 2025년 7월 1일

번역 및 해석 · 강윤혜
발행인 · 이종원
발행처 · (주)도서출판 길벗
브랜드 · 길벗이지톡
출판사 등록일 · 1990년 12월 24일
주소 · 서울시 마포구 월드컵로 10길 56(서교동)
대표 전화 · 02)332-0931 | 팩스 · 02)323-0586
홈페이지 · www.gilbut.co.kr | 이메일 · eztok@gilbut.co.kr

기획 및 책임 편집 · 김지영(jiy7409@gilbut.co.kr), 김대훈 | **디자인** · 강은경 | **제작** · 이준호, 손일순, 이진혁
마케팅 · 차명환, 장봉석, 최소영 | **유통혁신** · 한준희 | **영업관리** · 김명자, 심선숙 | **독자지원** · 윤정아

편집 진행 및 교정교열 · 오수민 | **전산편집** · 조영라 | **오디오녹음** · 와이알미디어
CTP 출력 및 인쇄 · 금강인쇄 | **제본** · 경문제책

ISBN 979-11-407-1013-3 03740 (길벗 도서번호 301189)

정가 26,000원

독자의 1초를 아껴주는 정성 길벗출판사
(주)도서출판 길벗 | IT단행본, 성인어학, 교과서, 수험서, 경제경영, 교양, 자녀교육, 취미실용 www.gilbut.co.kr
길벗스쿨 | 국어학습, 수학학습, 주니어어학, 어린이단행본, 학습단행본 www.gilbutschool.co.kr
유튜브 · @GILBUTEZTOK | **인스타그램** · gilbut_eztok | **네이버블로그** · gilbuteztok

머리말

디즈니·픽사 명작의 주인공처럼 영어를 말한다!

국내 유일 〈인사이드 아웃〉 전체 대본 수록! 디즈니 · 픽사 명작이 내 손 안에!

디즈니, 픽사 애니메이션 팬을 위해 국내 유일하게 전체 대본을 수록하였습니다. 〈인사이드 아웃〉은 제88회 아카데미 시상식 장편 애니메이션상을 수상하고, 각본상에 노미네이트 될 정도로 길이 남을 명작입니다. 영화를 보면서 느꼈던 감동을 대본을 읽으며 다시 한번 느껴보세요.

영어 학습을 위한 최적의 영화 장르, 애니메이션!

비싼 영어 학원이나 온라인 프로그램이 지루해서 건너 뛰고 있다면 재미있는 애니메이션 대본으로 공부해 보세요. 디즈니 애니메이션에는 슬랭이나 욕설 등의 거친 표현들이 거의 없고, 의학이나 법정 영화같이 특정 분야의 어려운 표현들이 들어 있지도 않아요. 실생활에서 자주 쓰는 표현들로만 구성되어 있죠. 아이들도 볼 수 있게 표현도 비교적 쉬운 편이라 초보자들이 영어를 학습하기에 제격입니다.

자막 보는 것 같은 구성, 중요 표현은 표현집에서 한번 더!

영화를 볼 때 자막을 보는 것 같은 효과를 위해 오른쪽에서 번역을 바로 볼 수 있는 영한대역으로 구성을 했습니다. 단어가 궁금할 때는 하단에서 편하게 확인할 수 있고요. 만약 영어 대본만 보고 싶다면 오른쪽 페이지를 살짝 접어 해석이 보이지 않게 학습하면 됩니다. 실생활에 자주 쓰이는 핵심 표현 100개를 스크립트북에서 뽑아 워크북으로 구성하여 학습 효과를 높였습니다.

책의 구성

스크립트북

국내 최초로 〈인사이드 아웃〉 대본 전체를 담았습니다. 영어 대본은 왼쪽 페이지에서, 해석은 오른쪽 페이지에서 자막처럼 바로 확인할 수 있어요. 모르는 단어는 오른쪽 하단에서 뜻을 확인해보세요.

워크북

스크립트북에서 중요한 표현 100개를 뽑아 자세히 다룹니다. 어떤 상황에서 쓰이는지를 설명하고, 표현을 활용한 추가 예시문을 보여주어 표현이 익숙해질 수 있도록 했어요.

오디오북

전체 스크립트북을 녹음한 오디오북을 무료로 제공합니다. 길벗 홈페이지(gilbut.co.kr)에 접속하여 '인사이드 아웃'을 검색 후 다운로드 하거나 실시간 재생으로 들을 수 있습니다.

• 차례 •

스크립트북

캐릭터 소개

인사이드 아웃 세계관

사람들 머릿속에 감정을 컨트롤하는 본부가 있고 그곳에서 기쁨, 슬픔, 버럭, 까칠, 소심 다섯 감정들이 일하며 생기는 일을 재미있게 풀어가고 있어요. 새로운 환경에 적응하려는 11살 소녀 '라일리'를 위해 다섯 감정들은 변화에 적응하려고 애쓰고 실수로 '기쁨'과 '슬픔'이 본부를 이탈하게 되며 '라일리'의 마음 속에 큰 변화가 찾아오죠. '라일리'의 예전 모습을 되찾아 주기 위해 모험을 시작하는 '기쁨'과 '슬픔'의 앞날은 쉽지 않습니다. '라일리'를 다시 행복하게 해주려는 그들의 여정을 담았습니다.

Riley
라일리

샌프란시스코로 이사 온 여자아이. 막 사춘기에 접어들고 있다. 미네소타의 꽁꽁 언 호수에서 아이스하키를 즐기며 가족과 행복했던 시간, 친구와의 우정 등 그곳에서의 추억이 많다. 갑작스런 이사로 낯선 환경에 적응하지 못하고 방황하지만 이로 인해 차츰 성장하는 모습을 볼 수 있다.

라일리 성격의 주된 바탕을 이루는 감정. 이름 그대로 쾌활하고 긍정적이며 라일리의 행복을 책임지고 있다. 예상치 못한 일로 본부를 이탈하며 그곳으로 다시 돌아가기 위해 고군분투한다.

Joy
기쁨

Sadness
슬픔

언뜻 보기에 별로 쓸모가 없어 보이며 민폐만 끼치는 감정 같지만 라일리에게 없어서는 안될 존재이다. 기쁨과 함께 하는 모험에서 때때로 중요한 길잡이가 된다.

Fear
소심

무서운 것을 회피하는 감정. 기쁨, 슬픔, 버럭, 까칠과 함께 라일리의 머릿속 본부를 지키는 5가지 주요 감정 중 하나이다.

Anger
버럭

옳지 못하다고 생각되는 일을 대하면 벌컥 화부터 내는 다혈질의 감정이다.

Disgust
까칠

본능적으로 역겨운 것을 거부하여 라일리의 신체적, 정서적인 건강을 지키는 감정이다.

Bing Bong 빙봉

라일리의 어린 시절 상상 속의 친구. 기쁨, 슬픔과 함께 라일리를 구하기 위해 헌신한다.

Dad 아빠

샌프란시스코에서 새로 시작한 사업으로 스트레스가 많지만 크게 내색하지 않는다. 가족들에게 늘 밝은 모습으로 대하려 애쓴다.

Mom 엄마

남편과 자식을 깊이 사랑하는 평범한 엄마. 남편과 딸아이 사이에서 특유의 따듯한 마음과 활발한 성격으로 중심을 잡고 있다.

Disney PIXAR

INSIDE OUT

스크립트북

전체 대본을 해석과 함께 담았습니다.
디즈니 추천 성우가 녹음한 오디오북도 적극 활용해보세요.

CHAPTER 1

Five Emotions

105A — GOLDEN DAYS: BIRTH

BLACK

JOY

(V.O.) Do you ever look at someone and wonder, "What is going on inside their head?" Well, I know. I know Riley's head.

INT. HOSPITAL

FADE IN, WHITE... A BABY'S FACE. We push in... and we ZOOM INTO HER HEAD.

105A — 빛나는 날들: 출생

검은 화면

기쁨

(목소리) 누군가를 보면서 "저들의 머릿속에서는 무슨 일이 일어나고 있지?"라는 생각을 해 본적 있나요? 저는 알고 있어요. 라일리의 머릿속에 대해서는 알고 있다는 뜻이죠.

실내. 병원

화면이 밝아지면서 하애진다. 아기의 얼굴이 보인다. 카메라가 그 안으로 들어가더니… 아기의 머릿속이 커다랗게 보인다.

golden days 금빛 찬란한 나날들, 전성기, 황금기 **V.O.** 내레이션 (= voice over) **fade in** 화면이 점점 밝아진다는 표시 **zoom into** ~의 안으로 들어가 크게 확대하다

INT. HEADQUARTERS

Joy steps up. She sees the screen which is all fuzzy white. She sees the console.

JOY (impressed) Hmm.

She touches it. We hear the gurgle of a baby louder now — Joy smiles wide – enraptured. ZOOM OUT OF HER HEAD.

INT. HOSPITAL

JOY (V.O.) And there she was...

INT. HEADQUARTERS

The screen starts to come into focus — and there are Mom and Dad!

MOM Hello, Riley.

DAD Oh, look at you. Aren't you a little bundle of joy.

Joy beams. A golden memory rolls out illuminating the room. Joy picks it up and sees Riley and her parents.

실내. 본부

기쁨이 앞으로 걸어가더니 화면을 본다. 화면은 온통 하얗다. 그녀의 눈에 콘솔이 들어온다.

기쁨 (반색하며) 흠.

기쁨이 콘솔을 만진다. 아기의 까르륵거리는 소리가 이제 더 크게 들린다. 기쁨은 환한 미소를 짓는다. 카메라가 아기의 머릿속에서 빠져나온다.

실내. 병원

기쁨 (목소리) 여기 있었네요.

실내. 본부

화면의 이미지가 초점이 맞아 선명해지기 시작하는데— 엄마와 아빠다!

엄마 안녕, 라일리.

아빠 오, 아가. 넌 기쁨으로 가득하구나.

기쁨이 환하게 웃는다. 금빛으로 반짝이는 기억이 방을 밝히며 굴러 나온다. 기쁨이 그것을 집어 들자 라일리와 부모가 보인다.

fuzzy 흐릿한 **console** 콘솔, 시스템을 운영하는 조종장치 **enraptured** 황홀한 **bundle** 둘둘 말은 보따리 (bundle of joy; 기쁨과 감격 자체) **beam** 활짝 웃다 **pick up** 집어 들다

DAD (echoing inside the memory) Aren't you a little bundle of joy.

JOY Whoa.

Joy smiles and puts it back on the rack. It rolls to back of the room, illuminating Headquarters. Joy touches the console.

INT. HOSPITAL / INT. HEADQUARTERS

BABY RILEY (soft baby cooing)

JOY (V.O.) It was amazing. Just Riley and me. Forever...

BABY RILEY (loud crying)

JOY (V.O.) ...Mmm, for 33 seconds.

Startled, Joy looks to her left and sees Sadness standing there. She is touching the console.

BABY RILEY Waaaaaaaaaaaaaaaaa...

SADNESS I'm Sadness.

아빠 (기억 속 울림) 넌 기쁨으로 가득하구나.

기쁨 와.

기쁨은 미소를 지으며 그것을 다시 선반에 올려놓는다. 그러자 기억이 다시 방 뒤쪽으로 구르면서 본부를 밝힌다. 기쁨이 콘솔을 만진다.

<u>실내. 병원 / 실내. 본부</u>

아기 라일리 (아기의 부드러운 옹알이 소리)

기쁨 (목소리) 정말 행복했죠. 라일리와 나 둘이서. 영원히…

아기 라일리 (큰 소리로 운다)

기쁨 (목소리) …음, 33초 동안이네.

깜짝 놀란 기쁨이 왼쪽을 보니 슬픔이 서 있다. 슬픔은 콘솔을 만지고 있다.

아기 라일리 으앙앙앙앙앙…

슬픔 난 슬픔이야.

rack 선반, 받침대 **illuminate** 밝히다 **coo** 갓난아기가 구구(옹아리) 소리를 내다 **startle** 깜짝 놀라게 하다

JOY Oh, hello. I'm Joy. So...

Joy struggles with Sadness to press the button.

JOY Can I just... if you could... I just want to fix that. Thanks.

Joy takes control back from Sadness.

JOY (V.O.) And that was just the beginning. Headquarters only got more crowded from there.

105B — GOLDEN DAYS: INTRO EMOTIONS

INT. MINNESOTA HOUSE – DAY

CLOSE ON Riley, now age 3. She runs, pulling a wagon down the hall with reckless abandon.

YOUNG RILEY (running/laughing)

기쁨 오, 안녕. 난 기쁨이야. 그러니까…

기쁨은 버튼을 누르려고 슬픔과 몸싸움을 벌이고 있다.

기쁨 내가 그냥… 네가 할 수… 난 그냥 달래 주려고. 고마워.

기쁨이 슬픔에게서 콘솔 주도권을 되찾는다.

기쁨 (목소리) 그건 시작에 불과했죠. 본부는 그 후로 더 혼잡해질 뿐이었으니까요.

105B — 빛나는 날들: 감정 소개

실내. 미네소타 집 – 낮

이제 3살이 된 라일리가 클로즈업된다. 라일리가 장난감 수레를 끌면서 복도를 제멋대로 달리고 있다.

어린 라일리 (달리면서 웃는다)

struggle 싸우다, 투쟁하다 **press** (버튼 등을) 누르다 **fix** 고치다, 바로잡다 **take ~ back** 회수하다, 되찾다 **headquarter** 본부 **crowd** 가득 메우다 **with reckless abandon** 아무 걱정 근심 없이 마음 내키는 대로 하는 모양

INT. HEADQUARTERS

Fear stands at Joy's side, backseat driving.

FEAR (a la driving instructor) Very nice. Okay, looks like you got this. Very good. Whoa, whoa, whoa... sharp turn. Ahh! Look out!!! No!

On screen: The camera approaches a power cord on the ground. Fear takes over the console and turns a crank.

JOY (V.O.) That's Fear. He's really good at keeping Riley safe. [1]

INT. MINNESOTA HOUSE

Riley gets worried.

YOUNG RILEY Whoa.

She stops and gingerly steps over the power cord.

FEAR (O.S.) Easy, easy... ahhh... oh, we're good. We're good.

INT. HEADQUARTERS

A fear memory rolls in. Sadness congratulates Fear.

SADNESS Whew! Nice job.

실내. 본부

소심이 기쁨의 옆에 서서 잔소리를 늘어놓는다.

소심 (운전학원 조교처럼) 아주 좋아. 그래, 잘하는 것 같아. 아주 잘했어. 워, 워, 워… 확 틀어야지. 아! 조심해!!! 안 돼!

화면: 바닥에 있는 전선이 크게 잡힌다. 소심이 콘솔을 차지하더니 핸들을 돌린다.

기쁨 (목소리) 얘는 소심이에요. 라일리가 안전하게 자라도록 신경을 많이 쓰죠.

실내. 미네소타 집

라일리가 불안해한다.

어린 라일리 워어.

라일리는 뛰던 것을 멈추고 전선을 조심스럽게 넘어간다.

소심 (화면 밖) 살살, 살살… 아… 오, 잘했어. 잘했어.

실내. 본부

소심에 대한 기억이 굴러 들어온다. 슬픔이 소심에게 축하해 준다.

슬픔 휴! 잘했어.

a la (프랑스어 à la 유래) A처럼, A의 말투처럼 **driving instructor** 자동차 운전학원의 교관 **power cord** 전선 **crank** (기계의) 크랭크, 손잡이 **gingerly** 주의 깊게 **step over** 밑에 깔린 것을 밟지 않고 넘다 **congratulate** 축하하다

FEAR Thank you. Thank you very much!

JOY And we're back!

Joy moves back to the driving position.

INT. MINNESOTA HOUSE

Riley pulls the wagon over the cord, yanking it and a bunch of other stuff onto the ground. She takes off running. Dad grabs Riley.

YOUNG RILEY Whoa.

INT. KITCHEN

PLOP into high chair. Bib. Tray. Bowl.

DAD Here we go. Alright, open.

Dad lifts a spoonful of food to Riley's mouth.

INT. HEADQUARTERS

JOY Hmm. This looks new.

FEAR Do you think it's safe?

소심 고마워, 정말 고마워!

기쁨 자 이제 우린 다시 돌아온 거야!

기쁨은 다시 콘솔을 조종하는 자세를 취한다.

실내. 미네소타 집

라일리는 수레를 전선 위로 끌어 확 당기자 물건들이 바닥으로 떨어진다. 라일리는 뛰어 도망친다. 아빠가 라일리를 잡는다.

어린 라일리 워어.

실내. 부엌

라일리를 유아용 높은 의자에 풀썩 앉힌다. 턱받이, 식판, 그릇이 보인다.

아빠 먹자. 자, '아' 해야지.

아빠가 음식을 한 숟가락 떠서 라일리의 입에 가져간다.

실내. 본부

기쁨 흠. 처음 보는 건데.

소심 안전한 것 같니?

yank 홱 잡아당기다 **bunch of** 뭉치 **grab** 붙잡다 **plop** 놓다, '퐁당' 떨어지다 **high chair** 아기용 높은 (식탁) 의자 **bib** 아기에게 채우는 턱받이

SADNESS What is it?

On screen, the mush is heading towards Riley's mouth.

DAD Ahhhh.

Disgust walks up to console, pushes buttons.

DISGUST Okay, caution, there is a dangerous smell, people. Hold on, what is that?

JOY (V.O.) This is Disgust. She basically keeps Riley from being poisoned. [2] Physically and socially.

DISGUST That is not brightly colored or shaped like a dinosaur... Hold on, guys... (gasp) It's broccoli! (gags)

Disgust throws a lever.

슬픔 저게 뭐야?

화면에 곤죽 같은 것이 라일리의 입으로 가고 있다.

아빠 아아.

까칠이 콘솔로 다가서더니 버튼을 누른다.

까칠 자, 조심. 위험한 냄새가 나는 것 같은데, 얘들아. 잠깐, 저게 뭐지?

기쁨 (목소리) 얘는 까칠이에요. 그녀는 기본적으로 라일리를 해로운 것에서 지켜 주죠. 신체적으로나 사회적으로.

까칠 저건 색깔도 선명하지 않고 공룡 모양도 아니야… 잠깐, 얘들아… (헉 하며) 브로콜리잖아! (구역질한다)

까칠이 레버를 잡아당긴다.

mush 물렁물렁한 곤죽 같은 것 **head towards** ~로 향하다 **caution** 조심, 주의 **hold on** 잠시만, 기다려 **basically** 기본적으로 **poisoned** 독이 든, 해로운 **physically** 신체적으로 **socially** 사회적으로 **brightly** 환한, 밝은

INT. KITCHEN

Riley recoils in disgust.

YOUNG RILEY Yucky.

The broccoli flies back into Dad's face.

INT. HEADQUARTERS

A disgust memory rolls in.

DISGUST Well, I just saved our lives. Yeah. You're welcome.

The Emotions relieve.

INT. KITCHEN

Dad wipes his face.

DAD Riley, if you don't eat your dinner, you're not going to get any dessert. [3]

INT. HEADQUARTERS

Anger looks up from reading his paper.

ANGER Wait. Did he just say we couldn't have dessert?

실내. 부엌

라일리가 역겨움을 나타낸다.

어린 라일리 우웩.

브로콜리가 아빠의 얼굴로 다시 날아간다.

실내. 본부

까칠에 대한 기억이 굴러 들어온다.

까칠 자, 내가 방금 우리 생명을 구했어. 뭐. 고마워할 필요는 없어.

감정들이 안도한다.

실내. 부엌

아빠가 얼굴을 닦는다.

아빠 라일리, 저녁 안 먹으면 디저트는 없어.

실내. 본부

버럭이 신문을 읽다가 눈을 위로 치켜뜬다.

버럭 잠깐. 방금 디저트가 없다고 했나?

recoil in disgust 역겨워 움찔하다 **yucky** 역겨운, 으웩 **relieve** 안도하다 **wipe face** 얼굴을 닦다 **look up from reading** ~을 읽다가 눈을 들어 보다

JOY (V.O.) That's Anger. He cares very deeply about things being fair.

ANGER (boiling) So that's how you want to play it, old man? No dessert. Oh, sure, we'll eat our dinner... right after YOU eat this!

Anger takes the controls and SCREAMS.

ANGER GrrrraaaAAHH!

<u>INT. KITCHEN</u>

Riley starts to throw a fit.

An anger memory rolls in.

YOUNG RILEY (angry wailing)

DAD Riley, Riley, here comes an airplane! (makes airplane noises)

<u>INT. HEADQUARTERS</u>

Anger abruptly stops screaming.

ANGER Oh, airplane. We got an airplane, everybody.

기쁨 (목소리) 재는 버럭이에요. 일이 공평한지 아닌지 신경을 아주 많이 쓰죠.

버럭 (화가 끓어오른다) 어이, 그렇게 나올 거야? 디저트가 없다고. 오, 좋아, 우리는 저녁을 먹을 거야… 당신이 먼저 이걸 다 먹은 다음에 말이지!

버럭이 콘솔을 잡더니 악을 쓴다.

버럭 그으으으윽!

실내. 부엌
라일리가 소리지르며 난리를 피운다.

버럭에 대한 기억이 굴러 들어온다.

어린 라일리 (화가 나서 떼쓰며)

아빠 라일리, 라일리, 비행기가 나네! (비행기 소리를 내며)

실내. 본부
버럭이 갑자기 악을 쓰는 것을 멈춘다.

버럭 오, 비행기네. 얘들아, 우리한테 비행기가 생겼어.

care about ~에 관해 관심을 쏟다 **fair** 타당한, 공정한 **boil** 화가 나서 부글부글 끓는 **scream** 소리지르다 **throw a fit** 발작하듯이 소리치며 난리를 친다 **wail** 앙앙 울다 **abruptly** 갑자기

DISGUST/ FEAR/ SADNESS/JOY Ohh! / Ahh!

INT. KITCHEN

Dad "airplanes" the spoon into Riley's mouth. She smiles, happy again.

INT. HEADQUARTERS

A joyful memory rolls in. Disgust, Anger and Fear walk away, leaving Joy alone at the console with Sadness.

JOY (V.O.) And you've met Sadness. She... well, she...

FLASHBACKS of Riley crying (decapitated doll, spilled ice cream, tantrum in the supermarket, wanting out of her car seat, etc.)

YOUNG RILEY (crying/screaming/shrieking)

JOY (V.O.) I'm not actually sure what she does. And I've checked, there's no place for her to go, [4] so... she's good, we're good. It's all great!

Joy turns to the wall of golden memories.

JOY (V.O.) Anyway! These are Riley's memories and they're mostly happy, you'll notice, not to brag.

까칠/소심/
슬픔/기쁨 오오! / 아아!

실내. 부엌

아빠는 숟가락을 비행기처럼 날아가게 해서는 라일리의 입에 가져간다. 라일리가 다시 기분이 좋아져서는 미소를 짓는다.

실내. 본부

즐거운 기억이 굴러 들어온다. 까칠, 버럭 그리고 소심은 비켜난다. 기쁨이 슬픔과 함께 콘솔에 남아 있다.

기쁨 (목소리) 슬픔은 전에 봤죠? 얘는… 그러니까, 얘는…

라일리가 울면서 떼쓰던 장면이 빠르게 지나간다. (목이 잘린 인형, 엎지른 아이스크림, 슈퍼마켓에서 떼쓰는 장면, 차에서 나가려고 하던 장면 등)

어린 라일리 (앙앙 울면서, 소리지르고, 꽥꽥거린다)

기쁨 (목소리) 사실 저는 슬픔이 뭘 하는지 잘 몰라요. 그래서 살펴보긴 했지만 슬픔이 갈 자리가 없더라고요. 그러니까… 슬픔도 괜찮고, 우리도 괜찮고. 그냥 다 좋은 거죠!

기쁨이 금빛으로 빛나는 기억의 벽으로 몸을 돌린다.

기쁨 (목소리) 어쨌든! 이게 라일리의 기억이고 대부분 행복하죠. 여러분도 알게 될 거예요, 자랑하는 건 아니지만요.

flashback 과거의 회상 장면 **decapitated doll** 목이 떨어져 나간 인형 **tantrum** 아이가 성질을 부리며 떼를 쓰는 것 **shriek** 꽥꽥 소리를 지르다 **notice** 알다 **brag** 자랑하다

CHAPTER 2

Islands of Personality

105C — GOLDEN DAYS: RILEY GROWS UP

She takes a golden memory off the shelf and plays it – Riley and Meg going down a slide. She REWINDS the memory – replaying the happy moment.

YOUNG RILEY (playing in the memory – laughing)

JOY (V.O.) But the REALLY important ones are over here. I don't want to get too technical, but these are called CORE MEMORIES. [5]

105C — 빛나는 날들: 라일리가 성장한다

기쁨이 선반에서 빛나는 기억을 집어 들고 기억을 재생한다. 라일리와 멕이 미끄럼틀을 탄다. 기쁨이 기억을 되감으며 즐거웠던 순간을 반복 재생한다.

어린 라일리 (기억 속 재생 – 웃는다)

기쁨 (목소리) 그런데 진짜로 중요한 것은 여기 있어요. 너무 깊게 들어가고 싶진 않지만, 이것들은 '핵심 기억'이라고 불러요.

shelf 선반 **go down a slide** 미끄럼을 타다 **rewind** 되감다 **moment** 순간 **technical** 상세한, 전문적인 **core** 핵심

Joy pulls up the Core Memory Holder.

JOY (V.O.) Each one came from a super important time in Riley's life. Like when she first scored a goal. That was so amazing...

EXT. MINNESOTA POND, WINTER – DAY

Two-and-a-half-year-old Riley wobbles on the ice with Mom and Dad. Riley goes to shoot the puck but misses, swirling around and falling over. She accidentally knocks the puck into the goal!

YOUNG RILEY (hockey efforts/surprised laughing)

Mom and Dad cheer. Dad picks up Riley.

DAD Heeey! Would you look at that?! Very nice! We got us a future center here! Did you see that, honey?

MOM Yaaaay!! Nice job, Riley!

INT. HEADQUARTERS

The Emotions cheer.

JOY/SADNESS/FEAR/ANGER/DISGUST Yaaay!

기쁨이 핵심 기억을 담는 통을 들어올린다.

기쁨　(목소리) 이것은 각자 라일리의 인생에서 제일 중요한 시기에 생긴 거예요. 라일리가 처음으로 골을 넣은 순간 같은... 그때는 정말 엄청났죠…

실외. 미네소타의 호수, 겨울 – 낮

2살 반인 라일리가 엄마와 아빠와 함께 얼음 위에서 뒤뚱거리며 뛰고 있다. 라일리가 퍽을 날리지만 빙그르 돌더니 넘어지며 빗맞는다. 얼떨결에 퍽이 골에 들어간다!

어린 라일리　(하키 하는 소리/기쁨에 웃는 소리)

엄마와 아빠가 환호성을 지른다. 아빠가 라일리를 번쩍 들어올린다.

아빠　야아! 봤지?! 아주 잘했어! 센터 유망주가 여기 있네! 여보, 봤어?

엄마　와아!! 잘했어, 라일리!

실내. 본부

감정들이 환호성을 지른다.

기쁨/슬픔/소심/버럭/까칠　와아!

score a goal 골을 넣다, 득점하다 **wobble** 뒤뚱거리다, 비틀거리다 **puck** 아이스하키 경기에서 사용하는 고무로 만든 납작한 공 **swirl** 빠르게 빙빙 돌다 **accidentally** 우연히 **knock** 때리다, 치다 **cheer** 환호성을 지르다

A super bright memory rolls in. The Emotions stop to gawk. They watch the wall machinery activate, sending the super bright memory on a separate track under the floor.

JOY (V.O.) And each Core Memory powers a different aspect of Riley's personality.

It slides into the Core Memory holder. A light line shoots out the back. The Emotions all run to watch the new Island of Personality appear out the back window.

JOY (V.O.) Like Hockey Island!

Wide shot of all 5 PERSONALITY ISLANDS. Close up on GOOFBALL ISLAND.

JOY (V.O.) Goofball Island is my personal favorite. [6]

INT. MINNESOTA LIVING ROOM – NIGHT

Two-year-old Riley runs through the living room, completely naked except for underpants on her head. She laughs like a lunatic.

YOUNG RILEY (crazy laughing)

Dad chases her with a towel.

아주 밝게 빛나는 기억이 굴러 들어온다. 감정들이 입을 쩍 벌리고 멈춰 있다. 벽의 기계 장치가 움직이기 시작하더니 그 엄청나게 밝게 빛나는 기억을 바닥 아래에 있는 별도의 선반으로 보내는 것을 감정들이 지켜보고 있다.

기쁨 (목소리) 그런데 이런 핵심 기억들은 각자 라일리의 여러 가지 다른 성격들을 하나씩 맡아서 파워를 공급하고 있죠.

그 기억은 핵심 기억 저장소로 미끄러져 들어간다. 광선이 뒤로 확 뻗어 나간다. 감정들은 모두 뛰어와 뒤쪽 창에 성격섬이 새로 나타나는 것을 본다.

기쁨 (목소리) 하키섬처럼요!

다섯 가지 성격섬이 모두 폭넓게 쭉 뻗어 있다. 엉뚱섬이 클로즈업된다.

기쁨 (목소리) 엉뚱섬은 제가 개인적으로 제일 좋아해요.

실내. 미네소타 집의 거실 – 밤

2살 라일리가 머리에 팬티를 쓰고 벌거벗은 채 거실에서 뛰고 있다. 라일리는 깔깔 웃는다.

어린 라일리 (깔깔 웃으며)

아빠가 수건을 쥔 채 라일리의 뒤를 쫓는다.

gawk 놀라서 입을 쩍 벌리고 쳐다보다 **machinery** 기계, 조직 **activate** 작동/활성화시키다 **separate** 구분/분리된 **power** 동력을 공급하다 **aspect** 측면, 면 **personality** 성격 **goofball** 괴짜, 멍청이 **except for** ~을 제외하고 **underpants** 팬티 **lunatic** 미치광이

DAD Come back here, you little monkey!

INT. HEADQUARTERS

Goofball Island is still running.

INT. MINNESOTA LIVING ROOM

"Naked baby" Riley dances on the sofa.

YOUNG RILEY (gibberish/goofing around)

DAD Oh, you're silly.

INT. MINNESOTA LIVING ROOM – DAY

Riley scurries down the couch laughing.

JOY (V.O.) Yup, Goofball is the best.

Close up on FRIENDSHIP ISLAND.

JOY (V.O.) Friendship Island is pretty good too.

EXT. SIDEWALK – DAY

Riley and her friend Meg (both age 3) walk with their arms around each other's shoulders.

JOY (V.O.) Oh, I love Honesty Island. And that's the truth!

아빠 이리 와, 이 꼬마 원숭이야!

실내. 본부

엉뚱섬이 계속 돌아가고 있다.

실내. 미네소타 집의 거실

'벌거벗은 아기' 라일리가 소파 위에서 춤을 추고 있다.

어린 라일리 (옹알거림/엉뚱한 장난을 치며)

아빠 오, 이 녀석.

실내. 미네소타 집의 거실 – 낮

라일리가 웃으면서 종종걸음으로 소파에서 내려온다.

기쁨 (목소리) 네, 엉뚱섬이 최고죠.

우정섬이 클로즈업된다.

기쁨 (목소리) 우정섬도 상당히 좋죠.

실외. 보도 – 낮

라일리와 친구 멕이(둘 다 3살) 어깨동무하고 걷는다.

기쁨 (목소리) 오, 나는 정직섬도 아주 좋아해요. 정말이에요!

run 작동하다 **gibberish** 아이가 의미 없이 옹알거리는 소리 **goof around** 얼간이 짓을 하다 **scurry** 종종걸음을 치다 **couch** 긴 의자, 소파 **close-up** 근접 촬영, 클로즈업

INT. MINNESOTA HOUSE

A guilty-looking Riley stands by a broken dish, holding a hammer.

JOY (V.O.) And, of course, Family Island is amazing.

INT. MINNESOTA HOUSE

She pushes a cookie into Dad's mouth.

DAD Hmm!

MOM (chuckle)

JOY (V.O.) They're all good. The point is, the islands of personality are what make Riley... Riley! [7]

실내. 미네소타 집

망치를 쥐고 있는 라일리가 깨진 접시 옆에서 양심의 가책을 느끼는 표정으로 서 있다.

기쁨 (목소리) 그리고, 물론 가족섬도 굉장하죠.

실내. 미네소타 집

라일리가 쿠키를 아빠 입에 넣는다.

아빠 흠!

엄마 (웃는다)

기쁨 (목소리) 이 섬들은 모두 다 좋아요. 중요한 건, 이 성격섬들이 바로 라일리를 라일리답게 만든다는 거죠.

guilty-looking 양심의 가책을 느끼고 있는 표정의 **hammer** 망치 **chuckle** 낄낄 웃다

INT. MINNESOTA BATHROOM

YOUNG RILEY Look out, mermaid!

Riley dunks her head in the bathtub.

INT. MINNESOTA LIVING ROOM

Riley climbs to the edge of the couch, looks down at the floor.

INT. HEADQUARTERS

Joy presses the Imagination button and a flood of flaming orange liquid pours out on Riley's living room floor.

INT. MINNESOTA LIVING ROOM

YOUNG RILEY Lava!

Riley jumps from couch to couch to avoid the hot lava.

INT. MINNESOTA HOUSE

Riley draws Bing Bong on the living room wall.

YOUNG RILEY Who's your friend who likes to play? Bing Bong, Bing Bong.

실내. 미네소타 집의 욕실

어린 라일리 조심해, 인어다!

라일리가 욕조 안에 머리를 쑥 처박는다.

실내. 미네소타 집의 거실

라일리가 소파의 가장자리로 기어올라 바닥을 내려다본다.

실내. 본부

기쁨이 상상 버튼을 누르자 라일리의 집 거실 바닥에서 불타는 오렌지색 액체가 분출된다.

실내. 미네소타 집의 거실

어린 라일리 용암이다!

라일리는 뜨거운 용암을 피하려고 소파에서 소파로 뛴다.

실내. 미네소타 집

라일리가 거실 벽에 빙봉을 그린다.

어린 라일리 놀기 좋아하는 네 친구는 누구니? 빙봉, 빙봉.

Look out! 조심해! **mermaid** 인어 **dunk** 담그다, 적시다 **edge** 끝, 모서리 **imagination** 상상의 **flaming** 불타는 **pour out on** ~에 왈칵 쏟아지다 **lava** 용암 **avoid** 피하다

EXT. MINNESOTA POND

Six-year-old Riley skates with her parents across the ice — backwards.

DAD Hey, hey, very nice!

MOM Where did you learn that?

INT. HEADQUARTERS

Joy skates around the room, in sync with Riley.

EXT. FRONT STEPS, MINNESOTA

Riley and Meg sit on the step and slurp ices. Riley and Meg both have brain freeze. They grab their heads and grimace.

RILEY (brain freeze) Ahhhhh!

INT. HEADQUARTERS

FEAR Brain freeze!

All of Headquarters is frozen over.

ANGER Agggh!!

FEAR Agggh!!

실외. 미네소타의 연못

6살의 라일리가 부모와 함께 얼음 위에서 스케이트를 탄다. 뒤로 지치고 있다.

아빠 야아, 아주 좋아!

엄마 어디서 그런 걸 배웠니?

실내. 본부

기쁨이 라일리와 동작을 맞춰 방에서 스케이트를 타고 있다.

실외. 미네소타 집의 현관 앞 계단

라일리와 멕이 계단에 앉아서 차가운 음료 마시고 있다. 너무 차가워서 얼음 때문에 머리가 시리다. 그들은 머리를 쥐고 얼굴을 찡그린다.

라일리 (머리가 시렵다) 아아아아아!

실내. 본부

소심 머리가 시려!

본부에 있는 모든 감정들이 얼어붙는다.

버럭 아아아아!!

소심 아아아아!!

backward 뒤로 **in sync with** ~와 동작을 맞춰서 **step** 계단 **slurp** 얼음 등을 후루룩 먹다 **brain freeze** 갑자기 차가운 것을 먹으면 머리가 찌르르 아픈 증상 **grimace** 얼굴을 찡그리다 **be frozen over** 얼어붙다

SADNESS Agggh!!

EXT. FROZEN POND, MINNESOTA

A kids hockey game. Riley takes a shot and scores!

HOCKEY PARENTS (walla, cheering)

INT. HEADQUARTERS

Joy celebrates.

INT. RILEY'S MINNESOTA BEDROOM

Riley is tucked into bed. Her parents turn off the light.

DAD Goodnight, kiddo.

RILEY Goodnight, Dad.

She looks up at the stars on her ceiling, blissfully happy. Her eyes close and she falls asleep.

INT. HEADQUARTERS

Joy watches the screen go dark.

JOY And... we're out!

Joy walks to inspect the wall full of GOLDEN MEMORIES. She runs her hands over them.

슬픔 아아아아!!

실외. 미네소타의 얼어붙은 연못

어린이 하키 경기가 진행되고 있다. 라일리가 슛을 쏘아 득점한다!

하키 부모 (떠드는 소리, 환호성)

실내. 본부

기쁨이 축하한다.

실내. 미네소타 라일리의 방

라일리가 침대에 누워 있다. 부모가 불을 끈다.

아빠 잘 자라, 꼬맹이.

라일리 안녕히 주무셔요, 아빠.

라일리가 천장에 있는 별을 올려다보는데 너무나 행복하다. 라일리의 눈이 감기더니 잠이 든다.

실내. 본부

기쁨이 화면이 까맣게 되는 것을 지켜본다.

기쁨 그리고… 우린 퇴근이지!

기쁨은 금빛 찬란한 기억들로 가득 찬 벽을 살피러 걸어온다. 기쁨이 손으로 그것들을 쓰다듬는다.

take a shot 슛을 쏘다 **hockey parents** 자식이 하키를 하는 것에 열성인 부모를 지칭하는 표현 **walla** 여러 사람들이 웅성거리는 소리 **be tucked into bed** 아이가 침대에 들어갈 때 어른이 시트 등을 잘 다독여주는 것 **kiddo** 꼬마를 뜻하는 속어 **blissfully happy** 아주 행복한 **run one's hands over** ~을 매만지다

JOY That's what I'm talking about – Woo! – another perfect day! (then, to Emotions) Nice job everybody! Let's get those memories down to Long Term.

Joy pulls the lever, starts memories going. Fear turns to Joy.

FEAR Alright, we did not die today! I call that an unqualified success.

Anger and Disgust watch the wall of memories pachinko into the ground. Follow memories over to the center. Joy looks on as colorful memories up the tube. She runs to back window and watches the memories shoot across the sky to Long Term. Joy looks out over the Mind World, smiling.

JOY (V.O.) And that's it. We love our girl. She's got great friends and a great house, things couldn't be better. After all, Riley's 11 now. What could happen?

150A — THE MOVE: DRIVE

EXT. MINNESOTA HOUSE FRONT YARD

BANG! Moving sign: Sold!

기쁨 내가 말하고 있는 게 바로 그거야. 와! 완벽한 하루가 또 지났네! (그리곤 감정들에게) 모두들 잘했어! 이제 이 기억들을 장기 저장소로 보내자.

기쁨이 레버를 당기자 기억들이 굴러가기 시작한다. 소심이 기쁨에게 몸을 돌린다.

소심 좋아, 우리는 오늘 죽지 않았어! 이런 걸 완벽한 성공이라고 하는 거야.

버럭과 까칠은 기억의 벽이 바닥으로 도르르 굴러 떨어지는 것을 지켜본다. 둘은 기억들을 따라 가운데로 온다. 다양한 색깔 기억들이 튜브를 타고 올라가는 것을 기쁨이 지켜보고 있다. 기쁨은 뒤창으로 뛰어가더니 기억들이 장기 저장소를 향해 하늘로 날아가는 것을 본다. 기쁨이 미소를 지으며 정신세계 쪽을 내다보고 있다.

기쁨 (목소리) 자, 이제 됐어요. 우리는 이 소녀를 사랑해요. 좋은 친구도 있고, 멋진 집에, 모든 게 더 이상 좋을 수가 없죠. 이제 라일리는 11살이 되었어요. 무슨 일이 일어날까요?

150A — 이사. 자동차로 떠나기

실외. 미네소타 집 앞마당

쾅! '집 팔렸음' 표지판이 박힌다.

long term 장기간 (여기서는 '장기 기억 저장소') **unqualified success** 다른 수식어나 단서가 붙지 않은 완벽한 성공 **pachinko** 일본식 도박기기인 파친코에서 구슬이 도르르 구르듯이 구른다는 의미로 동사로 쓰임 **sold** (집이) 팔림

INT. HEADQUARTERS

Joy reacts, shocked.

JOY (shocked) Wha...

SADNESS/FEAR/ANGER/DISGUST AIIIIGHH!!!

SLAM! Car hatchback closes.

JOY (reacting to car door closing)

SADNESS/FEAR/ANGER/DISGUST AIIIIGHH!!!

EXT. MINNESOTA STREET

VROOM! Moving van drives away.

JOY Ok, not what I had in mind... [8]

SADNESS/FEAR/ANGER/DISGUST AIIIIGHH!!!

EXT. AMERICA HIGHWAYS

A SERIES OF SHOTS of the family car driving across America. The car passes CORN FIELDS and through SUBURBS. Riley sleeps in the back seat. The car drives around a MOUNTAIN CURVE and down a DESERT HIGHWAY. Riley looks out the back window. GOLDEN GATE BRIDGE approach.

실내. 본부

기쁨이 너무 놀란 표정을 짓는다.

기쁨 (충격을 받는다) 이게 뭐야…

슬픔/소심/버럭/까칠 으아아아아아아!!!

쾅! 차의 해치백이 닫힌다.

기쁨 (차 문 닫히는 소리에 놀란다)

슬픔/소심/버럭/까칠 으아아아아아아!!!

실외. 미네소타의 거리

붕! 이삿짐 차가 떠난다.

기쁨 어, 이런 일은 생각 못했는데…

슬픔/소심/버럭/까칠 으아아아아아아!!!

실외. 미국의 고속도로

SUV가 미국 전역을 달리는 장면이 연속적으로 보인다. 차는 옥수수 밭을 지나 교외를 달린다. 라일리가 뒷좌석에서 자고 있다. 차가 산모퉁이를 돌아 사막에 난 고속도로를 달린다. 라일리는 뒤창으로 밖을 내다보고 있다. 금문교가 다가온다.

slam 쾅 닫다 **hatchback** 해치백 (차 뒤쪽에 여닫을 수 있는 문이 있는 자동차) **moving van** 이삿짐을 나르는 자동차 **drive away** 자동차가 떠나다 **family car** 레저용 차량, SUV **through** ~을 통해 **suburb** 교외 **desert** 사막 **highway** 고속도로 **Golden Gate Bridge** 금문교 (샌프란시스코의 상징) **approach** 다가오다

CHAPTER 3

Riley Moves to San Francisco

150B — THE MOVE: SF NEW HOUSE

EXT. SAN FRANCISCO BRIDGE

The car drives across the bridge.

JOY

(V.O.) Hey look! The Golden Gate Bridge! Isn't that great?! It's not made out of solid gold like we thought, which is kind of a disappointment, but still!

150B — 이사. 샌프란시스코의 새집

실외. 샌프란시스코의 다리
차가 다리를 건넌다.

기쁨 (목소리) 이것 봐! 금문교야! 너무 근사하지 않니?! 우리가 생각했던 것처럼 순금으로 만든 건 아니네. 그게 좀 실망스럽기는 하지만, 그래도!

across 건너서 **made out of** ~로 만든 **solid gold** 순금 **disappointment** 실망 **but still** 그런데도, 그래도

EXT. EMBARCADERO – DAY

The car drives past the Ferry Building.

INT. HEADQUARTERS

FEAR I sure am glad you told me earthquakes are a myth, Joy. Otherwise I'd be terrified right now!

Everyone eyes each other behind Fear's back.

JOY Uh... yeah...

EXT. SAN FRANCISCO

The car is stuck in traffic on Lombard Street.

INT. HEADQUARTERS

ANGER These are my kind of people.

EXT. MARKET STREET

The family car drives past a trolley car.

DAD Alright, just a few more blocks.... We're almost to our new house! [9]

실외. 샌프란시스코 선창가 – 낮

차가 페리 빌딩 옆을 지나간다.

실내. 본부

소심 샌프란시스코에 지진이 많다는 건 미신이라고 네가 말해서 참 다행이야, 기쁨아. 안 그랬으면 난 지금 굉장히 떨고 있을 거야!

모두 소심의 뒤에서 서로 바라본다.

기쁨 어… 그래…

실외. 샌프란시스코

차가 롬바르드가에서 교통 체증에 걸려 꼼짝 못하고 있다.

실내. 본부

버럭 이런 사람들이 나랑 비슷한 종자들이지.

실외. 마켓가

가족의 차가 전차 옆을 지나친다.

아빠 자, 이제 몇 블록만 더 가면 돼. 우리 새집에 거의 다 왔어!

Embarcadero 샌프란시스코의 선창가 **earthquake** 지진 **myth** 신화 (여기서는 사람들이 흔히 그렇다고 알고 있지만, 사실은 잘못 알고 있는 것을 나타냄) **otherwise** 그렇지 않았다면 **be terrified** 무서워 벌벌 떨다 **be stuck in traffic** 교통체증에 걸려 꼼짝 못하다

INT. HEADQUARTERS

ANGER Step on it, Daddy!!

DISGUST Why don't we just live in this smelly car? We've already been in it forever.

JOY WHICH, actually, was really lucky, because that gave us plenty of time to think about what our new house is going to look like! What?! Let's review the top five daydreams.

She plugs in DAYDREAMS showing different styles of houses. Riley waves from the front lawn, window, etc.

FEAR Ooh! That looks safe!

SADNESS Oh, nice.

JOY Ohh, this will be great for Riley! Oh, no, no, no, THIS one.

A giant gingerbread house comes up.

DISGUST Ugh, Joy. For the last time, she can't live in a cookie.

A mega castle with dragon flying overhead.

실내. 본부

버럭 액셀을 더 밟아요, 아빠!!

까칠 그냥 이 냄새 나는 차 안에서 살지 그래? 이미 평생 산 것 같아.

기쁨 그게 실은 꽤 좋았지, 실컷 상상할 수 있었으니 말야. 우리 새집이 어떻게 생겼을지! 그렇지?! 제일 좋았던 공상 탑5를 보자고.

기쁨이 서로 다른 스타일의 집을 보여주는 공상의 플러그를 꽂는다. 라일리가 앞마당, 창문에서 손을 흔든다.

소심 오오! 안전한 것 같아!

슬픔 오, 좋은데.

기쁨 와, 라일리가 살기에 좋겠어! 아, 아니, 아니, 아니, 이 집 말야.

커다란 진저 쿠키 집이 나타난다.

까칠 으, 기쁨아. 결정적으로 라일리는 쿠키 안에서 살 순 없지.

용이 위에서 나는 엄청나게 큰 성이 보인다.

step on it 자동차의 가속 페달을 밟다, 즉 속도를 내다 **plenty of time** 많은 **daydream** 백일몽, 환상, 공상 **plug in** 플러그를 꽂다 **front lawn** 집의 앞마당 잔디 **gingerbread house** 생강 쿠키로 만든 집 **mega castle** 어마어마한 성 **fly overhead** 머리 위로 날다

ANGER THAT'S the one! It comes with a dragon.

EXT. SF HOUSE – DAY

The car drives down a narrow San Francisco street and stops.

JOY (O.S.) Now we're getting close, I can feel it. Here it is, here's our new house... and...

Riley steps out of the car and looks up at the house. REVEAL HOUSE — tall thin run-down Victorian. Nothing like any of the daydreams.

INT. HEADQUARTERS

The Emotions stare at new house. The Emotions all with disappointment.

JOY Maybe it's nice on the inside!

INT. SF LIVING ROOM – DAY

The door opens. The room is dark, dusty, uninviting. Riley looks around.

ANGER (O.S.) We're supposed to live here?

SADNESS (O.S.) Do we have to? [10]

버럭 바로 저거야! 용까지 딸려 있어.

실외. 샌프란시스코 집 - 낮

차가 샌프란시스코의 좁은 골목을 달리다 멈춘다.

기쁨 (화면 밖) 자, 이제 거의 다 온 것 같아, 느낌으로 알 수 있어. 다 왔어, 여기가 우리 새집이야… 그런데…

라일리가 차에서 나와 집을 올려다본다. 집이 보인다 - 높고 좁은 빅토리아식 집이다. 상상 속에서 보았던 집들과는 전혀 닮지 않았다.

실내. 본부

감정들이 새집을 보고 있다. 모두 실망한다.

기쁨 안에는 괜찮겠지!

실내. 샌프란시스코 집의 거실 - 낮

문이 열린다. 어둡고 먼지가 많은 게 영 들어가고 싶지 않다. 라일리가 둘러본다.

버럭 (화면 밖) 우리더러 여기서 살라고?

슬픔 (화면 밖) 꼭 그래야 해?

come with 이 딸려있다 **narrow** 좁은 **reveal** 드러내다 **run-down** (건물 등이) 낡은 **Victorian** 영국의 빅토리아 여왕 시대 풍으로 지은 건물 **with disappointment** 실망해서 **dusty** 먼지투성이인 **uninviting** 마음을 끌지 못하는, 들어가고 싶지 않다 **look around** 휘휘 둘러보다 **be supposed to** 하기로 되어 있다

DISGUST (O.S.) I'm telling you, it smells like something died in here.

FEAR Can you die from moving?

<u>INT. HEADQUARTERS</u>

JOY Guys, you're overreacting. Nobody is dying…

DISGUST A DEAD MOUSE!!!

ON THE SCREEN: A mouse, dead mouse in the corner!

FEAR (O.S.) (screams)

ANGER (O.S.) Great, this is just great.

DISGUST (O.S.) I'm gonna be sick...

FEAR (O.S.) Ahhhhh!! It's the house of the dead! What are we gonna do?! We're gonna get rabies!!!

<u>INT. HEADQUARTERS</u>

Fear jumps into Anger's arms. He fires up the flames.

ANGER GET OFF OF ME!!!

까칠 (화면 밖) 내 말이, 여기서 꼭 누가 죽은 것 같은 냄새가 나.

소심 이사하다가 죽을 수도 있니?

실내. 본부

기쁨 얘들아, 과잉 반응이야. 아무도 죽지 않아…

까칠 죽은 쥐가 있어!!!

화면에 쥐다, 구석에 죽은 쥐가 있다!

소심 (화면 밖) (비명)

버럭 (화면 밖) 좋았어, 아주 좋았어.

까칠 (화면 밖) 토할 것 같아…

소심 (화면 밖) 아아아아아!! 여기는 죽은 자들의 집이야! 어떻게 하지?! 병에 걸리겠어!!!

실내. 본부

소심이 버럭의 품속으로 뛰어든다. 버럭의 불이 활활 타오른다.

버럭 꺼져!!!

die 죽다 **overreact** 오버하다, 반응이 너무 지나치다 **in the corner** 구석에 **sick** 아프다 (여기서는 '토할 것 같은') **rabies** 광견병, 공수병

FEAR (on fire) YAAAAA!

He runs around the room. She distracts the grumbling Emotions and casually puts out Fear with a fire extinguisher.

JOY Hey, hey hey. All through the drive, Dad talked about how cool our new room is. Let's go check it out!

FEAR/ANGER/ DISGUST (O.S.) You're right, Joy. / Yeah! / That's right! / Yes, yes, yes!

The Emotions chatter excitedly.

<u>INT. SF HOUSE</u>

Riley dashes up the stairs...

<u>INT. RILEY'S ROOM</u>

It's tiny. With a sloped ceiling.

FEAR No, no, no, no no.

DISGUST I'm starting to envy the dead mouse. [11]

ANGER Get out the rubber ball, we're in solitary confinement.

소심 (불이 붙어서) 으아아아!

소심이 방안을 여기저기 뛰어다닌다. 기쁨은 투덜대는 감정들의 기분을 돌리고는 소심에게 붙은 불을 아무 일도 아니라는 듯 소화기로 끈다.

기쁨 얘들아, 얘들아. 오는 내내 아빠가 우리 새 방이 얼마나 좋은지 얘기했잖아. 가서 보자!

소심/버럭/까칠 (화면 밖) 네 말이 맞아, 기쁨아. / 그래! / 맞아! / 그래, 그래, 그래!

감정들이 신이 나서 떠든다.

<u>실내. 샌프란시스코 집</u>

라일리가 층계를 뛰어올라가는데…

<u>실내. 라일리의 방</u>

방이 작다. 기울어진 천장이다.

소심 이런, 이런, 이런, 안 돼, 안 돼.

까칠 죽은 쥐가 부러워지기 시작하는 걸.

버럭 고무공 꺼내라. 독방이 따로 없군.

on fire 불이 붙은 **distract** 주의를 돌리다 **casually** 아무것도 아니라는 듯이 **put out** 불을 끄다 **fire extinguisher** 소화기 **chatter** 재잘거리다, 수다를 떨다 **excitedly** 신이 나서 **dash up** 뛰어올라가다 **tiny** 매우 작은 **sloped ceiling** 경사진 (지붕) 천장 **envy** 부럽다 **be in solitary confinement** 독방에 갇혀 있다

INT. HEADQUARTERS

SADNESS Oh, Riley can't live here.

ANGER She's right.

FEAR Really bad.

DISGUST It's the worst. It's absolutely the worst. [12]

ANGER This house stinks.

Anger, Disgust and Fear memories rolls in. Joy sees she's losing the room.

JOY Hey, it's nothing our butterfly curtains couldn't fix. I read somewhere that an empty room is an opportunity!

ANGER Where did you read that?

JOY It doesn't matter. I read it and it's great. We'll put the bed there. And the desk over there...

As they watch the screen, the room populates with Riley's furniture. The other Emotions chime in.

실내. 본부

슬픔 오, 라일리는 여기서 못 살아.

버럭 슬픔이 말이 맞아.

소심 진짜로 형편없네.

까칠 최악이야. 진짜 최악이라고.

버럭 이 집은 너무 구려.

버럭, 까칠 그리고 소심의 기억들이 굴러 들어온다. 기쁨은 자신의 말이 통하지 않을 것이라는 사실을 알게 된다.

기쁨 얘들아, 우리가 나비 커튼을 달 수 없는 것도 아니잖아. 내가 어디서 읽었는데, 빈방은 기회를 의미한대!

버럭 어디서 읽었는데?

기쁨 그건 중요하지 않아. 아주 좋다는 게 중요한 거지. 침대는 저쪽에 놓고, 책상은 저쪽에…

감정들이 화면을 보는 동안 방은 라일리의 가구로 채워진다. 다른 감정들도 거든다.

absolutely 굉장히, 극도로 **stink** 지독한 냄새가 난다 (여기서는 '후지다, 구리다') **empty** 빈 **opportunity** 기회 **populate with** ~으로 들어차다 **furniture** 가구 **chime in** 대화에 끼어들다, 거들다

FEAR And the hockey lamp goes there...

SADNESS/ ANGER/ DISGUST Posters. / Books over there. / Stars. / More! / Nice.

JOY Now we're talking! Let's go get our stuff from the moving van!

150C — THE MOVE: HOCKEY

<u>INT. SF HOUSE</u>

Riley down the stairs. Dad is on the phone.

소심 하키 램프는 저쪽으로 가고…

슬픔/버럭/까칠 포스터. / 책들은 저쪽으로. / 별들. / 더! / 좋아.

기쁨 이제 말이 통하네! 나가서 이삿짐 트럭에서 우리 물건을 가져오자!

150C — 이사: 하키

실내. 샌프란시스코 집

라일리가 계단을 내려온다. 아빠가 통화 중이다.

be on the phone 전화통화 중이다

DAD (on the phone) All right. Goodbye.

DAD (disgusted) Well, guess what? The moving van won't be here until Thursday. [13]

MOM You're kidding!

INT. HEADQUARTERS

Everyone gathers around the console.

FEAR The van is lost?! This is the worst day ever.

ON SCREEN, Mom and Dad argue:

MOM You said it would be here yesterday!

DAD I know that's what I said. That's what they told me!

Riley looks on.

FEAR (O.S.) Mom and Dad are stressed out!

INT. HEADQUARTERS

The Emotions fight over the controls.

아빠 (통화 중) 알았어요. 안녕히 계세요.

아빠 (넌더리 난다는 듯) 허, 뭐라는 지 알아? 이삿짐 트럭이 목요일이나 돼야 온대.

엄마 설마!

<u>실내. 본부</u>
모두 콘솔 주위에 모여 있다.

소심 이삿짐 트럭이 사라졌다고?! 최악의 날이군.

엄마와 아빠가 다투는 모습:

엄마 당신이 트럭은 어제 도착할 거라고 했잖아!

아빠 내가 그렇게 말한 거 알아. 그들이 한 말을 전했을 뿐이라고!

라일리가 바라본다.

소심 (화면 밖) 엄마랑 아빠는 스트레스를 받고 있어!

<u>실내. 본부</u>
감정들이 콘솔 주위에서 아우성치고 있다.

gather around 주위에 모이다 **lost** 분실, 잃어버리다 **argue** 말다툼을 하다 **look on** 바라보다 **be stressed out** 스트레스를 너무 많이 받았다 **fight over** ~에 대해 싸우다

FEAR/ANGER/ DISGUST They're arguing! / What are we going to do? / This is so stressful. / What is their problem?

Joy suddenly yells over the noise.

JOY I've got a great idea!!!

She put an IDEA into the console.

INT. SF LIVING ROOM

Riley's face lights up.

MOM Did you even read the contract? [14]

DAD Honey, you act like this is...

She grabs her hockey stick and drops a wad of paper on the floor.

RILEY Andersen makes her move. She's closing in!

소심/버럭/까칠 다투고 있다고! / 우린 어쩌지? / 스트레스가 너무 심해. / 뭐가 문제야?

난리통에 기쁨이 갑자기 외친다.

기쁨 나한테 좋은 생각이 있어!!!

기쁨이 '생각'을 콘솔에 넣는다.

실내. 샌프란시스코 집의 거실

라일리의 얼굴이 밝아진다.

엄마 당신, 계약서는 읽어본 거야?

아빠 여보, 당신 말은 이게 꼭…

라일리가 하키 스틱을 잡더니 종이 한 뭉치를 바닥에 떨어뜨린다.

라일리 앤더슨이 움직이기 시작하더니 더 가까이 다가가고 있습니다!

suddenly 갑자기 **yell** 고함을 치다 **light up** 환해지다, 밝아지다 **contract** 계약서 **wad of paper** 종이를 뭉친 것 **make one's move** 어떤 동작을 하다 **close in** (공격하기 위해) ~에 접근하다

DAD Hey!

Dad grabs a broom and they start to play.

DAD Oh, no, you're not!

RILEY She's lining up for the shot!

DAD Coming behind you! Watch out! Watch out!

She "skates" past him, knocking the wad of paper at him and towards the fireplace.

RILEY She shoots and she scores! Woo-hoo!

INT. HEADQUARTERS

The Emotions cheer. Joy turns around – Family Island activates.

RILEY (O.S.) (cheering)

INT. SF HOUSE

Riley skates around her Mom.

RILEY Come on, Grandma!

아빠 어이!

아빠가 빗자루를 잡자 두 사람은 경기를 시작한다.

아빠 오, 아냐, 그러면 안 돼지!

라일리 앤더슨은 슛을 쏠 준비 중입니다!

아빠 네 뒤에 따라붙었어! 조심해! 조심!

라일리는 '스케이트를 타고' 아빠를 지나치더니 종이 뭉치를 아빠 쪽으로 치고는 벽난로를 향해 달려간다.

라일리 앤더슨이 슛을 날립니다. 골인! 와아!

실내. 본부

감정들이 환호성을 지른다. 기쁨이 몸을 돌리자 가족섬이 작동된다.

라일리 (화면 밖) (환호성)

실내. 샌프란시스코 집

라일리가 엄마 주위를 스케이트를 타고 맴도는 자세를 취한다.

라일리 어서요, 할머니!

broom 빗자루 **line up for the shot** 슛을 쏠 자세를 취하다 **toward** ~을 향해 **fireplace** 벽난로 **score** 득점하다 **activate** 작동되다

MOM Ha! "Grandma?"

Mom ties her hair back.

INT. HEADQUARTERS

JOY Uh oh, she put her hair up, we're in for it!

INT. SF HOUSE

They all playing in their socks. Mom is using Riley's pillow to guard the "goal/fireplace."

Dad picks up Mom. They laugh.

MOM (laughing) Woo! Hey, put me down!

Dad scoops up Riley in a hug.

INT. HEADQUARTERS

A happy memory rolls in.

엄마 뭐! '할머니'?

엄마가 머리를 뒤로 묶는다.

실내. 본부

기쁨 어어, 엄마가 머리까지 묶었네, 이거, 우리 큰일 났어!

실내. 샌프란시스코 집

가족들은 모두 양말로 스케이트를 타고 있다. 엄마는 라일리의 베개로 골대인 벽난로를 막고 있다.

아빠가 엄마를 들어올린다. 그들이 웃는다.

엄마 (웃는다) 워어! 여보, 내려 줘!

아빠가 라일리를 안아 들어올린다.

실내. 본부

행복한 기억이 굴러 들어온다.

tie one's hair back 머리를 뒤로 묶다 **put one's hair up** 머리를 묶다 **pick up** 들어올리다 **put down** 내려놓다 **scoop up** 훽 들어올리다

CHAPTER 4

Broccoli Pizza

INT. SF HOUSE

RING! Dad's cell phone goes off.

DAD Ugh. Sorry, hold on, hold on.

He answers it.

DAD Hello?

INT. HEADQUARTERS

JOY Wait. Huh?

INT. SF HOUSE

DAD You're kidding. Alright. Stall for me. I'll be right there.

He closes the phone.

실내. 샌프란시스코 집

벨이 울린다. 아빠의 휴대폰 소리다.

아빠 어, 미안, 기다려, 기다려.

아빠가 전화를 받는다.

아빠 여보세요?

실내. 본부

기쁨 잠깐. 어?

실내. 샌프란시스코 집

아빠 그럴 리가. 알았어. 시간을 좀 끌어줘. 곧 갈게.

아빠가 전화를 끊는다.

cell phone 휴대폰 go off 울리다 stall 시간을 끌다

DAD The investor's supposed to show up on Thursday, not today! 15
I gotta go.

INT. HEADQUARTERS

JOY (sigh)

INT. SF HOUSE

MOM It's ok. We get it.

DAD (kissing MOM) You're the best. Thanks, Hon.

He waves to Riley on his way out.

DAD See you, Sweetie.

INT. HEADQUARTERS

FEAR Dad just left us.

SADNESS Oh, he doesn't love us anymore. That's sad.

Sadness steps up to the console.

아빠 투자자가 오늘이 아닌 목요일에 오기로 했다는군! 가봐야겠어.

실내. 본부

기쁨 (한숨)

실내. 샌프란시스코 집

엄마 알았어. 우린 이해해.

아빠 (엄마에게 키스하며) 당신이 최고야. 고마워, 여보.

아빠는 나가면서 라일리에게 손을 흔든다.

아빠 이따 보자, 꼬맹이.

실내. 본부

소심 아빠가 방금 우리를 버렸어.

슬픔 이런, 아빠는 이제 우리를 사랑하지 않아. 슬퍼.

슬픔이 콘솔로 다가선다.

show up 나타나다 **sigh** 한숨을 쉬다 **hon** 부부나 애인 사이의 호칭 (= **honey**) **on one's way out** 나가면서 **sweetie** 아이, 애인을 부르는 애칭 **step up to** ~로 다가서다

SADNESS I should drive, right?

BLOCKS HER. The other Emotions react.

SADNESS Joy? What are you doing?

JOY Uh, just uh, gimmie one second... (searching) You know what I've realized? Riley hasn't had lunch!

Joy takes a memory off the wall – plays it.

JOY Remember?

MEMORY: SF PIZZA SHOP as they drive by in car.

INT. SF LIVING ROOM

RILEY Hey, I saw a pizza place down the street. [16] Maybe we could try that?

슬픔 내가 운전해야겠지, 그렇지?

기쁨이 슬픔을 가로막는다. 다른 감정들이 놀란다.

슬픔 기쁨아? 무슨 짓이야?

기쁨 어, 그냥, 나한테 잠깐 시간을 주면… (찾는다) 내가 방금 알아낸 게 뭔지 알아? 라일리가 아직 점심도 못 먹었다는 거야!

기쁨이 벽에서 기억을 하나 끄집어내 재생시킨다.

기쁨 기억 나니?

기억이 재생된다: 샌프란시스코의 어떤 피자 가게 앞을 라일리 가족이 탄 차가 지나간다.

실내. 샌프란시스코 집의 거실

라일리 엄마, 아까 거리를 지나가다 피자 가게 있는 걸 봤어요. 거기에 가보는 게 어때요?

block 막다, 제지하다 **gimmie** 내게 줘 (= give me) **drive by** 차로 옆을 지나가다 **pizza place** 피자 가게 **down the street** 길을 가다가, 거리를 지나가다가

MOM	Pizza sounds delicious.

INT. HEADQUARTERS

FEAR/ANGER/ DISGUST	Yeah! / Pizza! / Good idea, Joy.

Joy smiles.

INT. PIZZA PLACE

Riley and Mom stand at the counter. A slice of pizza is served. On it: broccoli.

FEAR	What the HECK IS THAT?!

엄마　　　피자 얘기를 들으니까 군침이 도는 걸.

실내. 본부

소심/버럭/까칠 신난다! / 피자다! / 좋은 생각이야, 기쁨아.

기쁨이 미소를 짓는다.

실내. 피자 가게

라일리와 엄마가 카운터에 서 있다. 피자 한 조각이 나온다. 위에 브로콜리가 얹혀 있다.

소심　　　세상에 이게 뭐야?!

at the counter 계산대에　**a slice of pizza** 피자 한 조각　**be served** 음식이 나오다, 제공되다　**heck** (비격식) 이런, 제길

JOY Who puts broccoli on pizza?

INT. HEADQUARTERS

DISGUST That's it. I'm done.

Disgust leaves.

ANGER Congratulations, San Francisco, you've RUINED PIZZA! FIRST THE HAWAIIANS AND NOW YOU!

---

230 — JOY AND SADNESS

EXT. SAN FRANCISCO STREET

Mom and Riley walk home. Riley looks disappointed.

MOM What kind of a pizza place only serves one kind of pizza?

INT. HEADQUARTERS

Joy glances at the wall of multi-colored memories. She sighs — things are not going well.

MOM Must be a San Francisco thing, huh?

기쁨 누가 피자에 브로콜리를 올렸어?

실내. 본부

까칠 됐어. 난 두 손 두 발 다 들었어.

까칠이 나간다.

버럭 축하해, 샌프란시스코, 넌 피자를 망쳤어! 처음엔 하와이가 망치더니 이번엔 너로구나!

---

230 — 기쁨과 슬픔

실외. 샌프란시스코 거리

엄마와 라일리가 걸어서 집으로 가고 있다. 라일리는 실망한 표정이다.

엄마 세상에 한 종류 피자만 파는 가게가 어디 있다니?

실내. 본부

기쁨이 다채로운 색깔로 이루어진 기억이 저장된 벽을 힐긋 본다. 기쁨은 한숨을 쉰다. 일이 잘 풀리지 않은 것이다.

엄마 샌프란시스코에서는 그게 유행인가 보지?

ruin 망치다 **Hawaiians** 하와이안 피자 (피자 위에 파인애플을 토핑으로 올림) **disappoint** 실망하다 **glance at** ~을 흘낏 보다 **multi-colored** 여러 가지 색깔을 띤

EXT. SAN FRANCISCO STREET

MOM Still, it's not as bad as the soup. [17] At that diner in Nebraska.

Riley smiles.

RILEY Oh yeah. The spoon stood up in the soup by itself! That was disgusting.

INT. HEADQUARTERS

JOY (to herself) Oh, good. Family is running.

Out the back window Family Island is going strong.

EXT. SAN FRANCISCO STREET

RILEY It's like Dad's got a steel stomach!

MOM The drive out was pretty fun, huh? What was your favorite part?

INT. HEADQUARTERS

ANGER Spitting out the car window!

실외. 샌프란시스코 거리

엄마 그래도 수프처럼 어이없었던 건 아냐. 그 왜 네브래스카에서 들렀던 식당 말이야.

라일리가 미소 짓는다.

라일리 오 맞아요. 스푼이 수프에 그대로 박혔으니까요! 정말 역겨웠어요.

실내. 본부

기쁨 (혼잣말로) 오, 좋아, 가족섬이 작동되고 있네.

뒤창문 밖에서 가족섬이 잘 돌아가고 있다.

실외. 샌프란시스코 거리

라일리 아빠는 돌덩어리도 소화시킬 수 있나 봐요!

엄마 차 타고 여기까지 오는 건 꽤 재미있었지, 어? 넌 뭐가 제일 좋았니?

실내. 본부

버럭 차 창문 밖으로 침 뱉은 거!

diner 식당 (보통 값이 싼 식당) **by itself** 숟가락이 '저 혼자' 수프에 서 있었다 **disgusting** 역겨운 **go strong** 잘 돌아가다 **steel stomach** '철로 만든 위'처럼 아무거나 잘 먹고 잘 소화시킨다 **spit** 침을 뱉다

DISGUST Definitely not when Dad was singing.

FEAR Wearing a seat belt!

JOY Oh! What about the time with the dinosaur?

Joy runs to the console to pull up a memory.

SADNESS/FEAR/ANGER/DISGUST Yeah. / Yup. / That's the one.

She brings up a memory:

EXT. ROADSIDE ATTRACTION, VERNAL, UTAH

Riley and Mom posing in front of a roadside cement dinosaur. Dad kneels to get a good shot.

DAD Say cheese!

Mom and Riley react. Behind Dad, the car rolls away down the hill. No brakes!

RILEY Dad! Dad! Just look behind you.

MOM Honey. The car! The car!

DAD No. Hold still.

까칠 아빠가 노래할 때는 진짜 아녔어.

소심 안전벨트 맨 거!!

기쁨 오! 공룡이랑 같이 있었을 땐 어때?

기쁨은 콘솔로 달려가 기억을 하나 끄집어낸다.

슬픔/소심/버럭/까칠 그래. / 맞아. / 바로 그거야.

기쁨이 기억을 연다.

실외. 유타주 버널시, 도로가의 볼거리

라일리와 엄마가 도로가에 세워 놓는 시멘트 공룡 앞에 서서 포즈를 취하고 있다. 아빠가 잘 찍으려고 무릎을 꿇는다.

아빠 치즈!

엄마와 라일리가 미소를 짓는다. 아빠 뒤로 차가 언덕을 따라 굴러 내려간다. 브레이크가 풀려 있었던 것이다!

라일리 아빠! 아빠! 뒤 좀 보세요.

엄마 여보. 차! 차!

아빠 안 돼. 가만있어.

definitely 분명히, 확실히 **bring up** 꺼내다, 불러 일으키다 **roadside** 길가, 노변 **cement** 시멘트 **kneel** 무릎을 꿇다 **to get a good shot** 사진을 잘 찍으려고 **brake** 브레이크, 제동 장치

Dad runs back to the car as it rolls in reverse.

DAD (running) Stoooop! No no no nononono!! Argh.

He chases it down the hill. The car impales the back windshield through a stegosaurus tail.

INT. HEADQUARTERS

Joy and the others laugh.

FEAR (laugh) Nice one, Joy.

EXT. SAN FRANCISCO

Riley smiles, thinking about the memory.

RILEY I liked that time at the dinosaur. [18] That was pretty funny.

INT. HEADQUARTERS

The Emotions watch the end of the dinosaur memory on screen.

RILEY/MOM/DAD (laughing)

Suddenly the memory turns BLUE. Joy reacts, shocked.

JOY (shocked reaction)

아빠는 후진하는 차로 뛰어간다.

아빠 (달려간다) 스톱! 안 돼, 안 돼 안 돼!! 으악.

아빠는 차를 따라 뛰어간다. 스테고사우르스의 꼬리가 뒤창을 뚫자 겨우 차가 멈춘다.

실내. 본부

기쁨과 다른 감정들이 웃는다.

소심 (웃는다) 좋았어, 기쁨아.

실외. 샌프란시스코

라일리는 그때를 생각하며 미소 짓는다.

라일리 공룡이 있던 곳이 좋았어요. 정말 재미있었어요.

실내. 본부

감정들이 공룡에 관련된 기억의 마지막 장면을 보고 있다.

라일리/엄마/아빠 (웃는다)

갑자기 기억이 푸른색으로 변한다. 기쁨이 놀란다.

기쁨 (충격을 받아 놀라며)

roll in reverse 거꾸로 굴러가다 **chase** 쫓아가다 **impale** 관통하다 **back windshield** 자동차의 뒤창문 **stegosaurus** 스테고사우루스, 검룡 **turn blue** 푸른색으로 변하다

EXT. SAN FRANCISCO

Riley's smile fades.

INT. HEADQUARTERS

JOY Wait. What? What happened?

Joy looks back to see SADNESS standing next to the memory, touching it. She looks at her finger and realizes what she's done. She steps away from the memory.

FEAR She did something to the memory.

All the Emotions crowd around – looking confused. Joy comes back and takes the memory.

JOY (to Sadness) What did you do?

SADNESS (genuine, nervous) I just touched it.

Joy tries to rub the memory, change it back to gold. But it won't go.

JOY That shouldn't make it change.

She tries to touch it and restore it to yellow.

실외. 샌프란시스코

라일리의 미소가 사라진다.

실내. 본부

기쁨 잠깐. 뭐야? 무슨 일이야?

기쁨이 뒤돌아보니 슬픔이 기억 옆에 서서 그것을 만지는 것이 눈에 들어온다. 슬픔은 자기 손가락을 들여다보더니 자신이 무슨 짓을 했는지 알아차린다. 슬픔이 기억에서 물러난다.

소심 슬픔이 기억에 무슨 짓을 했어.

감정들이 모두 혼란스러운 표정을 지으며 모여든다. 기쁨이 되돌아와 기억을 집는다.

기쁨 (슬픔에게) 너 무슨 짓을 한 거니?

슬픔 (초조하지만 진지한 표정으로) 내가 방금 그걸 만졌어.

기쁨이 기억을 문질러 다시 금빛으로 돌려놓으려 하지만 잘 되지 않는다.

기쁨 이렇게 해서는 바뀌지 않는 것 같아.

기쁨이 기억을 만져 다시 금빛으로 돌려놓으려고 한다.

fade (미소 등이) 사라지다, 희미해지다 **look back** 뒤돌아보다 **realize what one has done** 자신이 무슨 짓을 했는지 깨닫다 **step away from** ~에서 물러나다 **crowd around** 우르르 몰려들다 **genuine** 진지한, 진정인 **rub** 문지르다 **restore** 회복하다, 되찾다

FEAR Oh... change it back, Joy!

Joy puts some elbow grease into it, on edge herself.

JOY (efforts) I'm trying.

It stays blue.

ANGER You can't change it back?

JOY No, I guess I can't.

DISGUST Good going, Sadness. Now when Riley thinks of that moment with Dad, she's gonna feel sad. Bravo.

SADNESS (stammering) I'm sorry, Joy... I don't really know. I thought maybe if you – if you – if... I mean...

DISGUST Joy, we've got a stairway coming up.

<u>EXT. SAN FRANCISCO</u>

Riley runs toward a staircase.

소심 아… 다시 돌려놔, 기쁨아!

기쁨은 자신도 초조해져 힘껏 문지른다.

기쁨 (힘을 쓰며) 하고 있어.

계속 푸른색을 띠고 있다.

버럭 다시 돌려놓을 수 없어?

기쁨 안 돼. 할 수 없나 봐.

까칠 잘했어, 슬픔아. 이제 라일리가 아빠랑 있었던 그때 일을 떠올리면 슬퍼질 거야, 잘 됐지 뭐.

슬픔 (말을 더듬으며) 미안해, 기쁨아… 진짜 뭐가 뭔지 모르겠어. 내 생각에는 네가, 네가 말야, 네가… 내 말은…

까칠 기쁨아, 계단이 나타나고 있어.

실외. 샌프란시스코

라일리가 계단을 향해서 뛴다.

put some elbow grease 애를(힘을) 써서 닦다 **on edge** 안절부절 못하며 **effort** 애쓰다 **stammer** 말을 더듬다 **stairway** 계단 (= staircase) **come up** 나오다, 나타나다

CHAPTER 5

Miserable Sadness

INT. HEADQUARTERS

JOY Just don't touch any other memories until we figure out what's going on.

Joy tosses the memory into the recall tube and it's sucked away.

SADNESS Okay.

실내. 본부

기쁨 무슨 일인지 알 때까지는 다른 기억에는 손대지 마.

기쁨이 그 기억을 회상 튜브에 던져 넣자 빨려 들어간다.

슬픔 알았어.

figure out 생각해내다, 이해하다 **recall** 회상, 소환 **suck** 빨아들이다

Joy goes to the controls.

JOY Alright. Get ready, this is a monster railing and we are riding it all the way down!

EXT. SAN FRANCISCO

Riley comes up to the railing.

INT. HEADQUARTERS

Joy looks back through the window. GOOFBALL ISLAND is going like crazy.

EXT. SAN FRANCISCO STREET – DAY

Riley sits on the banister, about to slide down... but then walks down instead.

INT. HEADQUARTERS

Joy is confused.

JOY Wait, what? What happened?

Suddenly a CORE MEMORY ROLLS AT JOY'S FEET.

JOY (gasp!)

FEAR A core memory!

기쁨이 콘솔 제어판으로 간다.

기쁨 좋아. 준비해, 이건 죽 미끄러지는 난간이라 완전히 아래까지 타고 가는 거야!

실외. 샌프란시스코

라일리는 난간까지 올라간다.

실내. 본부

기쁨은 뒤돌아 창밖을 본다. 엉뚱섬이 좋아서 날뛰고 있다.

실외. 샌프란시스코 거리 – 낮

라일리가 난간에 걸터앉아 타고 내려가려고 하다가… 그냥 걸어 내려간다.

실내. 본부

기쁨은 혼란스럽다.

기쁨 잠깐, 왜 그런 거야? 무슨 일이지?

갑자기 핵심 기억이 기쁨의 발밑으로 굴러온다.

기쁨 (헉 하며)

소심 핵심 기억이다!

monster railing 막히는 곳이 없이 죽 내려가는 난간 **all the way down** 죽 밑으로 끝까지 내려가는 **go like crazy** 신이 나서 날뛰다 **banister** 난간 **about to** ~하려는 참에 **instead** 대신

JOY Oh no.

Joy picks up the core memory. Everyone looks out back window and we see — GOOFBALL ISLAND GOES DARK. Joy rushes to the memory holder and sees it up, with SADNESS STANDING NEXT TO IT!

JOY Sadness! What are you doing?

AND SADNESS AT THE HOLDER:

SADNESS (panicky) It looked like one was crooked, so I opened it and then it fell out! I...

Joy gets the memory back in – the light line and GOOFBALL ISLAND come back on. Joy turns to the screen to check. Goofball is back up and running.

EXT. SAN FRANCISCO STREET – DAY

Riley jumps back on and slides down.

RILEY Woo hoo! (laughing)

INT. HEADQUARTERS

SADNESS (guilty) It's just that... I wanted to maybe hold one.

기쁨 오 안 돼!

기쁨이 그 핵심 기억을 집어 든다. 모두들 뒤창문을 통해 밖을 내다본다. 엉뚱섬이 어두워진다. 기쁨이 기억 저장소로 달려가서 살펴보니 슬픔이 그 옆에 서 있다!

기쁨 슬픔아! 거기서 뭐하고 있는 거니?

기쁨과 슬픔은 기억 저장소에 있다:

슬픔 (너무 놀라서 당황한다) 하나가 비뚤어진 것 같아서 내가 열었더니 그게 떨어졌어! 난…

기쁨이 그 기억을 집어서 다시 넣자, 광선과 엉뚱섬이 다시 빛난다. 기쁨은 화면으로 몸을 돌려 점검한다. 엉뚱섬이 다시 살아 움직인다.

실외. 샌프란시스코 거리 – 낮

라일리가 다시 난간에 올라타고는 미끄러져 내려온다.

라일리 우후! (웃는다)

실내. 본부

슬픔 (미안한 표정으로) 있잖아, 난 그냥 하나를 쥐어볼까 하고…

go dark 어두워지다 **rush to** 서둘러 가다 **panicky** 너무 놀라서 어쩔 줄 모르는 **crooked** 비뚤어진 **fall out** 떨어지다 **guilty** 죄지은 표정으로

She reaches out to touch one AND IT STARTS TO GO BLUE.

JOY/ANGER/ DISGUST (GASP!)

FEAR JOY!

Joy grabs Sadness's hand before she can touch it.

JOY Whoa, whoa, whoa!

The core memory TURNS BACK TO GOLD.

JOY Sadness! You nearly touched a Core Memory. [19] And when you touch them, we can't change them back!

슬픔이 기억을 잡으려고 손을 뻗자 그 기억이 푸른색으로 변한다.

기쁨/버럭/까칠 (헉!)

소심 기쁨아!

기쁨은 슬픔이 손을 대기 전에 슬픔의 손을 잡는다.

기쁨 워, 워, 워!

핵심 기억이 다시 금빛으로 빛난다.

기쁨 슬픔아! 넌 핵심 기억을 만질 뻔했어. 네가 손을 대면 그걸 되돌릴 수 없어!

reach out 무엇을 만지려고 손을 내밀다 **turn back to gold** 다시 금빛으로 바뀌다 **nearly** 거의

SADNESS I know. I'm sorry. Something's wrong with me. I uh... It's like I'm having a breakdown.

JOY You are not having a breakdown. It's stress.

SADNESS I keep making mistakes like that. I'm awful...

JOY Nooo, you're not.

SADNESS ...and annoying.

JOY Well... uh... eh... You know what? You can't focus on what's going wrong. There's always a way to turn things around, to find the fun.

SADNESS Yeah. Find the fun. I don't know how to do that. [20]

JOY Okay. Well, try to think of something funny.

SADNESS (beat) Oh! Remember the funny movie where the dog dies?

JOY Yeah, that's not... (tries another approach) What about that time with Meg, when Riley laughed so hard milk came out of her nose? I mean come on...

슬픔	나도 알아. 미안해. 난 어디가 잘못됐나 봐. 난… 어디가 고장난 것 같아..
기쁨	넌 고장난 게 아냐. 스트레스 때문이야.
슬픔	난 계속해서 그런 실수를 하고 있어. 난 정말 형편없나 봐…
기쁨	아냐, 그렇지 않아.
슬픔	…그리고 짜증나는 존재고.
기쁨	있잖아… 어… 어… 그게 말야. 뭔가 잘못됐다고 그것에만 신경을 쓸 수는 없어. 문제를 바로잡을 수 있는 방법은 언제나 있는 법이거든, 재미를 찾을 수 있는 방법 말이야.
슬픔	그래. 재미를 찾는 거. 그런데 난 어떻게 찾아야 하는지 잘 몰라.
기쁨	알았어. 그러면 말야, 재미있는 것에 대해 생각해 보자.
슬픔	(잠시 후) 아! 개가 죽는 그 재미있는 영화 같은 거 말야?
기쁨	그래, 그런데 그건 좀… (다른 식으로 접근해 보려고 한다) 멕하고 놀던 때는 어떨까? 라일리가 너무 웃어서 코로 우유가 나왔을 때 말야. 그때 생각해 봐…

breakdown 고장 **awful** 형편없는, 끔찍한 **annoying** 성가신 **focus on** ~에 집중하다 **turn around** 돌려놓다 **approach** 접근하다

INSERT: Riley spitting milk out of her nose, Meg laughing.

RILEY (snorting/laughing) Ow.

MEG (laughing)

SADNESS Yeah. That hurt. It felt like fire. Ooh, it was awful.

She starts to get sad and SINK again.

JOY Okay, okay, don't think of that. Let's try something else. What are your favorite things to do?

SADNESS My favorite? Um, well, I like it when we're outside...

JOY That's good. Like there's the beach and sunshine. Oh! Like that time we buried Dad in the sand up to his neck—

INSERT: Riley at beach, Dad buried.

SADNESS Oh, I was thinking more like rain.

INSERT: Riley stands in a downpour.

장면 삽입. 라일리가 코로 우유를 뿜는다. 멕이 웃는다.

라일리 (코로 우유를 뿜는다/웃는다) 어우.

멕 (웃는다)

슬픔 그래. 그때 아팠어. 불이 붙은 줄 알았지. 오, 너무 끔찍했어.

슬픔은 슬퍼지기 시작하더니 다시 우울해진다.

기쁨 알았어, 알았어. 그건 생각하지 말자. 다른 것을 생각해 보자. 네가 제일 좋아하는 건 뭐니?

슬픔 내가 제일 좋아하는 거? 음, 그러니까, 우리가 밖에 나갈 때가 난 좋은데…

기쁨 좋았어. 태양이 쨍하게 내리쬐는 해변이라든가, 아! 모래사장에서 아빠를 목까지 모래로 묻었을 때라든가…

장면 삽입. 라일리와 아빠가 모래사장에 있다. 아빠는 모래에 묻혀 있다.

슬픔 오, 나는 비가 내릴 때를 생각하고 있었는데…

장면 삽입. 라일리가 쏟아지는 비를 맞으며 서 있다.

insert 삽입 장면 **snort** 콧방귀를 뀌다 **sink** (기분이) 가라앉다 **bury** 묻다 **up to someone's neck** ~의 목까지 **downpour** 폭우

JOY (confused) Rain?... (changes her tune) Rain... is my favorite too! We can stomp around in puddles, you know. There's cool umbrellas, lightning storms...

INSERT: Riley happily puddle jumps.

SADNESS More like when the rain runs down our back and makes our shoes soggy... and we get all cold and shivery, and everything just starts feeling droopy. It's awful. (cries)

INSERT: Riley's shoes fill with water. She looks miserable. Sadness melts to the floor.

JOY (confused) Oh, hey, hey, hey... easy. Why are you crying? Oh... it's, it's just like really the opposite of what we're going for here.

SADNESS Crying helps me slow down and obsess over the weight of life's problems.

Joy drops her head in her hands.

JOY Ugh.

She sees something, perks up, walks Sadness to the manual shelf.

기쁨 (혼란스러워하며) 비라고?... (말투를 바꿔서) 비라… 나도 비를 제일 좋아해! 웅덩이를 철벅거리며 다닐 수도 있고, 알지. 멋진 우산에, 번개 치는 폭풍도 있고…

장면 삽입. 라일리가 웅덩이를 뛰어서 건너며 좋아한다.

슬픔 난 비가 우리 등줄기를 타고 흐르고 우리 신발이 흠뻑 젖는 걸 더 좋아하는데… 우리는 너무 추워서 몸을 덜덜 떨고 모든 게 그냥 축 축 늘어지는 것 같고. 참 끔찍하지. (운다)

장면 삽입. 신발이 물로 가득 차서 라일리는 아주 비참하고 우울하게 보인다. 슬픔은 바닥에 푹 주저앉는다.

기쁨 (혼란스러워하며) 아, 이봐, 이봐, 이봐… 좀 진정해. 왜 우는 거야? 오… 우는 건 우리가 여기 온 목적에 정반대가 되는 거잖아.

슬픔 울면 내가 좀 진정이 된단 말야. 그리고 인생의 문제가 얼마나 무거운지 그것에 온 신경을 집중할 수 있게 해주거든.

기뻄이 손에 머리를 떨군다.

기쁨 으으.

기쁨은 뭔가를 보자 활기를 되찾고는 슬픔을 설명서가 있는 선반으로 데리고 간다.

tune 어조 **stomp around in puddles** 웅덩이를 첨벙첨벙 거리며 밟고 다니다 **lightning storm** 번개가 치는 폭풍우 **soggy** 흠뻑 젖은 **shivery** 떠는 **droopy** 축 늘어진 **look miserable** 비참해 보이다 **melt to the floor** 바닥에 풀썩 주저앉는다는 뉘앙스 **obsess over** ~에 대해 강박관념을 갖다 **weight of** ~의 힘, 무게 **perk up** 기운을 차리다 **manual** 설명서, 매뉴얼

JOY You know what? Let's think about something else. [21] How about we read some mind manuals, huh? Sounds fun.

SADNESS I've read most of them.

JOY Well, have you read this one? This seems interesting, "Long Term Memory retrieval, Volume 47?"

SADNESS No.

JOY Ohhh, a real page turner!

SADNESS (opens manual to a random page; reads) "Long Term Memory data selection via channel subgrouping."

She looks back up to Joy. Joy reaches for a response.

JOY (walking away) See? Fun already! You lucky dog. You're reading these cool things. I gotta go work. Life is so unfair.

Sadness sits down near the shelf and continues reading. Joy walks back toward the console and looks to see another memory, this time green from Disgust, slide onto the shelves in HQ. The memories are mostly from Fear, Disgust and Anger – but not Joy.

JOY (groan)

기쁨 있지, 다른 것에 대해 한번 생각해 보자. 마음 설명서를 읽어 보는 건 어때? 재미있을 것 같은데.

슬픔 그런 건 대부분 다 읽었어.

기쁨 어, 이것도 읽어 봤니? '장기 기억 복구, 47권' 이거 재미있을 것 같은데?

슬픔 아니.

기쁨 오오, 페이지가 술술 넘어가는 책이야!

슬픔 (설명서를 아무 페이지나 펼쳐서 읽는다) '채널 하위 집단화를 통한 장기 저장 기억 자료 선별 작업'.

슬픔이 기쁨을 올려다본다. 기쁨이 대답할 말을 찾는다.

기쁨 (걸어가며) 봤지? 벌써 재미있잖아! 넌 운이 좋아. 넌 이렇게 재미있는 것을 읽는데, 난 일하고. 인생이란 참 불공평하지.

슬픔은 선반 근처에 앉아 계속 읽는다. 기쁨은 콘솔로 돌아와 또 다른 기억을 찾는다. 이번에는 까칠과 관련된 녹색 기억이다. 본부의 선반에 굴러 내려온다. 기억들은 대부분 소심, 까칠 그리고 버럭에 관한 것이다. 기쁨과 관련된 것은 없다.

기쁨 (끙 하며)

retrieval 검색 **volume** (도서의) 권 **page turner** 너무 재미있어서 페이지가 술술 넘어가는 책 **via** 통하여 **response** 대답, 반응 **You lucky dog.** 넌 운이 좋은 애야 (친숙한 사이에서 사용) **cool** 멋진, 재미있는 **unfair** 불공평한 **continue** 계속해서 **groan** 신음

CHAPTER 6

Team Happy!

250 — BEDTIME

INT. RILEY'S HOUSE STAIRWAY – NIGHT

Riley walks down the stairs. Mom unpacks as Dad paces, on the phone.

DAD (stressed, on phone) What can we do? We've only got capital to last a month, maybe two. [22] If we can't find investors by then, we're going to have to lay people off.

Riley looks concerned, but tries to move past it.

RILEY Mom! Dad! Come kiss me good night!

MOM (O.S.) (calling out) Be right there!

DAD (O.S.) (stressed, on phone) I know. I know. We've got to land this, okay.

06. mp3

250 — **취침**

실내. 라일리네 집의 계단 – 밤

라일리가 계단을 내려간다. 엄마는 짐을 풀고 아빠는 통화하면서 서성이고 있다.

아빠 (스트레스 받은 통화 소리) 그럼 우리가 어떻게 해야지? 우리 자본금으로는 한두 달 밖에 버틸 수 없어. 그때까지 투자자를 찾지 못하면 직원들을 해고할 수밖에 없어.

라일리는 걱정스런 표정을 짓지만 그냥 못 들은 척한다.

라일리 엄마! 아빠! 내 방으로 와서 굿나잇 키스해 줘요!

엄마 (화면 밖) (외치며) 금방 갈게!

아빠 (화면 밖) (스트레스 받은 통화 소리) 나도 알아, 알아. 우리가 그걸 안착시켜야지, 그래.

unpack 짐을 풀다 **pace** 서성이다 **capital** 자본 **last** (기간 동안) 지탱하다 **investor** 투자자 **lay off** 정리 해고하다 **concerned** 걱정하는, 우려하는 **land** 차지하다, 얻다

Riley heads to her room.

INT. RILEY'S ROOM – MOMENTS LATER

Riley climbs into her sleeping bag. She tries to get cozy.

INT. HEADQUARTERS

FEAR Did you hear Dad? He sounded really upset.

INT. RILEY'S ROOM

Strange noises emanate from outside.

라일리는 자기 방으로 향한다.

실내. 라일리의 방 – 잠시 후

라일리가 침낭으로 기어들어가 편하게 자세를 잡는다.

실내. 본부

소심 아빠가 하는 말을 들었어? 아주 짜증이 난 목소리던데.

실내. 라일리의 방

밖에서 이상한 소리가 들린다.

head to ~로 향하다 **sleeping bag** 침낭 **cozy** 아늑한, 편안한 **upset** 속상한 **emanate from** ~에서 나오다

RILEY (gasp)

Car headlights cast shadows on the walls.

FEAR (O.S.) What was that?

Riley in her sleeping bag, looks nervous/scared.

INT. HEADQUARTERS

Fear drives.

FEAR Was it a bear? It's a bear!

DISGUST There are no bears in San Francisco! [23]

ANGER I saw a really hairy guy. He looked like a bear...

FEAR Oh, I'm so jumpy. My nerves are shot!

DISGUST Ew, I don't want to hear about your nerves!

ANGER I'll tell you what it is. This move has been a bust.

FEAR That's what I've been telling you, guys. There are at least 37 things for Riley to be scared of right now!

라일리 (헉 하며)

차 헤드라이트가 벽에 그림자를 드리운다.

소심 (화면 밖) 저게 뭐야?

침낭 속에 누운 라일리는 초조하고 불안하다.

<u>실내. 본부</u>
소심이 조종하고 있다.

소심 곰인가? 곰이다!

까칠 샌프란시스코에 무슨 곰이 있다고 그래!

버럭 난 털이 진짜로 많은 녀석을 봤어. 곰처럼 생겼는데…

소심 오, 정말 조마조마하네. 내 신경이 곤두섰나 봐!

까칠 어휴, 네 신경 얘기는 이제 듣고 싶지도 않아!

버럭 이게 다 뭔지 알아? 이놈의 이사 때문에 이렇게 된 거라고.

소심 내 말이, 얘들아. 지금 당장 라일리가 겁내는 게 적어도 37가지가 있다니까!

headlight 헤드라이트, 전조등 **cast shadows on** ~에 그림자를 드리우다 **nervous** 긴장하다 **scared** 두렵다 **hairy** 털이 많이 난 **jumpy** 안절부절 못하다 **nerve** 신경 **shot** (상태가) 엉망인, 망가진 **bust** 실패작 **at least** 적어도

DISGUST The smell alone is enough to make her gag.

ANGER I can't believe Mom and Dad moved us here.

Joy stands looking at the memories. She turns to the others.

JOY Look, I get it. You guys have concerns, but we've been through worse! Tell you what: let's make a list of all the things Riley should be HAPPY about.

ANGER Fine. Let's see... this house stinks, our room stinks...

DISGUST Pizza is weird here...

SADNESS Our friends are back home...

FEAR And all of our stuff is in the missing van!

JOY Oh c'mon, it could be worse...

DISGUST Yeah, Joy. We could be lying on the dirty floor. In a bag.

INT. RILEY'S ROOM – NIGHT

Riley is lying on the dirty floor in a sleeping bag.

INT. HEADQUARTERS

까칠 다른 건 다 제쳐도 이 냄새 한 가지만으로도 라일리는 캑캑거린다고.

버럭 난 엄마 아빠가 우릴 여기로 데려 온 걸 믿을 수 없어.

기쁨이 서서 기억들을 보고 있다가 다른 감정들에게 몸을 돌린다.

기쁨 여기 좀 봐, 나도 알아. 너희들이 걱정하고 있다는 거. 하지만 우리는 이런 것보다 더 심각한 상황을 이미 겪었잖아! 이렇게 하는 거야; 라일리가 즐거워할 상황을 모두 적어 보자.

버럭 좋아. 어디 보자… 이 집은 구리고, 우리 방도 구리고…

까칠 여기 피자는 아주 요상하고…

슬픔 우리 친구들은 모두 미네소타에 있고…

소심 우리 물건은 사라져버린 이삿짐 트럭 안에 있단 말이야!

기쁨 오 제발, 이만하니 다행이지…

까칠 그래, 기쁨아. 더러운 바닥에 누울 수 있으니까. 침낭 안에서 말야.

실내. 라일리의 방 – 밤

라일리가 더러운 바닥 위 침낭 안에 누워 있다.

실내. 본부

through ~통해, 내내 **make a list** 리스트를 작성하다 **weird** 요상한, 괴상한 **stuff** ~것 **lie** 누워 있다

JOY | Okay, I admit it, we had a rough start. But think of all the good things that—

ANGER | No, Joy. There's absolutely no reason for Riley to be happy right now. Let us handle this.

FEAR | I say we skip school tomorrow and lock ourselves in the bedroom.

DISGUST | We have no clean clothes. I mean, no one should see us.

SADNESS | Yeah, we could cry until we can't breathe.

ANGER | We should lock the door and scream that curse word we know. It's a good one!

JOY | Now hold on!

Joy tries to stop the others' approach.

기쁨 알았어. 나도 인정해. 우리가 좀 힘들게 시작한 건 사실이야. 하지만 앞으로 좋을 일이 많이 생기길 생각하는 게…

버럭 아냐, 기쁨아. 지금 당장은 라일리가 기분 좋아할 일이 전혀 없잖아. 이건 우리가 처리할게.

소심 내일 학교를 빠지고 방에 처박혀 있자.

까칠 깨끗한 옷이 하나도 없잖아. 내 말은, 우리 모습을 누구에게도 보이면 안 된다는 거야.

슬픔 그래, 숨을 쉴 수 없을 때까지 울어도 되는 상황이야.

버럭 방문을 걸어 잠그고 우리가 아는 욕을 맘껏 하는 거야. 그게 좋겠다!

기쁨 자, 잠깐!

기쁨은 다른 감정들이 다가오는 것을 막으며.

I admit it. 내가 그건 인정해 **rough start** 출발이 좋지 않았다 **handle** 조종하다 **skip school** 학교에 가지 않다, 수업을 빼먹다 **lock oneself up in one's room** 방 안에 들어박히다 **breathe** 호흡하다 **curse word** 욕설

JOY Look, we all have our off days. You know, I...

ON THE SCREEN: Mom opens Riley's bedroom door.

MOM Hi, honey.

Emotions look up at the screen.

ANGER The Mom bad news train is pulling in. Toot toot!

<u>INT. RILEY'S ROOM</u>

Mom sits on the floor – next to Riley's makeshift bed.

MOM Still no moving van. Now they're saying it won't be here 'til Tuesday, can you believe it?

<u>INT. HEADQUARTERS</u>

ANGER Toot toot toot!

<u>INT. RILEY'S ROOM</u>

RILEY Where's Dad?

MOM On the phone. This new venture is keeping him pretty busy.

기쁨 이것 봐, 우리는 모두 컨디션이 안 좋은 날이 있잖아. 그러니까, 나는…

화면에 엄마가 라일리의 방문을 열고 있는 모습이 보인다.

엄마 얘야, 자니?

감정들이 화면을 쳐다본다.

버럭 나쁜 소식을 잔뜩 갖고 온 엄마 기차가 들어옵니다. 빵빵!

<u>실내. 라일리의 방</u>

엄마가 라일리의 임시 침대, 침낭 옆에 앉는다.

엄마 이삿짐 트럭은 깜깜무소식이네. 이제 화요일이나 돼야 여기에 도착할 수 있다지 뭐니, 너무하지?

<u>실내. 본부</u>

버럭 빵빵빵!

<u>실내. 라일리의 방</u>

라일리 아빠는 어디 계세요?

엄마 통화 중이셔. 새로운 사업 때문에 아빠가 너무 바쁘시단다.

off day 일진이 안 좋은 날 **pull in** 기차가 역으로 들어오다 **toot toot** 기차가 내는 소리, 칙칙폭폭 **makeshift bed** 임시로 차려놓은 침대 **venture** (투자) 사업 **keep busy** 바쁘게 만들다

INT. HEADQUARTERS

ANGER I rest my case. [24]

Joy sighs, falls back from the console.
ON THE SCREEN: Mom tries to console Riley.

MOM Your dad's a little stressed – you know, about getting his new company up and running...

Anger steps up to the console.

ANGER Now for a few well-placed withering scowls.

INT. RILEY'S ROOM

MOM I guess all I really want to say is, thank you.

INT. HEADQUARTERS
The Emotions look confused – that's not what they were expecting to hear.

ANGER Huh?

The Emotions react. Maybe Joy was right after all!

실내. 본부

버럭 내가 말했잖아.

기쁨이 한숨을 쉬며 콘솔에서 멀어진다.
화면에는 엄마가 라일리를 안심시키려는 모습이 보인다.

엄마 아빠는 지금 스트레스를 좀 받고 있단다. 있잖아, 새 회사를 운영하려니 말이야…

버럭이 콘솔로 다가선다.

버럭 이제 기회를 잘 봐서 몇 번 노려보는 표정을 지어야지.

실내. 라일리의 방

엄마 엄마가 네게 정말 하고 싶은 말은, '고마워.'

실내. 본부
감정들이 어리둥절한 표정을 짓는다. 이런 말은 전혀 뜻밖이다.

버럭 어?

감정들이 반응을 나타낸다. 결국 기쁨의 말이 맞을지도 모른다!

rest (a case) 변론(의견)을 마치다 **console** 위로하다, 달래다 **get ~ up and running** ~을 잘 돌아가게 하다 **well-placed** 기회를 틈타 하는 **withering** 기를 죽이는 **scowl** 얼굴을 찌푸리며 노려보기 **confused** 혼란스러운 **expect** 예상하다, 기다리다 **after all** 결국

INT. RILEY'S ROOM

MOM You know, through all this confusion you've stayed... well, you've stayed our happy girl. Your dad's under a lot of pressure, but if you and I can keep smiling, it would be a big help. We can do that for him, right?

INT. HEADQUARTERS

Joy smiles. Renewed purpose. She steps back up to the console. ON THE SCREEN: Mom smiles at Riley.

JOY Whoa. Well.

She steps back up to drive.

INT. RILEY'S ROOM

RILEY (smiles) Yeah! Sure.

MOM What did we do to deserve you?

She kisses her.

MOM Sweet dreams.

실내. 라일리의 방

엄마 있지, 이렇게 정신 없는 상황에도… 넌 잘 견뎌줬잖아. 아빠는 많이 힘드셔, 너랑 내가 계속해서 웃고 있으면 큰 도움이 될 거야. 그렇게 할 수 있지, 응?

실내. 본부

기쁨이 미소를 짓는다. 새롭게 결의를 다짐한다. 기쁨은 콘솔로 되돌아온다. 화면에서는 엄마가 라일리에게 미소를 짓는다.

기쁨 와, 음.

기쁨은 콘솔로 돌아와 조종한다.

실내. 라일리의 방

라일리 (미소를 짓는다) 그럼요! 물론이죠.

엄마 엄마 아빤 복도 많지.

엄마가 라일리에게 키스한다.

엄마 좋은 꿈 꿔.

confusion 혼란, 혼동 **be under a lot of pressure** 스트레스를 엄청 받고 있다 **renewed** 새로워진, 재개된 **purpose** 목표 **deserve** ~받을 만하다, ~해야 마땅하다 **sweet dreams** 좋은 꿈을 꾸라는 인사

RILEY Good night.

She closes the door.

INT. HEADQUARTERS

Emotions look at Joy, all smiles.

ANGER (in agreement) Well, you can't argue with Mom. "Happy", it is.

FEAR Team Happy! Sounds great!

DISGUST I'm totally behind you, Joy. [25]

INT. RILEY'S ROOM

Riley rolls over and goes to sleep.

INT. HEADQUARTERS

Riley falls asleep and the screen turns to black.

JOY Looks like we're going into REM. I got Dream Duty, so I'll take care of sending these to Long Term.

Joy watches them exit.

라일리 안녕히 주무셔요.

엄마가 문을 닫는다.

실내. 본부

감정들이 모두 미소 지으며 기쁨을 본다.

버럭 (수긍하는 표정으로) 뭐, 엄마한테는 당할 수 없지. 엄마는 '행복' 그 자체니까.

소심 행복 팁! 듣기 좋은걸!

까칠 난 전적으로 널 지지해, 기쁨아.

실내. 라일리의 방

라일리가 몸을 뒤척이더니 잠든다.

실내. 본부

라일리가 잠들자 화면이 어두워진다.

기쁨 이제 수면 상태로 들어간다. 난 꿈 당번이니까 이것들을 장기 저장소에 보낼게.

기쁨은 다른 감정들이 나가는 것을 지켜본다.

in agreement 동의하여 **totally** 완전히 **behind** ~을 지지하여, 뒤에 **roll over** 몸을 뒤척이다 **go to sleep** 잠들다 **fall asleep** 잠이 들다 **REM** 수면 중의 안구 급속 운동 (= rapid eye movement) **exit** 나가다

JOY Great day today, guys! Sleep well, TEAM HAPPY!

The tube comes down, Joy walks over to the console.

JOY Alright, what's on tonight, Dream Production?

ON THE SCREEN: a DREAM COMES UP with harp music. The DREAM starts with the family FLYING happily in the car.

DAD Well, this is it. The new place.

The car lands in front of the house — except it is haunted.

GHOSTS Ahhhhhhhh.

The dead mouse rises up into frame.

MOUSE Come live with me, Riley.

It quickly dies, and falls.

BEAR Somebody order a broccoli pizza?

PIZZA Eat me! I'm organic!

기쁨　　오늘 하루도 수고했어, 얘들아! 잘 자, 행복 팀!

튜브가 내려오고 기쁨은 콘솔로 간다.

기쁨　　자, 오늘은 뭐지, 꿈 제작소?

화면에서, 하프 연주와 함께 꿈이 보인다. 가족이 차를 타고 즐겁게 날아가는 장면부터 꿈이 시작된다.

아빠　　자, 여기다. 새로운 곳이야..

차가 집 앞에 도착하는데… 유령이 있는 집이다.

유령들　　으으으으으.

죽은 생쥐가 일어서더니 화면에 들어온다.

생쥐　　이리 와서 나랑 살자, 라일리.

생쥐는 꼴까닥 하고 떨어진다.

곰　　브로콜리 피자 시키신 분?

피자　　날 먹어! 유기농이야!

production 제작소, 제작 **land** 내려앉다, 착륙하다 **except** 빼고 **haunted** 귀신이 나오는 **rise up** 일어나다 **frame** 틀, 화면 **order** 주문하다 **organic** 유기농의

INT. RILEY'S ROOM

Riley frowns, uncomfortable in her sleep.

INT. HEADQUARTERS

JOY Ah, NO.

Joy looks at the screen, upset.

JOY Who is in charge of programming down there?! (then) I know I'm not supposed to do this, but...

Joy ducks behind the console and messes around with it. It REBOOTS and the dream fritzes off. The buttons and levers all reset. Quiet. Joy smiles.

INT. RILEY'S ROOM

Though asleep, Riley still looks troubled.

INT. HEADQUARTERS

Joy looks at the screen, concerned. She thinks... and gets an idea.

JOY We are not going to end the day like this.

실내. 라일리의 방

라일리는 자다가 불편한지 얼굴을 찡그린다.

실내. 본부

기쁨 아니, 저런.

기쁨은 불편한 듯 화면을 바라본다.

기쁨 프로그램은 도대체 누가 맡고 있는 거야?! (잠시 후) 내가 이러면 안 되는 줄 알지만…

기쁨은 콘솔 뒤로 숙여 뭔가 만지작거린다. 콘솔이 재부팅되더니 꿈이 멈춘다. 버튼과 레버가 모두 재설정된다. 조용하다. 기쁨이 미소를 짓는다.

실내. 라일리의 방

라일리는 잠에 들었지만, 여전히 언짢은 표정이다.

실내. 본부

기쁨이 걱정스러운 표정으로 화면을 바라본다. 기쁨은 고심하다… 생각을 떠올린다.

기쁨 이렇게 하루를 끝낼 수는 없지.

frown 얼굴을 찌푸리다 **uncomfortable** 불편한 **be in charge of** ~을 책임지고 있다 **duck behind** ~의 뒤로 몸을 숨기다, 숙이다 **mess around with** ~을 마구 만지다 **reboot** 재시동하다 **fritz off** 멈추다 **reset** 다시 맞추다 **get an idea** 생각(착상)을 얻다

She recalls a memory to play. ON SCREEN: The memory — A young Riley learns to skate on the ice with her parents. Joy watches, loving this kid. IMAGE OF THAT CORE MEMORY – HAPPIER TIMES.

YOUNG RILEY (laughing/happy times)

Joy shadows Riley, "skating" around Headquarters. ON JOY – smiling...

JOY Don't you worry I'm gonna make sure that tomorrow is another great day. [26] I promise.

YOUNG RILEY (laughing/happy times)

Joy reaches out to touch Riley's image on the screen.

INT. RILEY'S ROOM – NIGHT

Riley SMILES in her sleep.

기쁨은 기억을 하나 재생시킨다. 화면에는 어린 라일리가 부모와 함께 스케이트를 배우는 장면이 비친다. 기쁨이 지켜보고 있다. 이 아이는 참 사랑스럽다. 핵심 기억의 장면이 비친다. 행복했던 순간들이다.

어린 라일리 (웃는다/행복한 시간)

기쁨은 라일리를 따라 본부에서 스케이트를 타는 시늉을 한다. 기쁨이 미소를 띠고 있다.

기쁨 걱정 마, 내일도 아주 멋진 날이 되게 할게. 약속해.

어린 라일리 (웃는다/행복한 시간)

기쁨이 화면에 있는 라일리의 이미지를 만지려고 손을 뻗는다.

실내. 라일리의 방 – 밤

라일리가 자면서 미소를 짓는다.

shadow 다른 사람이 하는 것을 그대로 흉내 내다 **make sure** ~이 꼭 이루어지도록 하다 **reach out** 무엇을 만지려고 손을 내밀다

CHAPTER 7

First Day of School

270 — EMBARRASSED

INT. KITCHEN – MORNING

Riley scarfing down cereal.

INT. HEADQUARTERS – MORNING

Joy plays the accordion around Headquarters.

JOY (yelling over noise) Hello! Did I wake you?

270 — **당황하다**

<u>실내. 부엌 – 아침</u>

라일리가 시리얼을 급히 먹는다.

<u>실내. 본부 – 아침</u>

기쁨이 본부를 돌아다니며 아코디언을 켜고 있다.

기쁨 (외치며) 안녕! 나 때문에 깼니?

embarrassed 당황스러운, 곤란한 **scarf down** 우적우적 먹다 **cereal** 시리얼 **accordion** 아코디언 **yell over noise** 다른 소리 때문에 들리지 않을까 봐 큰 소리로 외치다

ANGER Do you have to play that?

JOY (yelling over noise) Well, I have to practice. And I don't think of it as playing so much as hugging.

She tosses the accordion aside.

JOY Ok, first day of school! Very, very exciting! I was up late last night figuring out a new plan. Here it is. (to Fear) Fear.

The others drag themselves down the ramp.

FEAR (startled)

JOY I need a list of all the possible negative outcomes on the first day at a new school.

FEAR (writing on a notepad) Way ahead of you there. Does anyone know how to spell "meteor?" [27]

JOY Disgust. Make sure Riley stands out today… but also blends in.

DISGUST When I'm through, Riley will look so good the other kids will look at their own outfits and barf.

버럭 꼭 그걸 연주해야 되니?

기쁨 (외치며) 그냥, 연습하는 거야. 근데 난 이게 연주한다기 보다는 껴안아 주는 거라고 생각해.

기쁨이 아코디언을 옆으로 밀쳐둔다.

기쁨 자, 학교 가는 첫날이야! 정말 정말 신나! 지난밤에 늦게까지 새로운 계획을 짰어. 이거야. (소심에게) 소심아.

다른 감정들이 램프를 따라 내려온다.

소심 (화들짝 놀라며)

기쁨 전학 첫날 새 학교에서 생길 수 있는 모든 나쁜 일을 적어 줘.

소심 (메모장에 적는다) 그런 건 너보다 내가 훨씬 빠르지. '별똥별' 철자가 어떻게 되는지 알고 있는 사람?

기쁨 까칠아. 라일리가 오늘 눈에 확 띄어야 해… 물론 아이들과 잘 어우러져야지.

까칠 내가 하면 라일리는 너무 눈에 띄어서 다른 애들은 자기 옷을 보고 토할 거야.

practice 연습하다 **hug** 껴안다 **toss** 던지다, 밀쳐두다 **figure out** 생각해 내다 **ramp** 경사로 **negative** 부정적인 **outcome** 결과 **way** 훨씬 **meteor** 별똥별, 유성 **stand out** 눈에 확 띄다 **blend in** 잘 융화되다 **I'm through** 끝내다, 마치다 **outfit** 복장 **barf** 토하다

JOY (talking aloud to herself) Joy. Yes, Joy? You'll be in charge of the console, keeping Riley happy all day long. And may I add I love your dress, it's adorable. Oh, This ol' thing? Thank you so much. (Joy playfully spins) I love the way it twirls...

TOOT TOOT – we see the train rush by and a large bag is dropped off. The engineer waves from the cab.

JOY Train of thought! Right on schedule. (to Anger) Anger. Unload the daydreams. I ordered extra in case things get slow in class.

Anger walks past Joy.

ANGER Might come in handy, if this new school is full of boring useless classes, which it probably will be.

Sadness comes out of the break room and walks past Joy.

JOY Oh. Sadness. I have a super important job just for you.

SADNESS Really?

기쁨 (소리 내서 혼잣말한다) 기쁨아. 그래, 기쁨아? 넌 콘솔을 책임지면서 라일리가 온종일 기분 좋게 지내게 해야 돼. 덧붙이자면, 네 드레스는 너무 좋아, 아주 예뻐. 아, 이 낡은 드레스? 너무 고마워. (장난스럽게 빙그르 돈다) 난 이게 확 퍼지는 게 너무 좋더라…

빵 빵. 기차가 휙 지나가더니 커다란 가방이 떨어진다. 기관사가 기관실에서 손을 흔든다.

기쁨 생각 기차다! 시간을 딱 맞췄네. (버럭에게) 버럭아. 공상을 풀어. 수업이 지루할까 봐 내가 추가 주문했어.

버럭이 기쁨 곁을 지나간다.

버럭 이번에 전학 간 학교에 지루하고 쓸모없는 수업들만 잔뜩 있다면 필요할지도 모르지. 뭐, 그런 수업들만 있을 게 분명해.

슬픔이 휴게실에서 나와 기쁨 곁을 지나간다.

기쁨 아, 슬픔아. 너는 아주 특별히 중요한 일을 맡아야 해.

슬픔 정말?

add 더하다 **adorable** 사랑스러운 **ol' thing** 오래된 것 (= old) **playfully** 재미있게, 좋랑좋랑 **twirl** 빙그르르 돌다 **on schedule** 정시에 **unload** (짐을) 내리다 **extra** 추가의 **in case** ~에 대비해서 **come in handy** 쓸모가 있다 **boring useless classes** 지루하기만 하고 쓸모도 없는 수업들 **break room** 휴게실 **super important job** 아주 중요한 일

JOY Mmmhmmm. Follow me.

THE BACK OF THE ROOM: Joy begins drawing a chalk circle around Sadness's feet.

SADNESS What are you doing?

JOY And there. Perfect.

As Joy finishes the circle...

JOY This is the circle of Sadness. Your job is to make sure that all the Sadness stays inside of it.

SADNESS So... you want me to just stand here?

기쁨 으흠. 날 따라와.

방 뒤쪽: 기쁨은 슬픔의 발 주위에 분필로 원을 그린다.

슬픔 뭐 하는 거야?

기쁨 됐다. 완벽해.

기쁨이 원을 다 그리더니…

기쁨 이건 슬픔의 원이야. 슬픔은 모두 이 안에 있게 하는 게 네가 할 일이야.

슬픔 그러니까… 그냥 여기에 서 있으라는 말이니?

chalk 분필 **circle around** 둘려지다 **inside** 안에

JOY Hey, it's not MY place to tell you how to do your job. Just make sure that—

Joy nudges Sadness's foot back over the line.

JOY ALL the Sadness stays in the circle.

Sadness stands there.

JOY See? You're a pro at this! Isn't this fun?!

Joy turns back to the console.

SADNESS No.

JOY Atta girl.

Joy at the console looking at the screen.

JOY Alright everyone, fresh start! We are gonna have a good day, which will turn into a good week, which will turn into a good year, which turns into a good LIFE!

INT. SF HOUSE

Riley walks out the front door, backpack over her shoulder.

기쁨 내가 너한테 이래라저래라 할 입장은 아니지만. 그냥 확실하게 하려고…

기쁨은 슬픔의 발이 선을 넘자 안으로 민다.

기쁨 슬픔은 모두 이 원 안에 있어야 하는 거야.

슬픔은 원 안에 서 있다.

기쁨 됐지? 넌 이런 게 전문이잖아! 재밌지 않니?!

기쁨이 콘솔로 몸을 돌린다.

슬픔 아니야.

기쁨 착하지.

기쁨은 콘솔 앞에서 화면을 본다.

기쁨 자 애들아. 새로 시작하는 거야! 오늘 하루를 잘 보내면, 그게 일주일이 되고, 그게 또 일 년이 되지. 그러면 그게 즐거운 인생이 되는 거고!

실내. 샌프란시스코 집

라일리가 배낭을 어깨에 걸치고 현관 앞에 있다.

place 역할, 위치 **nudge** 팔꿈치로 쿡 찌르다 **pro** 프로, 전문가 (= professional) **Atta girl** 착한 애라고 칭찬할 때 쓰는 표현 (남자애; Atta boy) **fresh start** 새롭게 시작하기

MOM So, the big day! New school, new friends, huh.

RILEY I know! I'm kinda nervous, but I'm mostly excited! How do I look? Do you like my shirt?

<u>INT. HEADQUARTERS</u>

Joy looks back at Family Island, working away.

<u>INT. SF HOUSE</u>

MOM Very cute! You gonna be okay? You want us to walk with you? [28]

<u>INT. HEADQUARTERS</u>

DISGUST Mom and Dad? With us in public? No, thank you.

JOY I'm on it.

She hits a few buttons on the console.

<u>INT. SF HOUSE</u>

RILEY Nope! I'm fine. Bye, Mom! (whispered, to Dad) Bye, Dad!

엄마 자, 오늘 엄청난 날이네! 새 학교, 새 친구들, 그렇지.

라일리 나도 알아요! 약간 불안하지만 굉장히 신나요! 어때 보여요? 내 셔츠는 괜찮나요?

<u>실내. 본부</u>

기쁨이 가족섬을 돌아보며 계속 일한다.

<u>실내. 샌프란시스코 집</u>

엄마 아주 예뻐! 괜찮겠니? 엄마 아빠하고 같이 걸어갈래?

<u>실내. 본부</u>

까칠 엄마 아빠랑 같이? 다른 사람들이 다 보는 데서? 그거야 안 되지.

기쁨 내가 해결할게.

기쁨은 콘솔에 있는 버튼을 몇 개 누른다.

<u>실내. 샌프란시스코 집</u>

라일리 아뇨! 괜찮아요. 안녕, 엄마! (아빠에게 속삭인다) 안녕, 아빠!

big day 중요한 날 **mostly** 대체로 **in public** 사람들이 다 보는 데서, 대중 속 **I'm on it.** 내가 처리(해결)할게.

DAD (on the phone, whispered, to Riley) Have a good day at school, Monkey!

RILEY (monkey sounds)

DAD/MOM (monkey sounds)

INT. HEADQUARTERS

See Goofball Island working out the back window.

INT. SF HOUSE

MOM Have a great day, sweetheart.

Riley walks out the door.

EXT. SCHOOL

Riley walks up to her new school. She stops at the front gate.

STUDENTS (walla: entering school)

FEAR (O.S.) Are you sure we want to do this?

JOY (O.S.) In we go!

아빠 (통화 중, 라일리에게 속삭인다) 학교에서 멋진 하루 보내렴, 우리 원숭이!

라일리 (원숭이 소리(흉내)를 낸다)

아빠/엄마 (원숭이 소리(흉내)를 낸다)

실내. 본부

뒤창문으로 엉뚱섬이 일하는 모습이 보인다.

실내. 샌프란시스코 집

엄마 좋은 하루 보내렴, 예쁜아.

라일리가 문을 나선다.

실외. 학교

라일리가 새 학교로 걸어가 정문에서 걸음을 멈춘다.

학생들 (등교하며 떠드는 소리)

소심 (화면 밖) 들어가야만 하는 거니?

기쁨 (화면 밖) 들어가자!

whisper 속삭이다 **walk up to** ~까지 걸어가다 **front gate** 정문

FEAR (O.S.) Okayyy! Going in! Yes.

Riley perks up and walks toward the school.

INT. CLASSROOM

Riley sits silently at her desk as kids chat all around her.

Riley watches the other kids.

INT. HEADQUARTERS

DISGUST Okay, we've got a group of cool girls at 2 o'clock. [29]

JOY How do you know?

DISGUST Double ears pierced, infinity scarf...

소심 (화면 밖) 알았어! 들어가자! 그래.

라일리는 용기를 내서 학교를 향해 걷는다.

실내. 교실

라일리가 조용히 자기 자리에 앉았다. 아이들이 주위에서 떠들고 있다. 라일리가 다른 아이들을 본다.

실내. 본부

까칠 자, 2시 방향에 멋진 애들 무리가 보여.

기쁨 네가 어떻게 알아?

까칠 귀를 두 군데 뚫었고, 인피니티 스카프에…

perk up 용기를 내다 **toward** ~을 향해 **sit silently** 조용히 앉아 있다 **chat** 재잘거리며 떠들다 **cool girls** 멋지고 세련되어 보이는 여자애들 **at 2 o'clock** 두 시 방향에 **double ears pierced** 귀를 두 번 뚫은 것 **infinity scarf** 고리 모양의 목도리

JOY Whoa. Is she wearing eye-shadow?

DISGUST Yeah, we want to be friends with them.

JOY Let's go talk to 'em!

DISGUST Are you kidding?? We're not TALKING to them, we want them to like us.

JOY Oh! Wait, what?

Fear walks up to Joy.

FEAR (holds up list) Almost finished with the potential disasters.[30] Worst scenario is either quicksand, spontaneous combustion, or getting called on by the teacher. So as long as none of those happen...

기쁨 와. 쟤는 아이섀도까지 한 거야?

까칠 그래, 쟤들이랑 친구하자.

기쁨 가서 말 걸어 보자!

까칠 농담하니?? 쟤들한테 말 걸진 않을 거야. 쟤들이 우리를 좋아하게 해야지.

기쁨 오! 잠깐, 뭐라고?

소심이 기쁨에게 다가온다.

소심 (리스트를 들고) 일어날 수 있는 끔찍한 사태는 거의 다 정리했어. 최악의 경우는 이런 거야. 모래늪에 빠진다거나, 소동이 일어나거나, 선생님의 질문에 대답해야 한다거나. 이런 것들이 일어나지 않는 한…

hold up 들다 **potential** 가능성, 잠재력 **disaster** 참사, 재난 **worst scenario** 최악의 시나리오 **quicksand** 유사, 헤어나기 힘든 상황 **spontaneous** 자발적인, 즉흥적인 **combustion** 격동, 소요, 연소 **get called on** 지명받다

CHAPTER 8

New Student

INT. CLASSROOM

TEACHER Ok, everybody. We have a new student in class today.

INT. HEADQUARTERS

FEAR Are you kidding me? Out of the gate? This is not happening!

INT. CLASSROOM

실내. 교실

교사 자, 여러분. 오늘 전학 온 학생이 있어요.

실내. 본부

소심 농담하니? 지금 당장 하라고? 이런 일은 있을 수 없는 거야!

실내. 교실

out of the gate 당장에, 시작하자마자

TEACHER Riley, would you like to tell us something about yourself?

INT. HEADQUARTERS

FEAR Noooooooo! Pretend we can't speak English!

JOY Don't worry. I got this.

Joy steps in and pushes a lever.

INT. CLASSROOM

Riley smiles a shy smile.

RILEY Uhh... okay. My name is Riley Andersen. I'm from Minnesota. And now I live here.

She sees all the kids looking at her.

TEACHER And how about Minnesota? Can you tell us something about it? Well, you certainly get a lot more snow than we do.

INT. HEADQUARTERS

Joy reacts to the teacher's smile.

교사 라일리, 네 소개를 해주겠니?

실내. 본부

소심 안 돼! 영어를 못하는 척하자!

기쁨 걱정하지 마. 내게 맡겨.

기쁨이 나서며 레버를 민다.

실내. 교실

라일리가 수줍게 미소를 짓는다.

라일리 어… 네. 전 라일리 앤더슨입니다. 미네소타에서 왔고, 지금은 여기에서 살아요.

그녀는 모든 아이들이 자신을 보고 있다는 것을 깨닫는다.

교사 그럼 미네소타는 어떠니? 미네소타에 대해서 말해 줄 수 있니? 여기보다는 눈이 훨씬 많이 오겠지?

실내. 본부

기쁨이 교사의 미소를 보고 반응을 보인다.

pretend ~척하다 **push a lever** 레버를 밀다 **smile a shy smile** 수줍은 미소를 띠다 **certainly** 분명히, 틀림없이

JOY (laughs) She's hilarious!

She turns a lever.

RILEY (smiles) Yeah, it gets pretty cold. The lakes freeze over, and that's when we play hockey. I'm on a great team. We're called the Prairie Dogs. My friend Meg plays forward. And my Dad's the coach. Pretty much everyone in my family skates.

INT. HEADQUARTERS

Joy recalls a memory of the family skating together. It plays on the screen.

INT. CLASSROOM

Riley "watches" the memory, smiling.

RILEY It's a kind of family tradition. [31] We go out on the lake almost every weekend.

INT. HEADQUARTERS

Joy smiles, watching the memory on screen. Then, mysteriously, the IMAGE TURNS BLUE.

INT. CLASSROOM

Riley's smile fades, her brow furrows.

기쁨 (웃는다) 선생님은 정말 재미있는 분이네!

기쁨이 레버를 돌린다.

라일리 (미소 지으며) 네. 상당히 추워요. 호수가 꽁꽁 얼어붙으면 우리는 하키를 하죠. 우리 팀은 아주 멋진 팀이에요. 프레리도그 팀이죠. 제 친구 멕이 포워드고요, 아빠는 코치예요. 우리 집 식구들은 모두 스케이트를 아주 많이 타요.

실내. 본부

기쁨은 식구들이 같이 스케이트를 타는 기억을 불러온다. 화면에 그 장면이 재생된다.

실내. 교실

라일리는 그 장면을 회상하며 미소를 짓는다.

라일리 이게 우리 집 전통 같은 거예요. 거의 매 주말마다 호수에서 스케이트를 타죠.

실내. 본부

기억에 대한 영상을 보면서 기쁨이 미소 짓는다. 그러자, 이상하게도 이미지가 푸른색으로 변한다.

실내. 교실

라일리의 얼굴에서 미소가 희미해지더니 이마를 찡그린다.

hilarious 아주 재미있는 **pretty cold** 상당히 추운 **freeze over** 꽁꽁 얼다 **prairie dog** 북미 초원 지대에 사는 다람쥐과 프레리도그 (여기서는 미네소타에서 라일리가 속해 있던 아이스하키 팀의 명칭) **forward** 하키 팀의 포지션 중의 하나, 전위 **family tradition** 가족들이 늘 같이 하는 놀이, 의식 **mysteriously** 이상하게도 **brow** 이마 **furrow** 미간이 찡그려지다 (her brow furrows 이맛살을 찌푸린다)

RILEY Or we did, 'til I moved away.

INT. HEADQUARTERS

Confused, Joy looks around.

FEAR/ DISGUST/ ANGER Huh? / Hey, what gives? / What?

JOY Hey–

She looks over at Sadness, who looks very guilty touching the memory.

JOY (shocked) Sadness! You touched a memory?! We talked about this.

라일리 그게, 이리로 이사 오기 전까지는 그랬다는 거죠.

실내. 본부

기쁨이 혼란스러워하며 주위를 둘러본다.

소심/까칠/버럭 어? / 이봐, 왜 저러는 거야? / 뭐야?

기쁨 어, 이런…

기쁨이 슬픔이 있는 쪽을 본다. 슬픔은 기억을 만지면서 죄지은 표정을 짓는다.

기쁨 (너무 놀라서) 슬픔아! 기억을 만졌니?! 우리 얘기했잖아.

move away 떠나다, 이사하다 **look around** 둘러보다 **look guilty** 죄지은 표정을 짓다

SADNESS Oh yeah, I know. I'm sorry.

JOY Get back in your circle.

Uncomfortable silence from the other Emotions. Whoa.

JOY (exasperated; trying to eject memory) Gnnh! What's going on? Why won't it eject?!!

She frantically pushes buttons on the console, but the blue memory won't move.

FEAR Get it out of there, Joy!

INT. CLASSROOM

RILEY We used to play tag, and stuff... [32]

Riley sniffles.

INT. HEADQUARTERS

DISGUST Cool kids whispering at 3 o'clock!

She points to the screen.

슬픔 오 그래, 나도 알아. 미안해.

기쁨 네 원 안으로 다시 들어가.

다른 감정들이 불편한 표정으로 침묵을 지킨다. 이런.

기쁨 (화가 난 채 기억을 내보내려고 한다) 으윽! 왜 이러는 거야? 왜 나오지 않는 거야?!!

기쁨은 다급하게 콘솔 버튼을 누르지만 푸른색 기억은 꼼짝도 하지 않는다.

소심 거기서 빨리 꺼내, 기쁨아!

<u>실내. 교실</u>

라일리 우린 술래잡기를 하고 놀았고…

라일리가 코를 훌쩍인다.

<u>실내. 본부</u>

까칠 3시 방향에서 아이들이 수군거리고 있어!

까칠이 화면을 가리킨다.

get back 돌아오다 **exasperated** 몹시 화가 나서 **eject** 내보내다, 튀어나오게 하다 **frantically** 미친 듯이, 다급하게 **used to + V** 예전에는 ~했다, 지금은 그렇지 않다 **tag** 잡기 놀이, 꼬리표 **sniffle** 코를 훌쩍거리다 **whisper** 속삭이다, 수군거리다 **point to** ~을 가리키다

STUDENTS (whispered walla)

FEAR Did you see that look?!? They're judging us!

INT. HEADQUARTERS

JOY (panic) Oh no.

Joy goes to memory, tries to pull it out.

JOY (efforts, trying to pull memory)

Anger, Fear and Disgust try to help.

JOY Somebody help me. Grab that... everybody...

FEAR/ANGER/DISGUST Okay, come on! / Here we go. / Pull. (efforts)

The memory's not budging.

INT. CLASSROOM

Riley has tears in her eyes.

RILEY But everything's different now. Since we moved...

Tears stream down Riley's face.

학생들 (웅성거리며)

소심 저 표정 봤어?!? 재들이 우리를 판단하고 있잖아!

실내. 본부

기쁨 (당황하며) 오, 이런.

기쁨은 기억이 있는 곳으로 가서 꺼내려고 한다.

기쁨 (기억을 빼내려고 애쓰며)

버럭, 소심 그리고 까칠이 도우려고 한다.

기쁨 누가 나 좀 도와줘. 그걸 잡아… 모두…

소심/버럭/까칠 알았어, 어서! / 자 간다. / 빼내. (애쓰며)

기억은 꼼짝도 하지 않는다.

실내. 교실

라일리의 눈에는 눈물이 맺혀 있다.

라일리 하지만 이제는 모든 게 달라졌어요. 우리가 이사 오고…

눈물이 라일리의 얼굴을 타고 주르르 떨어진다.

judge 어떤 사람이라고 판단하고 단정짓는다 **panic** 전전긍긍하며, 공황 상태의 **pull out** ~을 꺼내다, 빼내다 **grab** ~을 잡다 **not budge** 꼼짝도 하지 않다 **since** ~이래 **stream down** (눈물 등 액체가) ~을 타고 줄줄 흘러내리다

INT. HEADQUARTERS

Fear reacts to the screen.

FEAR Oh no! We're crying at school!

Joy, Disgust and Anger try pull the blue memory out. Fear runs around in a panic. Joy turns to the console. SADNESS IS DRIVING.

JOY What? No! (pulling memory out) Sadness, what are you doing?

Joy yanks the memory out and runs over to the console. She pulls Sadness off of the console.

SADNESS Oh no, I'm sorry... I... oh...

PING! A memory is created. BRIGHT BLUE.

JOY Huh?

ANGER Whoa!

FEAR (in awe) It's a core memory!

The Emotions look over in horror.

실내. 본부

소심이 화면을 보고 놀란다.

소심 오 안 돼! 우리가 학교에서 울고 있잖아!

기쁨, 까칠 그리고 버럭이 푸른색 기억을 빼내려고 한다. 소심은 너무 놀라서 펄쩍펄쩍 뛰면서 돌아다닌다. 기쁨이 콘솔로 몸을 돌린다. 슬픔이 조종하고 있다.

기쁨 저건 뭐야? 안 돼! (기억을 끄집어내며) 슬픔아, 뭘 하고 있는 거니?

기쁨이 기억을 빼내더니 콘솔로 뛰어간다. 기쁨은 슬픔을 콘솔에서 떼어낸다.

슬픔 오 이런, 미안해… 난… 오…

핑! 기억이 하나 생성된다. 밝게 빛나는 푸른색이다.

기쁨 어?

버럭 워어!

소심 (놀라서) 핵심 기억이야!

감정들은 놀라서 쳐다본다.

run around 이리저리 뛰어 돌아다니다 **in a panic** 너무 놀라서 어쩔 줄 모르며 **yank out** 힘을 써서 빼내다 **pull A off of B** A를 B에서 떼어내다 **create** 생기다 **in awe** 너무 놀래서 **in horror** 두려움에 떨며

DISGUST But it's blue!

The bright blue memory rolls through the memory shelf and doesn't stop. The familiar machinery whirs into action as the Core Memory STARTS TOWARDS THE CORE MEMORY HOLDER!

JOY (trying to stop the memory) No, wait... stop it... No! Ahh! No!

Joy leaps to the holder and pops it up. The blue core memory hits the edge, unable to go in. Joy grabs it. Joy leans over to the end-of-day "memory flush" button and presses it. The tube comes down from the ceiling. Sadness sees Joy ready to vacuum up her memory. She runs to save it.

SADNESS Joy, no.

Sadness tries to grab her Memory from Joy.

SADNESS (struggling) That's a core memory, Joy!

JOY (pulls) Hey! Stop it.

As they struggle, they bump into the core memory holder.

까칠 하지만 푸른색이야!

그 밝게 빛나는 푸른색 기억은 기억 선반 사이를 계속 굴러가면서 멈출 줄을 모른다. 핵심 기억이 저장소로 가기 시작하자 익히 듣던 기계 작동음이 들린다!

기쁨 (기억을 멈추려고 하며) 아냐, 기다려… 막아… 안 돼! 아아! 안 돼!

기쁨은 저장소로 뛰어올라가 탁 친다. 푸른색 핵심 기억이 가장자리를 치고 들어가지 못한다. 기쁨이 잡는다. 기쁨은 몸을 굽혀 하루가 끝나면 사용하는 '기억 플러시' 버튼을 누른다. 천장에서 튜브가 내려온다. 슬픔은 기쁨이 자신의 기억을 지우려 한다는 것을 본다. 슬픔은 기억을 보존하려고 뛴다.

슬픔 기쁨아, 안 돼.

슬픔은 기쁨이 갖고 있는 자신의 기억을 뺏으려고 한다.

슬픔 (힘을 쓰며) 그건 핵심 기억이야, 기쁨아!

기쁨 (당긴다) 이봐! 그만해!

둘은 힘을 쓰다가 핵심 기억 저장소에 부딪힌다.

machinery (집합적) 기계, 설치된 기계 전체를 지칭 **whir into action** 휭 소리를 내며 작동되기 시작하다 **leap to** ~로 풀쩍 뛰어오르다 **unable** ~할 수 없는 **the end of day** 하루의 끝 **flush** 씻어 내다, (물을) 내리다 **vacuum up** 진공청소기로 싹 다 빨아들이다 (여기서는 '싹 지우다') **struggle** 투쟁(고투)하다, 싸우다 **bump into** ~에 쿵 부딪히다

FEAR/ DISGUST/ ANGER Ahh!

FEAR The core memories!

Out the window, the PERSONALITY ISLANDS GO DARK.

JOY Ahh!

Joy tosses the blue memory aside and scrambles to collect the core memories rolling around Headquarters. Sadness picks up the blue memory.

JOY (rushing, gathering memories)

Joy grabs the memories. Sadness stands by the core memory holder, gripping her one blue memory.

JOY (gasp)

Joy lunges at the blue memory. It slips out of Sadness's hands and gets sucked up the vacuum tube.

SADNESS (straining/efforts)

In all the chaos, Joy tumbles backward and drops the memories again. A yellow core memory rolls toward the tube.

소심/까칠/버럭 아아!

소심 핵심 기억들이야!

창문 밖으로 성격섬들이 어두워지는 것이 보인다.

기쁨 아아!

기쁨은 푸른색 기억을 옆으로 던지고는 본부에 굴러다니는 핵심 기억들을 주우려고 허둥댄다. 슬픔이 푸른색 기억을 집는다.

기쁨 (급히 뛰면서 기억들을 모은다)

기쁨이 기억들을 집는다. 슬픔은 푸른색 기억을 하나 들고 핵심 기억 저장소 옆에 서 있다.

기쁨 (헉 하며)

기쁨은 푸른색 기억을 뺏으려고 슬픔에게 뛰어든다. 푸른색 기억은 슬픔의 손에서 빠져나와 진공 튜브 속으로 빨려 올라간다.

슬픔 (힘을 쓰며)

이런 혼란스러운 와중에 기쁨은 뒤로 넘어진다. 그 바람에 기억들을 다시 떨어뜨린다. 노란색 핵심 기억이 튜브를 향해 굴러간다.

go dark 어두워지다 **toss aside** 옆으로 던지다 **scramble** 무엇을 잡으려고 허둥대다 **collect** 집다, 잡다 **grip** 꽉 잡다 **lunge at** ~로 뛰어들다 **slip out of someone's hands** ~의 손에서 미끄러지다 **suck** 빨다 **chaos** 혼란 **tumble backward** 뒤로 넘어지다

JOY No, no, no, no!

She reaches to grab it and gets sucked up the tube herself along with the other core memories. Sadness tries to scramble away but the suction is pulling her.

JOY/SADNESS (getting sucked up tube)

Fear, Anger and Disgust look up at the tube. A beat of silence.

INT. CLASSROOM

Riley wipes her tears and sits. Awkward silence.

TEACHER Thank you, Riley. I know it can be tough moving to a new place, but we're happy to have you here. [33]

TEACHER (then) Alright everyone, get out your history books and turn to chapter seven.

Riley hides behind her book.

INT. HEADQUARTERS

Fear, Anger and Disgust are still looking up at the tube.

ANGER Can I say that curse word now?

기쁨 안 돼, 안 된단 말야, 안 돼, 안 된다고!

기쁨은 그것을 잡으려고 손을 뻗지만 다른 핵심 기억들과 함께 자신도 튜브 속으로 빨려 올라간다. 슬픔은 허둥대며 피하려고 하지만 진공 튜브는 슬픔도 빨아들인다.

기쁨/슬픔 (튜브로 빨려 올라간다)

소심, 버럭 그리고 까칠이 튜브를 올려다본다. 잠시 침묵이 흐른다.

실내. 교실

라일리는 눈물을 닦고 자리에 앉는다. 어색한 침묵이 흐른다.

교사 고맙다, 라일리. 낯선 곳으로 이사한다는 것이 얼마나 힘든 일인지 잘 알고 있단다. 그래도 여기 네가 와서 참 반갑구나.

교사 (잠시 후) 자 여러분, 역사책 7장을 펴세요.

라일리는 책 뒤에 숨는다.

실내. 본부

소심, 버럭 그리고 까칠은 여전히 튜브를 올려다보고 있다.

버럭 이젠 내가 욕을 좀 해도 될까?

suction 빨아들이는 것 **a beat of silence** 잠시 침묵이 흐르다 **wipe one's tears** 눈물을 닦다 **awkward** 불편한 **get out** 꺼내다 **turn to chapter seven** 7장을 펴다

CHAPTER 9

Land on the Long Term Memory

325 — OUTER EDGE

INT. TUBE

Joy and Sadness rocket down the tube. Joy desperately tries to keep the core memories with her. The blue core memory is sorted to a different tube from Joy and Sadness. Flashes of the mind world outside the tube.

JOY (screaming)

SADNESS (screaming)

325 — 가장자리

실내. 튜브

기쁨과 슬픔은 튜브를 타고 급강하한다. 기쁨은 필사적으로 핵심 기억을 쥐고 있으려고 한다. 푸른색 핵심 기억은 기쁨과 슬픔이 있는 튜브가 아닌 다른 튜브로 분류된다. 튜브 밖에서는 정신세계의 빛이 번쩍인다.

기쁨 (비명을 지른다)

슬픔 (비명을 지른다)

rocket down 급강하하다 desperately 필사적으로 be sorted to ~로 분류되다

EXT. LONG TERM MEMORY CLIFF EDGE

BLAM! Joy lands in a basket of memories. Sadness falls from above and lands next to Joy.

SADNESS (falls, lands) WaaaaaaAAAAAA OOHFPH!

JOY Oh no... (frantically gathers memories) One, two, three... ok, got 'em. Wha— where are we?

Joy looks around at the shelving around her.

JOY Long Term Memory!

Joy grabs the core memories and jumps out of the dumpster. She sees GOOFBALL ISLAND, silent and dark.

JOY Goofball Island.

Joy surveys the islands beyond. They're all dark. Sadness walks up behind her.

SADNESS Hoh... Riley's Islands of Personality. They're ALL down! This is bad.

실외. 장기 기억 저장소의 절벽 가장자리

탁! 기쁨이 기억들이 들어 있는 바구니에 떨어진다. 슬픔도 기쁨 옆에 떨어진다.

슬픔 (떨어져서 안착하며) 와아아아아 웁!

기쁨 오 안 돼… (황급히 기억들을 챙기며) 하나, 둘, 셋… 좋아, 잡았어. 여… 여기가 어디지?

기쁨은 주위에 있는 선반들을 둘러본다.

기쁨 장기 기억 저장소구나!

기쁨은 핵심 기억들을 쥐고는 대형 통에서 나온다. 엉뚱섬이 조용하고 어둡다는 것을 알게 된다.

기쁨 엉뚱섬이야.

기쁨은 그 너머에 있는 섬들을 살펴본다. 모두 어둡다. 슬픔이 뒤에서 걸어온다.

슬픔 호… 라일리의 성격섬들이야. 모두 꺼졌네! 이렇게 되면 좋은 게 아닌데.

land 착륙/안착하다 **above** 위에 **next to** ~옆에 **frantically** 미친 듯이 **gather** 모으다 **shelving** 선반 **jump out of** ~에서 뛰어나오다 **dumpster** 커다란 쓰레기통 **survey** 살피다 **beyond** 너머, 멀리 **down** 여기서는 '고장난'이란 뜻

JOY — We... we can fix this. We just have to get back to Headquarters, plug the Core Memories in, and Riley will be back to normal.[34]

Joy and Sadness hurry towards Headquarters.

SADNESS — Riley has no core memories, no personality islands and no... (gasp)

JOY — Wha- What is it?

SADNESS — (worried) You! YOU'RE not in Headquarters. Without you, Riley can't be happy.

Joy knows she's right.

SADNESS — We gotta get you back up there.

They cross the bridge to Goofball Island. Crane up to reveal the LIGHTLINE beyond it, leading towards Headquarters.

JOY — I'm coming, Riley.

---

335 — **DINNER**

기쁨 우, 우리가 고칠 수 있어. 우리는 본부로 돌아가기만 하면 되는 거야, 가서 핵심 기억들을 입력하면 라일리는 정상으로 돌아올 거야.

기쁨과 슬픔은 한시 바삐 본부로 돌아가려고 한다.

슬픔 라일리는 핵심 기억이 하나도 없어, 성격섬도 없고, 또… (헉 하며)

기쁨 뭐, 뭐야?

슬픔 (걱정스럽게) 너! 네가 본부에 없잖아. 네가 없으면 라일리는 행복할 수가 없어.

기쁨은 슬픔의 말이 맞다는 것을 잘 알고 있다.

슬픔 어서 돌아가야 해.

둘은 엉뚱섬으로 가는 다리를 건넌다. 그 뒤로 (외다리) 광선이 뻗어 있는 것이 보인다. 그것은 본부로 향하고 있다.

기쁨 내가 간다, 라일리.

---

335 — 저녁 식사

fix 고치다 **get back to** ~로 돌아가다 **be back to normal** 다시 정상 상태를 회복하다 **hurry towards** ~를 향해 서둘러가다 **lightline** 광선 **lead** 연결되다, 앞장서다

INT. KITCHEN TABLE

Riley and parents eat dinner.

MOM So as it turns out the green trash can is not recycling, it's for greens. Like compost. And eggshells.

DAD (not really listening) Mmm.

MOM And the blue one is recycling. And the black one is trash.

Riley is ignoring it all.

INT. HEADQUARTERS

Fear looks out the back window while Anger and Disgust watch the screen.

DISGUST Riley is acting so weird. Why is she acting so weird?

ANGER What do you expect? All the islands are down.

DISGUST Joy would know what to do. [35]

Fear perks up from the back of the room.

FEAR That's it! Until she gets back, we just do what Joy would do.

실내. 부엌 식탁

라일리와 부모님이 저녁을 먹는다.

엄마 그러니까 초록색 쓰레기통은 재활용이 아니거든. 초록색 통은 야채나 퇴비 같은 거. 계란 껍질도.

아빠 (실제로 듣고 있지 않다) 응응.

엄마 그러니까 재활용품은 파란색 통에 넣어야 하는 거지. 진짜 쓰레기는 검정색 통에 넣고.

라일리는 엄마 말을 모두 무시하고 있다.

실내. 본부

소심은 뒤창문을 내다보고 버럭과 까칠은 화면을 보고 있다.

까칠 라일리가 너무 이상하게 행동하네. 걔 왜 저러지?

버럭 뭘 더 바라는 거야? 섬들이 모두 꺼졌는데.

까칠 기쁨이라면 어떻게 해야 되는지 알 텐데.

소심이 방 뒤에서 활기차게 화면 쪽으로 온다.

소심 맞아, 바로 그거야! 기쁨이 돌아올 때까지 우리가 그녀의 할 일을 대신하는 거야.

turn out ~으로 밝혀지다 **recycling** 재생, 재활용 **compost** 화분 등에 사용하는 배양토 **eggshell** 계란 껍질 **trash** 쓰레기 **ignore** 무시하다 **act so weird** 행동이 아주 이상하다

DISGUST Great idea! (pointing at each one) Anger, Fear, Disgust. How are WE supposed to be happy?

MOM (O.S.) Hey, Riley. I've got good news!

INT. KITCHEN TABLE

MOM I found a junior hockey league right here in San Francisco. And get this: Try-outs are tomorrow after school. What luck, right?

INT. HEADQUARTERS

ANGER Hockey?

까칠 좋은 생각이야! (한 명씩 가리키며) 버럭, 소심, 까칠, 바로 우리가 기쁨을 느끼려면 어떻게 하냐고?

엄마 (화면 밖) 라일리. 좋은 소식이 있어!

실내. 부엌 식탁

엄마 여기 샌프란시스코에도 주니어 하키 리그가 있대. 이것 좀 봐. 내일 방과 후에 입단 테스트가 있다는구나. 정말 운이 좋네, 그렇지?

실내. 본부

버럭 하키라고?

supposed to be 하기로 되어 있다, 해야 한다 **league** 리그, 연합 **try-out** 입단 테스트

DISGUST Uh oh. What do we do?

FEAR Guys, uh, this, this... Here, you pretend to be Joy.

Fear pushes Disgust forward. She steps up to drive.

<u>INT. KITCHEN DINING TABLE – CONTINUOUS</u>

MOM Won't it be great to be back out on the ice?

<u>INT. HEADQUARTERS</u>
Disgust steps up to the console and operates controls.

<u>INT. KITCHEN DINING TABLE</u>

RILEY (sarcastic) Oh yeah, that sounds fantastic.

Mom is very taken aback, speechless.

<u>INT. HEADQUARTERS</u>

FEAR What was that? That wasn't anything like Joy.

DISGUST Uh, because I'm NOT Joy.

FEAR Yeah, no kidding.

까칠　　어어, 어떻게 하지?

소심　　얘들아, 어, 이럴 때는 말이지… 저, 네가 기쁨인척 해 봐.

소심이 까칠을 앞으로 민다. 까칠이 조종하러 다가선다.

실내. 부엌 식탁 – 계속

엄마　　다시 얼음 위에서 운동할 수 있다니 정말 신나지 않니?

실내. 본부

까칠이 콘솔로 다가가서 조종한다.

실내. 부엌 식탁

라일리　　(빈정거리듯이) 아 네, 그거 끝내주네요.

엄마는 너무 뜻밖의 말투에 할 말을 잃는다.

실내. 본부

소심　　저게 뭐야? 저렇게 말하는 건 전혀 기쁨답지 않잖아.

까칠　　어, 그야 난 기쁨이 아니니까.

소심　　그래, 당연하지.

pretend ~척하다 **step up to + V** ~하러 다가서다 **step up to + N** ~로 다가서다 **operate** 조종하다 **sarcastic** 빈정거리는 **be taken aback** 너무 뜻밖이라 놀라다 **speechless** 너무 놀라거나, 기쁘거나, 슬퍼서 말문이 막힌

INT. KITCHEN DINING TABLE

Zoom in on Mom's face...

INT. MOM'S HEADQUARTERS

MOM'S SADNESS Did you guys pick up on that?

MOM'S ANGER Uh huh.

MOM'S JOY/ MOM'S FEAR/ MOM'S DISGUST Oh yeah. / Definitely.

MOM'S DISGUST Something's wrong.

MOM'S ANGER Should we ask her?

MOM'S SADNESS Let's probe. But keep it subtle, so she doesn't notice. 36

INT. KITCHEN DINING TABLE

MOM So, how was the first day of school?

INT. HEADQUARTERS

ANGER She's probing us.

DISGUST I'm done. (to Fear) YOU pretend to be Joy.

실내. 부엌 식탁

엄마의 얼굴이 점점 클로즈업된다…

실내. 엄마의 본부

엄마의 슬픔 너희들 저게 뭔지 아니?

엄마의 버럭 어어.

엄마의 기쁨/ 엄마의 소심/ 엄마의 까칠 그럼, 알지. / 확실히 알지.

엄마의 까칠 뭔가 잘못됐어.

엄마의 버럭 물어봐야 할까?

엄마의 슬픔 알아보자. 슬쩍 떠봐, 라일리가 눈치채지 못하게.

실내. 부엌 식탁

엄마 그래, 학교 첫날은 어땠니?

실내. 본부

버럭 엄마가 우리를 떠보려고 하네.

까칠 나는 이제 그만할래. (소심에게) 이제 네가 기쁨인 척해 봐.

pick up on ~을 눈치채다 **definitely** 분명히, 확실히 **probe** 캐다 **subtle** 교묘한, 미묘한 **notice** 알다, 의식하다

FEAR (looking at controls) What? Uh... okay... hmm.

INT. KITCHEN DINING TABLE

RILEY (defensive muttering that trails off) It was fine, I guess. I don't know.

INT. HEADQUARTERS

DISGUST (sarcastic) Oh, very smooth, that was JUST like Joy.

INT. MOM'S HEADQUARTERS

MOM'S ANGER Something is definitely going on.

MOM'S DISGUST She's never acted like this before. What should we do?

MOM'S SADNESS We're going to find out what's happening. [37] But we'll need support. Signal the husband.

INT. KITCHEN DINING TABLE

Mom looks over at Dad who's eating, in his own world. Mom clears her throat at him. Dad doesn't notice. Zoom inside Dad's head...

소심　(제어판을 보며) 뭐라고? 어… 알았어… 흠흠.

실내. 부엌 식탁

라일리　(말끝을 흐리며) 좋았던 것 같아요. 글쎄, 잘 모르겠어요.

실내. 본부

까칠　(빈정거리듯이) 오, 아주 부드럽게 넘어가네. 진짜 기쁨 같았어.

실내. 엄마의 본부

엄마의 버럭　분명히 뭔가가 있어.

엄마의 까칠　전에는 이런 식으로 말한 적이 한 번도 없었는데. 어떻게 해야지?

엄마의 슬픔　무슨 일인지 알아내야지. 하지만 도움이 필요해. 남편한테 신호를 보내.

실내. 부엌 식탁

엄마는 자신의 세계에 빠져 식사하는 아빠를 쳐다본다. 엄마가 아빠를 향해 헛기침을 한다. 아빠는 눈치채지 못한다. 아빠의 머릿속이 클로즈업된다.

defensive 방어적인 **trail off** 말꼬리를 흐리다 **smooth** 부드러운 (말투가 부드럽다) **go on** 진행되다 **find out** 알아내다 **support** 도움, 지지 **signal** ~에게 신호를 보내다 **look over at** ~를 건네다 보다 **clear one's throat at** ~의 주목을 끌려고 헛기침을 하다

INT. DAD'S HEADQUARTERS

All his Emotions are watching a HOCKEY MATCH.

SPORTS ANNOUNCER ...with a nice pass over to Reeves, comes across center ice...

DAD'S FEAR/ DAD'S DISGUST/ DAD'S JOY/ DAD'S SADNESS/ DAD'S ANGER (cheering)

INT. KITCHEN DINING TABLE

Mom continues to stare at Dad. Clears her throat more forcefully now. Dad looks up, chewing.

INT. DAD'S HEADQUARTERS

DAD'S ANGER Uh oh. She's looking at us. (turns off the TV) What did she say?

DAD'S FEAR What? Uh, sorry, Sir. No one was listening.

실내. 아빠의 본부

아빠의 감정들은 모두 하키 경기를 보느라 정신이 없다.

스포츠 중계 아나운서 리브스는 멋진 패스를 받아 센터 아이스를 지나…

아빠의 소심/ 아빠의 까칠/ 아빠의 기쁨/ 아빠의 슬픔/ 아빠의 버럭 (환호성을 지른다)

실내. 부엌 식탁

엄마는 계속해서 아빠를 노려본다. 이제는 더 크게 헛기침을 한다. 아빠는 음식을 씹으며 올려다본다.

실내. 아빠의 본부

아빠의 버럭 어어, 날 보고 있네. (TV를 끄고는) 그런데 마누라가 뭐라고 했지?

아빠의 소심 네? 어 죄송합니다. 아무도 못 들었습니다.

hockey match 하키 경기 **pass over** 넘어가다 **stare at** ~을 응시하다 **forcefully** 강하게 **chew** 씹다 **turn off** 끄다

DAD'S ANGER Is it garbage night? We left the toilet seat up? What? What is it, woman, what?

INT. MOM'S HEADQUARTERS

Mom's Disgust motions to Dad on the screen.

MOM'S DISGUST He's making that stupid face again.

MOM'S ANGER I could strangle him right now.

MOM'S SADNESS Signal him again.

INT. KITCHEN DINING TABLE

Mom raises her eyebrows, and tilts her head towards Riley. Dad follows Mom's head tilt to Riley, then gets it.

DAD Ahh, so, Riley! How was school?

INT. MOM'S HEADQUARTERS

Mom's Emotions give up.

MOM'S JOY/ MOM'S SADNESS/ MOM'S FEAR/ MOM'S DISGUST You gotta be kidding me. / He really needs to start paying attention. [38] / Is he paying attention at all?

MOM'S ANGER Uch. Grrr. (motioning towards Dad) For this we gave up that Brazilian helicopter pilot?

아빠의 버럭 쓰레기 내놓는 날인가? 변기 뚜껑 또 올려놨나? 뭐지? 뭐냐고, 이런, 뭐지?

실내. 엄마의 본부

엄마의 까칠이 화면에 나타난 아빠를 가리킨다.

엄마의 까칠 저 인간이 또 저런 멍청한 표정을 짓고 있네.

엄마의 버럭 지금 당장 목을 졸라 버릴 수도 있는데.

엄마의 슬픔 다시 한 번 신호를 보내 봐.

실내. 부엌 식탁

엄마가 눈썹을 치켜세우고는 라일리 쪽으로 고개를 까딱한다. 아빠는 엄마가 고개를 까딱하며 라일리를 가리키는 것을 보자 그제야 알아차린다.

아빠 아, 그래, 라일리! 학교는 어땠니?

실내. 엄마의 본부

엄마의 감정들이 포기한다.

엄마의 기쁨/ 엄마의 슬픔/ 엄마의 소심/ 엄마의 까칠 당신, 장난하는 거야. / 저 이는 정말 남이 말할 때 집중하는 버릇을 길러야 할 텐데. / 신경이나 쓰고 있는 거야?

엄마의 버럭 으, 그으. (아빠를 가리키며) 아니 저런 사람하고 결혼한다고 그 브라질 헬리콥터 조종사를 차버린 거냐고?

garbage night 쓰레기 내놓는 날 **leave the toilet seat up** 소변을 본 후에 변기 뚜껑을 올려놓은 채 두다 **strangle** 목 졸라 죽이다 **raise one's eyebrows** 눈썹을 치켜세우다 **tilt** 기울이다 **get it** 이해하다 **give up** 어쩔 수 없어 두 손을 다 든다 **pay attention** 주의를 기울이다

CHAPTER 10

Riley's New Attitude

INT. HEADQUARTERS

ANGER Move. I'LL be Joy.

Anger steps forward and operates controls.

INT. KITCHEN DINING TABLE

RILEY (snarky) School was great, alright?

실내. 본부

버럭 비켜, 내가 기쁨이 돼 보겠어.

버럭이 앞으로 다가가며 콘솔을 조종한다.

실내. 부엌 식탁

라일리 (빈정거리며) 학교는 굉장했어요, 됐어요?

move 여기서는 '비켜'라는 뜻 **snarky** 시건방진

MOM Riley, is everything ok?

Riley rolls her eyes.

RILEY Ugghhhhh.

INT. DAD'S HEADQUARTERS

DAD'S FEAR Sir, she just rolled her eyes at us.

DAD'S ANGER What is her deal? Alright, make a show of force. [39] I don't want to have to put "the foot" down. [40]

DAD'S FEAR No. Not the foot.

INT. KITCHEN TABLE

DAD Riley, I do NOT like this new attitude.

INT. HEADQUARTERS

ANGER Oh, I'll show you attitude, old man.

FEAR No! No, no no. Stay Happy!

Anger shoves him away and hits a button.

엄마 라일리, 괜찮니?

라일리가 눈알을 굴린다.

라일리 으으으.

실내. 아빠의 본부

아빠의 소심 눈알을 굴렸는데요.

아빠의 버럭 쟤가 왜 저러는 거야? 좋아, 애비의 힘이 어떤 건지 보여줘야지. 본때를 보여주는 걸 좋아하지는 않지만 말야.

아빠의 소심 본때를 보여주는 건 안되지 말입니다.

실내. 부엌 식탁

아빠 라일리, 네가 이렇게 전에 안 하던 짓을 하는 건 못 봐주겠구나.

실내. 본부

버럭 오, 내가 어떤 짓을 할 수 있는지 보여줄까, 형씨.

소심 안 돼! 안 된다고, 하지 마. 그냥 마음 편하게 먹어!

버럭이 소심을 밀치고는 버튼을 누른다.

roll one's eyes 눈알을 굴리다 **make a show of force** 강한(힘이 센) 척하다 **put the foot down** 발을 쿵 구르다, 즉 본때를 보여주다 **attitude** 태도 (문맥에 따라서는 '건방진/불경스러운 태도') **shove away** 밀치다

INT. KITCHEN DINING TABLE

RILEY What is your problem? Just leave me alone.

INT. DAD'S HEADQUARTERS

DAD'S FEAR Sir! Reporting high levels of sass!

DAD'S ANGER Take it to DEFCON 2.

Sirens begin to BLARE.

DAD'S FEAR You heard that, gentleman. DEFCON 2.

INT. KITCHEN DINING TABLE

DAD Listen, young lady. I don't know where this disrespectful attitude came from...[41]

INT. HEADQUARTERS

ANGER You want a piece of this, pops? Come and get it!

Anger slowly pushes two levers forward with all his might.

INT. KITCHEN DINING TABLE

실내. 부엌 식탁

라일리 뭣 때문에 그래요? 그냥 날 내버려둬요.

실내. 아빠의 본부

아빠의 소심 태도가 불량합니다!

아빠의 버럭 데프콘 투 발령.

사이렌이 요란하게 울린다.

아빠의 소심 들었나, 제군. 데프콘 투 발령.

실내. 부엌 식탁

아빠 이것 봐, 꼬마 아가씨, 그런 건방진 태도를 어디서 배웠는지 모르겠지만 말야…

실내. 본부

버럭 한번 해보시겠다? 와서 덤벼!

버럭은 서서히 온 힘을 다해서 레버 두 개를 앞으로 민다.

실내. 부엌 식탁

report 전하다, 알리다 **sass** 시건방진 태도나 말 **DEFCON** 데프콘, 방위 준비 태세 **blare** 요란하게 울리다 **disrespectful** 무례한 **pops** 영감, 아저씨 **with all one's might** 있는 힘을 다해서

RILEY Yeah, well... well...

Riley searches for the right comeback.

INT. DAD'S HEADQUARTERS

DAD'S ANGER Here it comes... Prepare the foot.

Dad's Emotions remove plastic covers to "Launch Station" buttons. Two of them insert keys and turn at the same time.

DAD'S FEAR Keys to safety position. Ready to launch on your command, Sir!

INT. HEADQUARTERS

Anger pushes up the levers.

ANGER (full yell)

INT. KITCHEN DINING TABLE

RILEY Just shut up!

Dad and Mom are shocked.

INT. DAD'S HEADQUARTERS

라일리 그게, 저, 저…

라일리는 반격할 말을 고르고 있다.

<u>실내. 아빠의 본부</u>

아빠의 버럭 자, 온다… 본때 준비.

아빠의 감정들은 '발사대' 버튼에 덮여 있던 플라스틱 덮개를 치운다. 감정 둘이 열쇠를 꽂고는 동시에 돌린다.

아빠의 소심 열쇠는 정위치. 명령에 따라 발사 준비 완료, 보고 끝!

<u>실내. 본부</u>
버럭이 레버들을 민다.

버럭 (목청껏 소리친다)

<u>실내. 부엌 식탁</u>

라일리 입 좀 다물라고요!

아빠와 엄마는 충격을 받는다.

<u>실내. 아빠의 본부</u>

comeback 반격할 말, 대꾸 **prepare** 준비하다 **remove** 없애다, 치우다 **launch** 발사하다 **safety** 안전 **on your command** 명령만 내리시면

DAD'S ANGER FIRE!

INT. KITCHEN DINING TABLE

He points upstairs.

DAD That is it! Go to your room! Now!

Riley pushes away from the table and goes upstairs in a huff.

INT. DAD'S HEADQUARTERS

DAD'S FEAR The Foot is down! The Foot is down!

They all cheer.

DAD'S FEAR/ DAD'S DISGUST/ DAD'S JOY/ DAD'S SADNESS/ DAD'S ANGER (cheering)

아빠의 버럭 발사!

실내. 부엌 식탁

아빠가 위층을 가리킨다.

아빠 더는 못 참겠군! 네 방으로 올라가! 당장!

라일리는 식탁 의자를 뒤로 밀어젖히고 일어서더니 씩씩대며 위층으로 올라간다.

실내. 아빠의 본부

아빠의 소심 제압! 제압!

아빠의 감정들이 모두 환호성을 지른다.

아빠의 소심/
아빠의 까칠/
아빠의 기쁨/
아빠의 슬픔/
아빠의 버럭 (환호성을 지른다)

Fire! 발사! upstairs 위층 in a huff 씩씩거리며

DAD'S ANGER Good job, gentlemen. That could have been a disaster. [42]

INT. MOM'S HEADQUARTERS

MOM'S SADNESS Well, that was a disaster.

Beat. Mom's Anger recalls a memory of the Brazilian helicopter pilot meeting Mom for the first time.

HELICOPTER PILOT Come fly with me, gatinha.

They all sigh.

INT. HALLWAY

Riley slams the door to her room.

---

338 — SPLIT UP

EXT. MIND WORLD, LIGHTLINE

Joy and Sadness have made it across Goofball Island and to the lightline. Joy looks down. Joy's POV: the darkness of the MEMORY DUMP. Sadness points to the lightline.

SADNESS We're gonna walk out there? On that?

아빠의 버럭 수고했네, 제군들. 대참사가 될 뻔했어.

실내. 엄마의 본부

엄마의 슬픔 이런, 이거 큰일 났네.

잠시 후. 엄마의 버럭이 브라질 출신 헬리콥터 조종사와 처음 데이트했을 때를 회상한다.

헬리콥터 조종사 나와 같이 하늘을 날아요, 아름다운 아가씨.

모두 한숨을 쉰다.

실내. 복도
라일리가 자기 방문을 쾅 닫는다.

---

338 — 분열되다

실외. 정신세계, 광선
기쁨과 슬픔은 무사히 엉뚱섬을 건너 외다리 광선으로 간다. 기쁨이 아래를 내려다본다. 외다리 주위는 어두컴컴하다. 바로 기억 쓰레기장이다. 슬픔이 광선을 가리킨다.

슬픔 저기로 걸어가는 거야? 저 위를?

disaster 재앙, 여기서는 '큰일'이란 의미 **gatinha** 가치냐 (섹시한 여자를 가리키는, 브라질에서 사용하는 포르투갈어) **slam** 문을 쾅 닫다 **have made it across** ~를 건너는 데에 성공했다 **look down** 밑을 내려다보다 **POV** (대본 용어) 관점, 시점 (= point of view) **dump** 쓰레기장

JOY It's the quickest way back.

SADNESS But it's right over the Memory Dump. If we fall we'll be forgotten forever!

JOY We have to do this. For Riley. Just follow my footsteps.

SADNESS Hohh... ok.

JOY It's not that high! It's totally fiii... fine.

Joy steps out onto the lightline.

JOY (off balance) Whoa... whoa...

SADNESS (gasp)

She almost loses a memory over the side but snatches it back just in time.

JOY (relieved exhale)

Sadness steps out on the lightline after her. They make slow progress balancing on the single bridge. This could take a while.

기쁨 그게 제일 빠른 길이야.

슬픔 하지만 바로 기억 쓰레기장 위에 있잖아. 떨어지면 우린 영원히 잊혀진다고!

기쁨 그래도 할 수밖에 없어. 다 라일리를 위해서야. 내 뒤만 따라와.

슬픔 어… 알았어.

기쁨 그렇게 높지도 않아! 그냥 괜, 괜찮은 것 같아.

기쁨이 외다리로 들어선다.

기쁨 (균형을 잃으며) 워… 어…

슬픔 (헉 하며)

기쁨은 하마터면 기억을 아래로 떨어뜨릴 뻔하지만 간신히 잡아챈다.

기쁨 (안도의 한숨)

슬픔이 기쁨의 뒤를 따라 외다리로 나선다. 그들은 외다리에서 균형을 맞춰 가며 천천히 나아간다. 한참 걸릴 것 같다.

be forgotten forever 영원히 잊히다 **follow my footsteps** 내 뒤를 바싹 따라와 **step out** 발을 내딛다 **off balance** 균형을 잃고 **snatch** 잡아채다 **relieved** 안도하다 **exhale** 내쉬다 **progress** 진행 **take a while** 시간이 한참 걸리다

INT. RILEY'S ROOM

Dad knocks on Riley's door, peeks in.

DAD Hey.

Riley in her sleeping bag. Doesn't answer.

DAD So uh... things got a little out of hand downstairs. [43]

Riley doesn't answer.

DAD You want to talk about it? (silence) Come on. Where's my happy girl? Monkey. (monkey noises) Oo oo ooo!

INT. HEADQUARTERS

ANGER Ohhh. He's trying to start up Goofball.

Fear looks at the empty core memory holder, then to the window and GOOFBALL ISLAND — dark and silent.

INT. RILEY'S ROOM

DAD (monkey noises) Come on. Oo ooo ooo ooo!

Riley looks at Dad, but turns away.

실내. 라일리의 방

아빠가 라일리 방문을 두드리고는 안을 들여다본다.

아빠 저기.

침낭 속에 들어간 라일리는 대답하지 않는다.

아빠 그러니까 어… 아래층에서는 좀 심했던 것 같구나.

라일리는 대답하지 않는다.

아빠 얘기 좀 할까? (침묵이 흐른다) 자, 우리 행복한 딸은 어디 간 거야? 그렇구나, 원숭이. (원숭이 소리를 낸다) 우 우 우우!

실내. 본부

버럭 오오, 아빠가 엉뚱섬을 작동시키려고 하네.

소심이 핵심 기억 저장소가 비어 있는 것을 보더니 창문 쪽을 본다. 엉뚱섬은 컴컴한 것이 쥐 죽은 듯 고요하다.

실내. 라일리의 방

아빠 (원숭이 소리를 낸다) 자, 우 우우 우우 우우!

라일리는 아빠를 보지만 돌아눕는다.

peek in 들여다보다 **out of hand** 손을 쓸 수 없는 **start up** 작동시키다 **empty** 비어 있는 **turn away** 외면하다

EXT. GOOFBALL ISLAND

Goofball Island makes an awful mechanical groaning noise, shudders — and sections of the island crumble and break!

EXT. GOOFBALL ISLAND LIGHTLINE

Joy and Sadness hear Goofball Island crumble. Joy looks up to see the lightline crumbling! HQ is a long way off yet — there's no way they'll make it.

JOY

Ahhh! Go back! RUN! RUN! RUN!

They run back towards the island as the lightline crumbles.

실외. 엉뚱섬

엉뚱섬에서는 기계가 삐걱대며 도는 소리가 나더니 부르르 떠는 소리가 난다. 섬의 일부가 무너져 내리더니 갈라진다!

실외. 엉뚱섬의 광선

기쁨과 슬픔의 귀에 엉뚱섬이 무너지는 소리가 들린다. 기쁨의 눈에 외다리 광선이 무너지는 모습이 들어온다! 본부는 아직 멀었는데, 이제 갈 방법이 없어졌다.

기쁨 아아! 돌아가! 뛰어! 뛰어! 뛰라고!

둘은 외다리 광선이 무너지자 뛰어서 섬으로 돌아온다.

awful 끔찍한 **mechanical** 기계적인 **shudder** 몸을 부르르 떨다 **crumble** 무너지다 **break** 부서지다 **be a long way off yet** 아직 멀다 **make it** 도착하다

CHAPTER 11

Forget 'em!

EXT. LONG TERM CLIFF EDGE

Joy and Sadness stare down into the abyss. Joy is in shock.

SADNESS We lost Goofball Island. That means she can lose Friendship, and Hockey, and Honesty, and Family! (to Joy) You can fix this, right, Joy?

JOY I... I don't know.

Sadness starts to crumble.

SADNESS Hohh...

JOY (becoming positive) But we have to try. Ok, c'mon.

The sky darkens.

실외. 장기 기억 저장소 절벽 가장자리

기쁨과 슬픔은 끝도 없는 것 같은 낭떠러지를 내려다본다. 기쁨은 충격을 받았다.

슬픔 우리는 엉뚱섬을 잃었어. 이게 무슨 말이냐면, 라일리는 우정, 하키, 정직 그리고 가족도 잃어버릴 수 있다는 거야! (기쁨에게) 네가 해결할 수 있지, 기쁨아?

기쁨 난… 잘 모르겠어.

슬픔은 흔들리기 시작한다.

슬픔 허어어…

기쁨 (긍정적으로) 하지만 해 봐야지. 좋아, 해 보자고.

하늘이 어두워진다.

abyss 끝없는 심연, 밑도 끝도 없는 낭떠러지 in shock 충격에 빠져 fix 해결하다, 고치다 become positive 긍정적이 되다

JOY Riley's gone to sleep. (turning it positive) ...which is a good thing! [44] When you think about it because nothing else bad can happen while she's asleep and we'll be back to Headquarters before she wakes up. We'll just go across Friendship Island.

Joy sees Friendship Island, but there's no possible way to walk to it along the edge.

SADNESS We'll never make it, hoh... nooo...

Sadness starts to warble. Joy sees that she's about to fall.

JOY (trying to stop Sadness from collapsing) No, no, no, don't obsess over the weight of life's problems, remember the funny movie where the dog dies?!

Sadness faceplants.

기쁨 라일리는 잠이 들었어. (이것의 긍정적인 면을 생각하며) …이건 좋은 일이야! 생각해 봐, 라일리가 잠을 자는 동안에는 나쁜 일이 더 이상 일어날 수 없잖아. 우리는 라일리가 깨기 전에 본부에 돌아갈 거야. 우정섬을 가로질러서 가면 돼.

기쁨의 눈에 우정섬이 보이지만 가장자리로는 그곳으로 걸어갈 수 있는 방법이 없다.

슬픔 우리는 절대 갈 수 없을 거야, 어… 없을…

슬픔이 비틀거리기 시작한다. 슬픔이 막 거꾸러지려는 것이 기쁨의 눈에 보인다.

기쁨 (슬픔이 주저앉으려는 것을 막으며) 안 돼, 안 돼, 삶의 문제가 너무 버겁다고 그것에 너무 집착해선 안 돼. 그 개가 죽는 웃긴 영화, 생각나니?!

슬픔이 땅바닥에 얼굴을 박는다.

possible 가능한 **make it** 도착하다, 성공하다 **warble** (목청을 떨며) 노래로 말하다 **collapse** 주저앉다 **obsess over** ~에 대해서 지나치게 깊게 생각하다 **weight of life's problems** 인생의 문제가 짓누르는 무게 **faceplant** 얼굴을 땅에 박다

JOY Uhhh, Sadness, we don't have time for this.

She turns behind her. The memory shelves wind off into the distance.

JOY We'll just have to go around! Take the scenic route.

Joy walks towards the shelves.

SADNESS Wait! Joy, you could get lost in there!

JOY Think positive!

SADNESS Okay. I'm positive you will get lost in there. [45] That's Long Term Memory. And endless warren of corridors and shelves. I read about it in the manual.

JOY (thinks) The manual? (excited) The manual! You read the manual!

Joy runs back to Sadness.

SADNESS Yeah...

Sadness doesn't move.

기쁨 어어, 슬픔아, 이러고 있을 시간이 없어.

기쁨이 슬픔의 뒤를 돌아보니 기억의 선반들이 저 멀리까지 빙빙 돌아 설치되어 있는 걸 알 수 있다.

기쁨 돌아가기만 하면 돼! 경치가 좋은 길로 가자.

기쁨이 선반들 쪽으로 걸어간다.

슬픔 잠깐! 기쁨아, 넌 저기서 길을 잃을 수도 있어!

기쁨 긍정적으로 생각하자고!

슬픔 알았어. 네가 거기서 길을 잃을 거라고 확신해. 거기는 장기 기억이야. 미로 같은 통로와 선반들. 설명서에서 읽었어.

기쁨 (생각한다) 설명서라고? (신이 나서) 설명서야! 네가 설명서를 읽었지!

기쁨은 슬픔에게로 뛰어온다.

슬픔 그래…

슬픔은 움직이려고 하지 않는다.

into the distance 저 멀리 **scenic route** 경치가 좋은 길 **warren** 토끼굴, 얼기설기 복잡하게 얽힌 것 **corridor** 통로, 복도

JOY	So you know the way back to Headquarters!
SADNESS	I guess...
JOY	Ooh! (excitedly) You are my map!
JOY	Let's go! Lead on, my map! Show me where we're going!
SADNESS	Ok! Only... I'm too sad to walk. Just give me a few... hours.
	Joy DRAGS Sadness into the labyrinth.
JOY	Which way? Left?

기쁨 그러니까 넌 본부로 돌아가는 길을 알고 있어!

슬픔 아마도…

기쁨 오오! (신나서) 넌 내 지도야!

기쁨 가자! 앞장서, 지도야! 길을 안내해 줘!

슬픔 알겠어! 그런데, 내가 너무 슬퍼서 걸을 수가 없어. 좀 기다려 줄 수 없을까… 몇 시간만.

기쁨은 슬픔을 미로로 끌고 간다.

기쁨 어느 쪽이니? 왼쪽?

know the way back to ~로 돌아가는 길을 알다 **lead on** 앞장서서 안내하다 **labyrinth** 미로

SADNESS Right.

Joy turns right.

SADNESS No. I mean, go left. I said left was right. Like "correct."

JOY Ok.

SADNESS This actually feels kind of nice.

JOY Okay! Here we go. We'll be back to Headquarters before morning. We can do it! This will be easy! This is working!

Reveal the COMPLICATED MAZE ahead of them.

<u>EXT. LONG TERM MEMORY SHELF LABYRINTH – LATER</u>

Joy drags Sadness – sweating, out of breath.

JOY (exhausted) This is not working. Are we getting close?

SADNESS Yeah. Just another right. ...And a left. Then another left, and a right...

슬픔 맞아.

기쁨이 오른쪽으로 간다.

슬픔 아니. 내 말은 왼쪽으로 가라고. '왼쪽'이 '맞다'고.

기쁨 알았어.

슬픔 이거 진짜 기분 괜찮네.

기쁨 좋아! 가자고. 동 트기 전에 본부로 돌아가야 해. 할 수 있어! 할 만 할 거야! 잘 될 거라고!

복잡한 미로가 앞에 펼쳐진 것이 보인다.

실외. 장기 기억 저장소 선반 미로 – 잠시 후

기쁨이 땀을 뻘뻘 흘리면서 숨이 찬 상태로 슬픔을 끌고 간다.

기쁨 (지쳐서) 이렇게 해서는 안 될 것 같네. 좀 가까워졌니?

슬픔 그래. 또 오른쪽으로 가면 돼. …그리고 왼쪽. 또 왼쪽, 그 다음에 오른쪽…

right 맞다 (여기서는 '옳다(맞다)'와 '오른쪽'이 중의적으로 쓰임) **work** 효과가 나다, 있다 **complicated maze** 복잡하게 얽힌 미로 **sweat** 땀을 흘리다 **out of breath** 숨을 헐떡이며

JOY Dah. Are you sure you know where we're going? [46] Because we seem to be walking AWAY from Headquarters...

The SKY BRIGHTENS. Day.

JOY Riley's awake.

Joy drops the Core Memories. Sadness nearly touches them.

JOY Ah ah ah, don't touch, remember? If you touch them, they stay sad!

SADNESS Oh. Sorry. I won't.

Joy looks behind her. The bottom row of memories are BLUE.

SADNESS Starting now.

JOY Ugh, I can't take much more of this.

MALE FORGETTER (O.S.) Forget 'em!

JOY Mind Workers!

Joy runs off in search of the voice.

기쁨 으. 너 어디로 가야 하는지 알고나 있니? 본부에서 더 멀어지고 있는 것 같아.

하늘이 밝아진다. 낮이다.

기쁨 라일리가 잠에서 깼어.

기쁨이 핵심 기억들을 떨어뜨린다. 하마터면 슬픔이 그 기억들을 만질 뻔했다.

기쁨 아아아, 만지지 마, 잊어버렸니? 네가 만지면 슬픔으로 변해!

슬픔 오, 미안. 안 만질게.

기쁨이 슬픔의 뒤를 본다. 기억 저장소 맨 아래 칸은 모두 푸른색이다.

슬픔 지금부터는.

기쁨 으으, 이제는 더 못 견디겠어.

남자 기억 처리반 (화면 밖) 지워버려!

기쁨 기억 처리반이야!

기쁨은 목소리가 나는 곳을 찾아 뛴다.

awake 깨다 **bottom row** 맨 아래 칸 줄 **run off** 뛰어가다 **in search of the voice** 소리가 나는 곳을 찾아

SADNESS But Joy we're almost... ohhhh.

---

341 — FORGETTERS

EXT. LONG TERM MEMORY - LATER

Joy finds two workers vacuuming up memories from the shelves.

FEMALE FORGETTER Phone numbers. We don't need all of these. They're in her phone.

MALE FORGETTER Just forget all of that. Please. Forget it!

The Male Forgetter vacuums up some memories, while a Female Forgetter writes on a clipboard.

JOY Excuse me. Hi. I need to find Friendship Island...

FEMALE FORGETTER (pointing to memories) Look at this. Four years of piano lessons.

MALE FORGETTER Yeah, looks pretty faded.

슬픔 근데 기쁨아, 우리는 거의 와… 오오오.

---

341 — 기억 처리반

실외. 장기 기억 저장소 – 잠시 후

기쁨은 일꾼 두 명이 선반에서 기억들을 진공청소기로 빨아들이고 있는 것을 본다.

여자 기억 처리반 전화번호들이군. 이런 것들은 모두 필요 없어. 라일리의 폰에 저장되어 있거든.

남자 기억 처리반 그런 건 모두 지워버려. 정말이야. 지워!

남자 일꾼이 어떤 기억들을 빨아들이는 동안 여자 일꾼은 클립보드에 뭔가를 적고 있다.

기쁨 저기. 안녕. 우정섬을 찾는데…

여자 기억 처리반 (기억들을 가리키며) 이것 좀 봐. 피아노 레슨 4년.

남자 기억 처리반 응, 거의 까먹었지.

vacuum up 빨아들이다 **while** ~하는 동안 **clipboard** 클립보드 **fade** 서서히 사라지다, 바래다

FEMALE FORGETTER You know what? Save "Chopsticks" and "Heart and Soul," get rid of the rest.

Zoop! The memories get vacuumed up.

JOY Are you—

FEMALE FORGETTER (spots more memories) US Presidents. What do you think?

MALE FORGETTER Eh... just keep Washington, Lincoln and the fat one.

FEMALE FORGETTER Forget 'em!

JOY Hey! You can't throw those away! Those are perfectly good memories.

MALE FORGETTER (points to memories) The names of every "Cutie Pie Princess" doll?

JOY Yes! That is critical information! Glitterstorm, Honeypants, Officer Justice...

FEMALE FORGETTER Forget 'em!

He vacuums up the memories behind Joy.

여자 기억 처리반 있지, '젓가락 행진곡'하고 '하트 앤 소울'만 남기고 나머지는 지우자고.

훅! 기억들이 빨려 들어간다.

기쁨 저…

여자 기억 처리반 (기억들이 더 있는 것을 보고) 미국 대통령이라. 어때?

남자 기억 처리반 어, 워싱턴하고 링컨 그리고 저 뚱보만 남겨 둬.

여자 기억 처리반 지워!

기쁨 저기! 그렇게 지우면 안 돼! 꼭 필요한 기억들이잖아.

남자 기억 처리반 (기억들을 가리키며) '큐티 파이 공주' 인형 이름 말이야?

기쁨 물론이지! 아주 중요한 정보야! 글리터스톰, 허니팬츠, 정의의 심판.

여자 기억 처리반 지워!

남자 기억 처리반은 기쁨 뒤에서 기억을 빨아들인다.

get rid of ~을 없애다 **rest** 나머지 **spot** 발견하다 **throw away** 버리다, 던져버리다 **critical information** 극히 중요한 정보

EXT. CLIFF SIDE

The memories shoot out a sewer pipe and fall into the deep, dark dump.

EXT. LONG TERM MEMORY

JOY — Hey! Bring those back.

FEMALE FORGETTER — They're in the dump. Nothing comes back from the dump.

MALE FORGETTER — Yeah. Look, lady, this is our job, ok?

FEMALE FORGETTER — When Riley doesn't care about a memory it fades.

JOY — Fades?

FEMALE FORGETTER — Happens to the best of 'em.[47]

MALE FORGETTER — Except for this bad boy! This one will NEVER fade.

He pulls out a memory from a nearby cart.

JOY — The song from the gum commercial?

MALE FORGETTER — (conspiratorial) Sometimes we send that one up to Headquarters for no reason.

실외. 절벽 가장자리

기억들이 하수관을 타고 휙 나오더니 깊고 어두운 쓰레기장으로 떨어진다.

실외. 장기 기억 저장소

기쁨 이봐! 다시 갖고 와.

여자 기억 처리반 그 기억들은 쓰레기장에 있어. 다시 못 찾아.

남자 기억 처리반 그래, 아가씨, 이건 우리 일이야, 어?

여자 기억 처리반 라일리가 어떤 기억에 대해서 신경을 안 쓰면 그건 잊혀지는 거야.

기쁨 잊혀진다고?

여자 기억 처리반 대부분.

남자 기억 처리반 이 녀석만 빼고! 이놈은 절대로 안 지워져.

남자 기억 처리반은 옆에 있는 카트에서 기억을 하나 들어올린다.

기쁨 껌 광고 노래?

남자 기억 처리반 (모의라도 하는 은근한 목소리로) 때론 이걸 본부로 그냥 올려 보내.

shoot out 관 따위를 타고 내려와 밖으로 빠지다 **sewer pipe** 하수도관 **not care about** ~에 대해 관심을 갖지 않다 **happen to the best of them** 누구에게나 일어난다 **commercial** 텔레비전 방송에 나오는 광고 **conspiratorial** 말하지 않아도 알지 않느냐는 듯이 은근한 목소리로

FEMALE FORGETTER It just plays in Riley's head over and over again. Like a million times!

FORGETTERS (laughing)

FEMALE FORGETTER Let's watch it again!

She rewinds it and plays it again.

JOY We all know the song. Okay. Yup. Real catchy. Okay.

FORGETTERS (singing) Tripledent gum! Will make you smile! Tripledent gum! It lasts a while! Tripledent gum will help you, mister, to punch bad breath right in the kisser.

MALE FORGETTER What do ya think? Should we do it?

FEMALE FORGETTER Yeah! Ha ha!

MALE FORGETTER OK, here we go! Ha ha ha!

He replaces a memory on the shelf with the gum memory. He tips the memory back and into the inner workings. FWOOM! It shoot out the top of the shelf, towards Headquarters.

여자 기억 처리반 이게 라일리의 머리에서 계속 맴돌지. 백만 번도 넘게!

기억 처리반 (웃는다)

여자 기억 처리반 한번 더 보자!

여자 기억 처리반이 기억을 되감더니 재생한다.

기쁨 우리 모두 그 노래를 잘 알고 있어. 그래. 정말 외우기 쉽지. 좋아.

기억 처리반 (노래한다) 트리플덴트 껌! 씹으면 미소가 떠올라요! 트리플덴트 껌! 오래 가죠! 트리플덴트 껌을 씹으면, 아저씨, 입 냄새가 그냥 한 방에 날아가요.

남자 기억 처리반 어때? 올려 보낼까?

여자 기억 처리반 그래! 하하!

남자 기억 처리반 좋아, 간다! 하하하!

남자 기억 처리반이 선반에 다른 기억 대신 껌 기억을 올려놓는다. 그러고는 뒤로 밀어 내부 작동 기관에 넣는다. 휵! 기억이 선반에서 휙 본부 쪽으로 날아간다.

over and over again 여러 번 반복해서 **real catchy** 곡이나 가사가 아주 외우기 쉬운 **bad breath** 입 냄새 **kisser** '입'을 뜻하는 속어 **punch bad breath right in the kisser** 입 냄새의 입에 한 방을 먹이다 (즉 입 냄새를 한 방에 없애다) **replace** 바꾸다, 다시 놓다

INT. HEADQUARTERS

Fear, Anger, and Disgust are at the console. They've clearly just woken up and look very sleepy. Fear has his tea, Anger is reading the morning paper. The memory drops into Headquarters and plays at full volume.

GUM MEMORY Tripledentgum! Will make you smile! Tripledentgum! It lasts a while...

ANGER Wha- this again!?!

EXT. LONG TERM MEMORY

They laugh and walk away.

MALE FORGETTER Tripledentgum! Will make you smile! Tripledentgum! It lasts a while...

JOY Wait, do you know how to get to Friendship Island… [48]

Joy follows them into the maze of shelves.

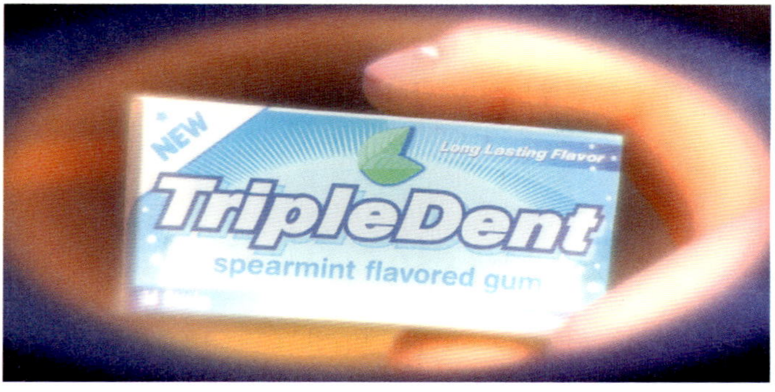

실내. 본부

소심, 버럭 그리고 까칠이 콘솔에 있다. 아직 잠이 덜 깬 모습으로 보아, 방금 잠에서 깬 것이 분명하다. 소심은 차를 마시고, 버럭은 조간 신문을 읽고 있다. 껌 기억이 본부로 떨어지더니 큰 소리로 노래한다.

껌 기억 트리플덴트 껌! 씹으면 미소가 떠올라요! 트리플덴트 껌! 오래 가죠…

버럭 이건 뭐야, 또 그 노래야!?!

실외. 장기 기억 저장소

기억 처리반은 웃으면서 떠난다.

남자 기억 처리반 트리플덴트 껌! 씹으면 미소가 떠올라요! 트리플덴트 껌! 오래 가죠…

기쁨 잠깐, 우정섬에는 어떻게 가지?

기쁨은 그들을 따라 선반으로 이루어진 미로 속으로 들어간다…

at full volume 제일 큰 소리로 walk away 떠나 버리다

CHAPTER 12

Friendship Island

390 — FRIENDSHIP

INT. RILEY'S ROOM

Riley with open computer on her stomach.

RILEY (humming Triplefresh gum song)

MEG (O.S.) Do you like it there?

MEG, 11, ON THE COMPUTER.

MEG Did you feel any earthquakes? Is the bridge cool?

RILEY (subdued) Yeah. It's good... What happened with the playoffs? [49]

390 — 우정

실내. 라일리의 방

라일리가 노트북을 배 위에다 놓는다.

라일리 (트리플덴트 껌 노래를 흥얼거린다)

멕 (화면 밖) 거기는 재밌니?

11살인 멕이 컴퓨터에 보인다.

멕 땅은 흔들려? 금문교는 멋져?

라일리 (가라앉은 목소리로) 그래. 좋아… 플레이오프 경기는 어떻게 됐니?

stomach 배, 위 **hum** 흥얼거리다 **earthquake** 지진 **subdued** 기분이 들뜨지 않고 가라앉아서 **playoff** 시즌 또는 지역별 우승팀들끼리 최종 우승팀을 가리는 결정전

MEG We won the first game. Coach says we might actually go to the finals this year. Oh, and we've got this new girl on the team. She's so cool.

INT. HEADQUARTERS

DISGUST Oh, she did NOT just say that.

FEAR A NEW GIRL? Meg has a new friend already?!

ANGER GrrrrrRRRR!

DISGUST Hey hey, stay happy! We do NOT want to lose any more islands here, guys!

INT. RILEY'S ROOM

MEG (O.S.) We can pass the puck to each other without even looking. It's like mind reading!

INT. HEADQUARTERS

Anger grabs the controls.

ANGER You like to read minds, Meg? I got something for you to read, right here! [50]

멕 첫 경기는 이겼어. 코치가 우리 팀이 올해 결승에 나갈 수도 있을 것 같대. 아, 그런데 우리 팀에 여자애가 새로 들어왔는데, 참 멋있어.

실내. 본부

까칠 아, 재가 저렇게 얘기하면 안 되는데.

소심 새로운 여자애? 멕한테 벌써 친구가 새로 생겼다는 거야?!

버럭 그으윽윽!

까칠 이봐, 이봐, 마음을 편하게 먹으라고! 이제 더 이상 섬을 잃을 수 없어, 애들아!

실내. 라일리의 방

멕 (화면 밖) 우리는 말야, 서로 안 보고 퍽을 패스할 수도 있어. 마음이 잘 통하는 것 같아!

실내. 본부
버럭이 콘솔의 조종을 잡는다.

버럭 마음이 잘 통한다고, 멕? 마음이 통하는 게 뭔지 보여주지, 옛다!

go to the finals 결승전에 진출하다 **without even looking** 서로 보지도 않고 (서로 마음이 너무나 잘 맞아서 안 보고 패스해도 척척 전달된다) **mind reading** 다른 사람의 생각을 읽기

DISGUST Hey, no no no, what are you doing?!

FEAR Wait, wait— (nose grabbed) Let's just be calm for one second— (flies off screen) WaaaAAAAHHH!

Anger grabs Fear's nose and lets it snap back like a rubber band, launching Fear off screen. Anger drives – full steam ahead.

ANGER Gggrrrraaahhh!

INT. RILEY'S ROOM

MEG (O.S.) I heard they have parrots living in the...

RILEY (cutting her off) I gotta go.

MEG What?

까칠 이봐, 안 돼, 안 된다고, 뭐 하는 거야?!

소심 잠깐, 기다려… (코를 잡힌다) 잠깐 좀 진정하자고… (날아가서 화면에서 사라진다) 와아아아!

버럭은 소심의 코를 잡고는 마치 고무 밴드처럼 당겼다가 화면에서 사라지게 휙 날려버린다. 버럭이 사나운 기세로 조종한다.

버럭 으윽윽윽!

실내. 라일리의 방

멕 (화면 밖) 걔는 앵무새를 기른대…

라일리 (말을 끊는다) 나 가야 해.

멕 뭐라고?

snap back 튀어 돌아오다, 회복하다 **rubber band** 고무 밴드 **full steam ahead** 전속력으로 전진하라는 선장의 명령 (사나운 기세로 콘솔을 조종한다) **parrot** 앵무새 **cut somebody off** (말을) 중단시키다, 끊다

RILEY I GOTTA GO.

Riley slams down the computer.

EXT. LONG TERM MEMORY

The Forgetters continue to laugh at their hilarious Tripledent prank. Joy follows, desperate for directions.

FORGETTERS ... will help you, mister, to punch bad breath right in the kisser...

JOY Could you PLEASE just tell me which way is...[51]

A horrible mechanical GROANING sound. Joy runs in the direction of the sound.

라일리 가야 한다고.

라일리는 노트북을 탁 닫는다.

실외. 장기 기억 저장소

망각의 주동자들은 계속해서 트리플덴트 껌 노래를 부르며 깔깔거린다. 기쁨은 우정섬에 어떻게 가는지 알려고 필사적으로 따라간다.

기억 처리반 …트리플덴트 껌을 씹으면, 아저씨, 입 냄새가 그냥 한방에 날아가요…

기쁨 어느 쪽으로 가야 하는지 제발 좀 알려 줘…

기계가 삐걱대는 끔찍한 소리가 들린다. 기쁨은 그 소리가 나는 방향으로 뛰어간다.

slam down 쾅 닫다 **hilarious** 아주 우스운 **prank** 장난 (여기서는 껌 광고 노래를 틀면서 즐기다) **desperate for directions** 필사적으로 본부로 가는 방향을 찾으며 **horrible** 끔찍한 **mechanical groaning sound** 기계가 삐걱거리며 도는 소리

JOY Oh no...

EXT. LONG TERM MEMORY SHELVES

Still in the shelves, Joy rounds a corner and spots Friendship Island crumbling in the distance. She's surprised to see it and this stops her for a beat. Joy runs towards it.

JOY Friendship Island? Wha–?

Joy looks on in horror as Friendship Island submerges into the darkness.

JOY (pained) Ohh, not Friendship.

She looks down at a memory of Riley and Meg walking in the sidewalk.

YOUNG RILEY (laughing)

Sadness walks up to Joy, having witnessed the whole thing.

SADNESS Oh, Riley loved that one. And now it's GONE.

Sadness can't help herself, she starts to lay it on thick.

기쁨 오 안 돼…

실외. 장기 기억 저장소 선반

아직 선반에 있는 기쁨이 모퉁이를 돌자 멀리서 우정섬이 무너지는 것을 보게 된다. 기쁨은 충격에 빠져 잠깐 걸음을 멈춘다. 섬을 향해 달려간다.

기쁨 우정섬이? 무슨-?

기쁨은 두려움에 빠진 채 우정섬이 무너져 어둠 속으로 잠기는 것을 보고 있다.

기쁨 (힘들어하며) 아아, 우정마저 이러면 안 되는데.

기쁨은 라일리와 멕이 함께 걷는 기억을 내려다본다.

어린 라일리 (웃는다)

이 모든 것을 지켜 본 슬픔이 기쁨에게 다가간다.

슬픔 아, 라일리는 저걸 아주 좋아했는데. 이제 사라졌네.

슬픔은 어쩔 수 없이 신파조로 나간다.

round a corner 모퉁이를 돌다 **for a beat** 잠시 동안 **submerge** 깊이 감추다, 잠수하다 **darkness** 어둠 **sidewalk** 보도 **witness** 목격하다 **can't help oneself** 자신도 어쩔 수 없다 **lay it on thick** 오버하다, 신파조로 나아가다

SADNESS	Goodbye friendship. Hello loneliness.
	Joy starts to look glum.
JOY	(annoyed sigh)
	She scans ahead. Sees Hockey Island in the hazy distance.
JOY	(trying to stay positive) We'll just have to go the long way.
	Sadness lies back down on the ground and lifts her leg, offering it to Joy. Joy sighs. She doesn't want to do this again.
SADNESS	Yeah. The long... long... long... long way. I'm ready.
JOY	(sigh) Ah, yes. (pulling Sadness) There's gotta be a better way.

---

345 — SAVED

EXT. LONG TERM MEMORY CLIFF – DAY

Joy hears someone HUMMING. In the distance is a LARGE PINK ELEPHANT happily picking memories from the shelves. He doesn't see her.

슬픔 잘 가, 우정아. 어서 와, 고독아.

기쁨은 침울한 표정을 띠기 시작한다.

기쁨 (짜증스러운 한숨을 쉰다)

기쁨은 앞을 살펴보다가 멀리 어렴풋이 하키섬이 있다는 것을 알게 된다.

기쁨 (긍정적인 태도를 보이며) 그냥 먼 길로 돌아가야겠다.

슬픔은 바닥에 드러누워 다리를 올려 기쁨에게 내민다. 기쁨은 한숨을 쉰다. 이런 짓을 다시 하고 싶지는 않은데.

슬픔 그래. 멀리, 멀리, 멀리, 멀리 돌아가야 되는구나. 난 준비됐어.

기쁨 (한숨) 아, 그래. (슬픔을 끌며) 더 빠른 길이 있을 텐데.

---

345 — 살았다

실외. 장기 기억 저장소 절벽 – 낮

기쁨의 귀에 누군가의 콧노래 소리가 들린다. 멀리서 핑크빛 커다란 코끼리가 즐겁게 선반에서 기억을 줍고 있다. 그 코끼리는 기쁨을 보지 못했다.

loneliness 고독, 외로움 **glum** 침울한 **scan** 살피다 **in the hazy distance** 멀리 흐릿하게 보이는 **stay positive** 긍정적으로 생각을 견지하다 **lie back down on the ground** 땅에 드러눕다 **hum** 콧노래를 부르다

BING BONG (humming the Bing Bong theme) Doo da doo da doo... (talking to the memories) Ohhh, look at you, you're a KEEPER!

Joy watches from the distance.

JOY Huh...

BING BONG I will take you, but not you. (beat) Oh who'm I kidding? I can't leave you!

Joy steps forward.

JOY Hello!

The Elephant locks eyes with Joy and freezes. He bolts.

JOY Wait! Hey! Wait!

Joy chases after.

JOY Wait, stop!

<u>EXT. LONG TERM MEMORY DEAD END</u>

Joy rounds the corner. Dead end. Bing Bong freezes, cornered.

빙봉 (콧노래로 빙봉의 주제곡을 부르며) 두다두다두… (기억들에게 말한다) 오, 어디 좀 보자, 귀요미!

기쁨은 멀리서 지켜본다.

기쁨 허…

빙봉 너를 데려갈게, 하지만 넌 아냐. (잠시 후) 아니, 내가 지금 무슨 소리를 하는 거야? 너를 버리고 갈 수는 없지!

기쁨이 빙봉 쪽으로 간다.

기쁨 안녕!

코끼리는 기쁨과 눈이 마주치자 얼어붙는다. 그러더니 황급히 달아난다.

기쁨 잠깐! 이봐! 기다려!

기쁨이 코끼리 뒤를 쫓는다.

기쁨 기다려, 멈춰!

실외. 장기 기억 저장소의 막다른 골목

기쁨이 모퉁이를 돌자 막다른 골목이 나타난다. 빙봉은 구석에서 몸이 얼어붙었다.

theme 주제 (여기서는 '주제가') **watch from the distance** 멀리서 지켜보다 **step forward** 앞으로 다가가다 **lock eyes with** ~와 시선이 마주치다 **freeze** 놀라거나 무서워서 몸이 얼어붙다 **bolt** 갑자기 달아나다 **chase after** ~을 쫓다 **dead end** 막다른 골목

JOY Excuse me...?

BING BONG (startled) Ahhhh!

BING BONG Uh, I was looking for, uh… DIVERSION!

JOY What?

He grabs a memory off the wall and THROWS IT and turns to make a run for it.

BING BONG Ha ha, so long, sucker! (hits cart) Oof!!

He crashes into a cart of memories. He and memories spill onto the ground.

BING BONG Ow, I hurt all over.

JOY Wait. I know you.

BING BONG No, you don't. I get that a lot, I look like a lot of people. [52]

JOY No, I do! (gasp) BING BONG! Riley's Imaginary Friend!

BING BONG You really DO know me...

기쁨 저기…

빙봉 (깜짝 놀라서) 아아아아아!

빙봉 어, 난 뭘 좀 찾는 중이었는데… 옜다, 이거나 먹어라!

기쁨 뭐?

빙봉은 벽에서 기억을 하나 잡아채 그것을 던지고는 몸을 돌려 걸음아 나 살려라 하고 도망친다.

빙봉 하하, 안녕, 바보야! (카트를 친다) 아이쿠!!

빙봉은 기억이 담긴 카트에 쿵 부딪힌다. 빙봉과 기억들이 바닥으로 나뒹군다.

빙봉 아우, 삭신이 쑤셔.

기쁨 잠깐. 너 누군지 알아.

빙봉 아냐, 날 어떻게 알아. 난 그런 말을 많이 들어. 내가 너무 평범하게 생겨서 말야.

기쁨 아냐, 난 알아! (헉 하며) 빙봉! 라일리의 상상 속 친구지!

빙봉 내가 누군지 정말 아네…

startled 깜짝 놀라서 **diversion** 상대방의 주의를 다른 곳으로 돌리려고 하는 행동 **make a run for it** 걸음아 나 살려라 하고 도망치다 **sucker** 바보, 얼간이 **crash into** ~과 세게 충돌하다 **imaginary** 상상 속의

JOY Well, of course! Riley loved playing with you! You two were best friends! Oh, you would know! We're trying to get back to Headquarters...

BING BONG (impressed) Headquarters? You guys are from Headquarters?

JOY Well, yeah, I'm Joy. This is Sadness.

BING BONG You're Joy? THE Joy?

JOY Mmhmm.

BING BONG Well, what the heck are you doing out here?

JOY That's a good question. You want to answer that, Sadness?

BING BONG (piecing it together) Without you, Riley won't ever be happy. And we can't have that. We gotta get you back! I'll tell you what, Follow me!

JOY Oh, thank you!

They walk off.

기쁨 물론 알지! 라일리는 너하고 노는 걸 아주 좋아했잖아! 너희 둘은 절친이었어! 아, 너도 알겠네! 우리는 지금 본부로 돌아가는 중이거든…

빙봉 (부러워서) 본부라고? 너희들이 본부 출신이야?

기쁨 어, 그래, 난 기쁨이야. 얘는 슬픔이고.

빙봉 네가 기쁨이야? 그 기쁨이라고?

기쁨 응.

빙봉 그런데 여기서 도대체 뭘 하고 있는 거야?

기쁨 그거 참 좋은 질문이야. 네가 대답해 볼래, 슬픔아?

빙봉 (지금까지 들은 얘기를 토대로 추리해서) 네가 없으면 라일리는 절대로 즐거울 수가 없어. 그럼 안 되지. 널 다시 거기 보내야 해! 있지, 날 따라와!

기쁨 오, 고마워!

셋은 출발한다.

impressed 인상 깊게, 감명을 받은 **What the heck ~?** 대체 뭐야?의 완곡한 표현 **piece it together** 이것저것을 모아서 종합적으로 생각하다 **I'll tell you what** 이렇게 하자

CHAPTER 13

Along With Bing Bong

EXT. LONG TERM MEMORY CORRIDOR

Bing Bong leads them down a row of memory shelves.

JOY It is so great to see you again. I gotta tell you, I am such a huge fan of your work. Hey, remember when you and Riley were in a band?

Visuals of their memories: A) banging pots and pans while Bing Bong plays his trunk.

JOY (V.O.) I went to all of your concerts.

BING BONG (V.O.) Yeah, I blow a mean nose.

B) BB runs on ceiling, Riley chases after him.

JOY (V.O.) Watching you play tag was such a treat.

실외. 장기 기억 저장소 통로

빙봉은 기쁨과 슬픔을 데리고 기억 저장 선반들이 늘어선 통로로 데리고 간다.

기쁨 널 다시 보게 돼서 정말 반가워. 그런데 이 말은 꼭 해야겠는데, 내가 너의 왕 팬이거든. 너랑 라일리가 밴드 했던 거 생각나니?

기억 장면: A) 라일리가 냄비와 프라이팬을 두드리고 빙봉은 코로 연주한다.

기쁨 (목소리) 난 너희들 콘서트는 모두 갔었어.

빙봉 (목소리) 그래, 나는 코로 연주를 아주 잘하지.

B) 빙봉이 천장에서 달리고 라일리가 뒤를 쫓는다.

기쁨 (목소리) 너희들이 술래잡기하는 걸 보는 건 정말 재미있었어.

lead A down B A를 B로 데리고 가다 **I gotta tell you.** '이 이야기는 꼭 해야겠는데 말야' 운을 떼는 표현 **such a huge fan of** ~에 관한 왕 팬 **pots and pans** 냄비와 프라이팬 등의 요리도구 **trunk** 코끼리의 코 **mean** (솜씨가) 기막힌 **play tag** 술래잡기하다 **a treat** 굉장히 잘, 좋은, 특별한 것

BING BONG (V.O.) Two time world champ.

C) Riley and Bing Bong sit in her wagon ("Rocket")

JOY (V.O.) Oh, and remember your rocket?!

BING BONG (V.O.) Of course! It runs on song power. [53]

EXT. LONG TERM MEMORY CORRIDOR

JOY That's right, your theme song! (singing) Who's your friend who likes to play?

BING BONG (sings) BING BONG BING BONG!

JOY His rocket makes you yell "Hooray!"

BING BONG/ JOY BING BONG BING BONG!

빙봉 (목소리) 두 번이나 세계 챔피언을 먹었지.

C) 라일리와 빙봉이 수레('로켓'이라고 부르는)에 앉아 있다.

기쁨 (목소리) 아, 그리고 너희들 로켓, 생각나니?!

빙봉 (목소리) 물론이지! 그 로켓의 연료는 노래야.

실외. 장기 기억 저장소 통로

기쁨 맞아, 너희들 주제가였지! (노래한다) 놀기 좋아하는 네 친구는 이름이 뭐니?

빙봉 (노래한다) 빙봉, 빙봉!

기쁨 로켓을 타면 너희들은 소리를 질렀지, '만세!'

빙봉/기쁨 빙봉, 빙봉!

wagon 수레

SADNESS What exactly are you supposed to be?

BING BONG You know, it's unclear. I'm mostly cotton candy, but shape-wise, I'm part cat... part elephant... part dolphin.

Joy looks him over.

JOY Dolphin?

Bing Bong makes the classic "Flipper" dolphin chitter. He closes his mouth, plugs his trunk and blows.

BING BONG You gotta remember, when Riley was three, animals were all the rage. [54] The cow goes moo. The horsey goes neigh. That's all people talked about back then.

JOY Yeah, yeah, I guess that's true. What are you doing out here?

BING BONG Well, there's not much call for imaginary friends lately... (getting depressed) So, uh, you know, I'm...

JOY Hey, hey, don't be sad. When I get back up to Headquarters, I'll make sure Riley remembers you.

Bing Bong stops walking and faces Joy.

슬픔 넌 정확하게 말해서 뭐니?

빙봉 있지, 그게 정확하지가 않아. 난 대부분 솜사탕인데, 모양으로 말하자면, 일부는 고양이… 코끼리… 돌고래이기도 하지.

기쁨이 빙봉을 쳐다본다.

기쁨 돌고래라고?

빙봉은 입을 닫고 코를 막아 영화 출연으로 유명해진 돌고래 플리퍼가 내는 소리를 흉내 낸다.

빙봉 생각날지 모르겠는데, 라일리가 3살 땐 동물들 흉내 내는 게 대유행이었지. 소는 음매, 말은 히잉 하고 운다는 거 말이야. 사람들은 모두 그런 얘기만 했지, 그 당시엔.

기쁨 그래, 맞아, 그랬던 것 같아. 그런데 넌 여기서 뭘 하고 있는 거니?

빙봉 뭐, 요즘은 상상 속의 친구를 찾는 일이 별로 없어서… (우울해진다) 그래서, 뭐, 그냥, 난…

기쁨 이봐, 이봐, 슬퍼하지 마. 내가 본부로 돌아가면 라일리한테 네 생각을 하라고 할게, 꼭.

빙봉은 걸음을 멈추고 기쁨을 바라본다.

mostly 대부분 **cotton candy** 솜사탕 **shape-wise** 생긴 모양새로 말할 것 같으면 **dolphin** 돌고래 **dolphin chitter** 돌고래가 내는 소리 **be all the rage** 대유행이다 **go moo** 음매하고 울다 (여기서 **go**는 어떤 소리를 낸다) **horsey** 말

BING BONG You will?!?

JOY Of course, she'd love that!

BING BONG Ha ha! This is the greatest day of my life! (bigger ha cha cha dance, hurts himself) DOOOOOH! Ah hahawww... (cries)

Candy pours out of his tear ducts.

JOY Are you ok?

SADNESS What's going on?

BING BONG (still crying) I cry candy. Try the caramel, it's delicious.

JOY (excited) Ooo. (fumbles memories) Woah!

BING BONG Oh, here— use this. (offers satchel)

JOY Thanks!

BING BONG Oh, hold on. Wait a second.

He pours out an impossible amount of stuff. Sticks his head into the bag.

빙봉　　그렇게 해 줄 거니?!?

기쁨　　물론이지, 라일리도 아주 좋아할 거야!

빙봉　　하하! 내 평생 이렇게 기분 좋은 날은 또 없었어! (동작을 크게 해서 차차차 춤을 추자 몸에 탈이 난다) 두우우우우! 아하하아… (운다)

빙봉의 눈물샘에서 사탕이 쏟아져 나온다.

기쁨　　괜찮니?

슬픔　　무슨 일이야?

빙봉　　(계속 울며) 난 울면 사탕이 나와. 카라멜 좀 먹어봐. 아주 끝내줘.

기쁨　　(신이 나서) 우우. (기억을 놓친다) 워어!

빙봉　　아, 여기, 이걸 써. (가방을 건넨다)

기쁨　　고마워!

빙봉　　아, 잠깐, 잠깐만 기다려.

빙봉이 가방에서 엄청난 양을 쏟아낸다. 그리고는 가방 안에 머리를 처박는다.

pour out of ~에서 쏟아져 나오다 **tear duct** 눈물샘 **fumble** 더듬거리다, 못 잡다 **satchel** 가죽이나 헝겊으로 만들어서 어깨에 메는 가방 **impossible amount** 엄청난 양 **stick into** ~에 집어넣다

BING BONG (muttering) Always gets stuck at the bottom.

He pours out even more stuff. Joy and Sadness stare at him in amazement.

BING BONG Here. What? It's imaginary.

Joy loads the core memories into Bing Bong's satchel.

JOY Thanks! This'll make it a lot easier to walk back to Headquarters.

BING BONG Walk? We're not walkin'! We're taking the train of thought!

빙봉 (중얼거린다) 늘 바닥에 낀단 말야.

빙봉이 물건을 더 쏟아낸다. 기쁨과 슬픔이 놀라서 빙봉을 쳐다본다.

빙봉 여기. 뭐? 어차피 상상 속에 있는 거야.

기쁨은 빙봉의 가방에 핵심 기억들을 넣는다.

기쁨 고마워! 본부로 걸어서 돌아가기가 훨씬 쉬워졌어.

빙봉 걸어간다고? 걸어가지 않을 거야! 생각 기차를 타고 갈 거야!

get stuck 끼이다 **at the bottom** 바닥에 **in amazement** 너무나 놀라서 **load** 싣다, 넣다

He leads them out to the cliff edge and points to the train tracks and the train, which is speeding up towards Headquarters.

JOY The train, of course! That is so much faster! [55] But how do we catch it?

BING BONG Well, it kind of goes all over the place, but there is a station in Imagination Land. I know a shortcut. Come on, this way!

JOY I'm so glad we ran into you!

Sadness follow a little behind. Bing Bong leads them to at a BUILDING made of basic geometric shapes. Through a window is another window on the other side, the train station clearly visible through it.

BING BONG The station is right through here.

Bing Bong opens a large hatch in the wall. He motions for Joy to enter.

BING BONG After you.

SADNESS Joy!

빙봉은 기쁨과 슬픔을 절벽 가장자리로 데리고 가서는 기찻길과 기차를 가리킨다. 기차는 본부를 향해 속도를 내어 달리고 있다.

기쁨 그래, 기차! 훨씬 빠르지! 그런데 어떻게 타지?

빙봉 그건, 기차는 여기저기 다니는데, 상상의 나라에 역이 있어. 내가 지름길을 알아. 자, 이 쪽이야!

기쁨 너를 만나서 참 다행이야!

슬픔은 조금 떨어져 따라간다. 빙봉은 둘을 데리고 기본적인 기하학적인 도형으로 만들어진 건물로 간다. 창을 통해 반대편 창문이 보이는데, 그 안으로 기차역이 뚜렷하게 보인다.

빙봉 역은 여기를 지나면 바로 있어.

빙봉은 벽에 있는 커다란 해치를 열더니 기쁨에게 들어가라고 손짓한다.

빙봉 너 먼저 들어가.

슬픔 기쁨아!

speed up towards ~를 향해 속도를 내어 질주하다 **shortcut** 지름길 **run into** ~를 우연히 만나다 **basic geometric shape** 원, 세모, 네모 등 기본적인 기하학적인 도형 **clearly visible through** ~를 통해서 확실히 보이는 **motion for someone to enter** ~에게 들어가라고 손짓하다

JOY What?

SADNESS I read about this place in the manual. [56] We shouldn't go in there.

JOY Bing Bong says it's the quickest way to Headquarters.

SADNESS No, but Joy, this is Abstract Thought.

BING BONG What're you talking about? I go in here all the time. It's a shortcut, you see?

He points to an official-looking warning sign above the door.

BING BONG (spelling it out) D-A-N-G-E-R, Shortcut. I'll prove it to you.

Bing Bong climbs in.

기쁨 왜?

슬픔 이곳에 대해서 설명서에서 읽었는데, 저기로 들어가서는 안 될 것 같아.

기쁨 이게 본부로 가는 가장 빠른 길이라고 빙봉이 그러잖아.

슬픔 아냐, 기쁨아, 여긴 '추상적인 개념' 구역이야.

빙봉 무슨 소리하는 거야? 난 항상 이 길로 다녀. 이게 지름길이야.

빙봉이 문 위에 공식 경고문 같은 것을 가리킨다.

빙봉 (경고문의 글자를 하나씩 읽으며) D, A, N, G, E, R, 지름길이란 뜻이야. 내가 실제로 보여줄게.

빙봉이 들어간다.

manual 설명서, 매뉴얼 **quickest way** 지름길 **abstract thought** 추상적 사고 **official-looking warning sign** 기관 등에서 공식적으로 게시해 놓은 것 같은 경고문 **spell out** 글자를 한 자씩 읽다 **prove** 입증하다 **climb in** 몸을 숙이고 안으로 들어가다

BING BONG (reverb) Look at me! I'm closer to the station 'cause I'm taking the shortcut!

SADNESS Let's go around. This way.

Sadness points. The building is super long — it's a long way around. Joy looks back at Bing Bong, the station is right there.

BING BONG Almost there!

Joy turns to Sadness.

JOY If you want to walk the long way, go for it. But Riley needs to be happy. I'm not missing that train. (walks in) Bing Bong knows what he's doing. He's part dolphin. They're very smart.

Sadness follows, conflicted.

SADNESS Well... I guess...

She climbs in through the hatch.

빙봉 (소리가 울린다) 나 좀 봐! 지름길로 가니까 역이 더 가까워졌잖아.

슬픔 돌아가자. 이 길로.

슬픔이 길을 가리킨다. 그런데 그 건물은 너무 길다. 먼 길을 빙 돌아가야 한다. 기쁨은 빙봉을 돌아본다. 역은 바로 저기에 있다.

빙봉 바로 저기야!

기쁨은 슬픔에게 몸을 돌린다.

기쁨 먼 길로 돌아가고 싶으면 그렇게 해. 하지만 라일리는 행복해야 해. 저 기차를 놓칠 수는 없어. (걸어 들어간다) 빙봉은 잘 알고 있어. 돌고래이기도 하잖아. 그건 아주 영리하거든.

슬픔은 갈등을 느끼지만 따라간다.

슬픔 뭐… 그렇긴 한데…

슬픔도 해치 안으로 들어간다.

reverb 에코 (울리다) **go around** 돌아가다 **conflicted** 갈등을 느끼며 **through** 통해 **hatch** 출입구

CHAPTER 14

Abstract Thought

525 — ABSTRACT THOUGHT

EXT. SCHOOL

Riley carries her lunch tray. The place is full of chatty, happy KIDS, but there isn't a seat for her at any of the group tables. Riley finds an empty bench and sits.

EXT. ABSTRACT THOUGHT BUILDING – HATCH DOOR

Two mind workers wheel a cart to the same hatch door our trio entered.

525 — 추상적 사고

실외. 학교

라일리가 점심 식판을 들고 있다. 재잘대며 떠드는 즐거운 모습의 학생들로 가득하지만 무리 지은 테이블에 라일리을 위한 자리는 없다. 라일리는 빈 벤치에 가서 앉는다.

실외. 추상적 사고 건물 – 출입구

두 명의 상상 일꾼이 앞서 셋이 들어갔던 문으로 카트를 밀고 간다.

tray 쟁반 chatty 재잘거리는 wheel 밀다 trio 3인조

ABSTRACT WORKER #1 Okay, what abstract concept are we trying to comprehend today?

ABSTRACT WORKER #2 (checking a clipboard) Um... loneliness.

ABSTRACT WORKER #1 Hm. Looks like there's something in there. I'm going to turn it on for a minute and burn out the gunk.

He closes the door.

INT. ABSTRACT THOUGHT BUILDING

BING BONG What'd I tell ya? You'll be at Headquarters in no time. [57]

BAM! The door closes behind them. The LIGHTS GO ON. Around them, the shapes float off the floor and into space – a postmodern abstract painting come to life.

BING BONG Say, would you look at that.

JOY (reacts to objects underfoot) Whoa!

SADNESS (ducking) Ah!

JOY What's happening?!?

추상적 사고 일꾼 1 좋아, 오늘은 어떤 추상적 개념을 배워야 하지?

추상적 사고 일꾼 2 (클립보드를 확인하더니) 음… '외로움'이네.

추상적 사고 일꾼 1 흠. 저기 뭐가 있는 것 같은데. 내가 잠깐 작동해서 오물을 태워야겠어.

일꾼이 문을 닫는다.

<u>실내. 추상적 사고 건물</u>

빙봉 내가 뭐라고 했어? 본부까지 눈 깜짝할 사이에 갈 거야.

쾅! 뒤에서 문이 닫히고 불이 켜진다. 주변 바닥에 있던 도형들이 공중으로 뜬다. 포스트모던 추상화가 살아난다.

빙봉 야, 저것 좀 봐.

기쁨 (발밑의 도형들이 움직이는 것을 보고 놀라서) 워어!

슬픔 (몸을 피하며) 아!

기쁨 무슨 일이지?!?

abstract concept 추상적인 개념 **comprehend** 이해하다, 배우다 **burn out** 태워버리다 **gunk** 오물 **in no time** 눈 깜짝할 사이에 **float off the floor** 바닥에 있던 도형이 공중으로 뜬다 **postmodern** 포스트모던의 **come to life** 살아나다 **underfoot** 발밑에 있는 **duck** 고개를 숙여 피하다

SADNESS Oh no. They turned it on.

BING BONG (reacting to melting shapes) Huh! I've never seen this before.

Bing Bong turns to face Joy & Sadness. His head has turned into a faceted, Picasso-like form.

JOY/SADNESS Ahh!

Joy and Sadness become cubist, faceted versions of their former self, with flat caricatured textures.

JOY/SADNESS Ahh!

BING BONG My face! My beautiful face!

JOY What is going on?

SADNESS We're abstracting! There are four stages. This is the first: Nonobjective Fragmentation!

They struggle to walk. Their limbs lack knees or elbows.

슬픔 오, 안 돼. 여길 가동시켰어.

빙봉 (도형들이 녹는 것을 보고 놀라서) 허! 이런 건 처음 보네.

빙봉이 몸을 돌려 기쁨과 슬픔을 본다. 머리가 각이 져서 피카소의 그림처럼 된다.

기쁨/슬픔 아아!

기쁨과 슬픔은 자기들 모습이지만 각지고, 평평한 희화화된 질감의 입체파 그림이 된다.

기쁨/슬픔 아아!

빙봉 내 얼굴! 내 예쁜 얼굴!

기쁨 대체 무슨 일이 일어나고 있는 거야?

슬픔 우리는 추상화되고 있어! 4단계가 있는데 이게 첫 단계야. 추상적 분열!

셋은 모두 걸으려고 힘을 쓰지만 무릎도 없고 팔꿈치도 없어졌다.

faceted 각이 진 **Picasso-like** 피카소의 그림 같은 **cubist** 입체파 그림의 **caricature** 희화화하다, 캐리커처를 그리다 **textures** 재질, 감촉 **stage** 단계 **nonobjective** 추상적인, 비구상적인 **fragmentation** 균열, 세분화 **limb** 팔다리 **lack** 없는, 빠진

BING BONG Alright, do not panic! What is important is that we all STAY TOGETHER. Hoh!

His arm falls off.

JOY Ah!

Joy's head falls off. Sadness' leg goes. She topples.

SADNESS We're in the second stage… we're deconstructing!

BING BONG (panic) Ah! Run!!!

All three are now in pieces.

빙봉 좋아, 겁먹지 마! 중요한 건 다 함께 붙어 있는 거야. 허!

빙봉의 팔이 떨어져 나간다.

기쁨 아!

기쁨의 머리가 떨어져 나간다. 슬픔은 다리가 떨어져 나가자 고꾸라진다.

슬픔 두 번째 단계야… 우리는 해체되고 있어!

빙봉 (놀라서) 아! 도망쳐!!!

셋 모두 분해되었다.

fall off 붙어 있던 곳에서 떨어져 나오다 **topple** 쓰러지다 **deconstruct** 해체하다 **in pieces** 조각조각

BING BONG Ahh! I can't feel my legs!

Bing Bong's disassembled arms find his legs.

BING BONG Oh, there they are.

JOY Come here, me!

JOY/SADNESS/BING BONG (struggle to move)

SADNESS We've gotta get out of here before we're nothing but shape and color. [58] We'll get stuck here forever!

JOY "Stuck?!" Why did we come in here?!

BING BONG I told you, it's a shortcut!

O.S. TRAIN BELL RING. Through the window, Joy sees the train pull into the station.

JOY The train!

POP! They change again, now into flat color shapes(2D) with lines.

빙봉 아아! 다리를 느낄 수 없어!

빙봉의 떨어져 나간 팔이 다리를 발견한다.

빙봉 아, 여기 있구나.

기쁨 이리 와, 나야!

기쁨/슬픔/빙봉 (움직이려고 애를 쓰며)

슬픔 우리가 도형과 색깔만 남고 사라지기 전에 여기서 나가야 해. 여기 꼼짝없이 갇히게 될 거야!

기쁨 '갇힌다고?!' 왜 우리가 여기에 왔지?!

빙봉 내가 말했잖아, 여기가 지름길이라고!

기차 경적 소리. 기쁨이 창문을 통해 기차가 역으로 들어오는 것을 본다.

기쁨 기차다!

팍! 셋은 또 다시 변한다. 이제는 납작하면서 색깔과 선이 있는 도형(2차원)으로 변한다.

disassembled arms 떨어져 나간 팔들 **get stuck** 꼼짝도 못한 채 붙잡혀 있다 **pull into the station** 기차가 역으로 들어오다 **2D change** 2차원으로 변한 것

SADNESS (shocked) Oh no... We're two dimensional! That's stage three!

JOY We're getting nowhere!

BING BONG (alarmed) Depth! I'm lacking depth!

They struggle towards the window, which appears to be in the distance (it's smaller and above them). They run and run but make no progress. Joy looks up, gets an idea, then pulls herself up onto the horizon line.

JOY Come on!

Sadness and Bing Bong follow. But because of the broken perspective, they are now all HUGE next to the door. Joy struggles to get through the door, but she is too big. Bing Bong and Sadness try too, with no success.

JOY (grunts, struggles) AUGH! We can't fit!

POP! They abstract into blobs.

SADNESS Oh no, we're Non Figurative. This is the last stage!

BING BONG (grunts, struggles) We're not going to make it!

슬픔 (놀라서) 아, 안 돼… 우리는 2차원이 됐어! 세 번째 단계야!

기쁨 이래서는 꼼짝도 못해!

빙봉 (놀라서) 입체감! 입체감이 없어졌어!

셋은 창문 쪽으로 가려고 힘을 쓰지만, 창문은 멀게만 느껴진다. (창문은 작고 머리 위에 있다) 셋은 뛰고 또 뛰지만 전혀 앞으로 나아가지 못한다. 기쁨이 위를 올려다보자 생각이 떠오른다. 기쁨은 지평선상에서 자신을 일으켜 세운다.

기쁨 어서!

슬픔과 빙봉이 따라 한다. 하지만 시야가 막혀 있기 때문에 지금은 모두 문 옆에서 어마어마한 크기로 서 있다. 기쁨이 문을 통과하려고 애쓰지만 너무 커서 불가능하다. 빙봉과 슬픔도 해 보지만 어림없다.

기쁨 (끙 소리를 내며 애쓴다) 으윽! 우리는 들어갈 수가 없어!

팍! 셋은 방울로 추상화된다.

슬픔 아 안 돼. 우리는 비구상화됐어. 이게 마지막 단계야!

빙봉 (끙 소리를 내며 애쓴다) 나가긴 글렀어!

two dimensional 2차원의 **get nowhere** 전혀 움직일 수 없다, 꼼짝도 못하다 **lack depth** (2차원으로 변해서) 깊이가 없는 **no progress** 진전이 없는 **the horizon line** 수평선 **perspective** 균형감, 투시 **with no success** 성과가 없이 **grunt** 끙끙 소리를 내다 **blob** 작은 색깔 부분 **figurative** 구상(조형)의

SADNESS Hooohhhh...

Sadness slumps to the ground... and becomes a line!

SADNESS Wait! We're two dimensional. Fall on your face!

Sadness crawls like an inchworm.

JOY Oh!

Joy and Bing Bong fall too. They turn into lines and crawl through the window!

EXT. ABSTRACT THOUGHT

The three lines land back in the mind world. Toot toot! The train is leaving the station. They get up to go, but as lines they can barely move. The train zips away from the station. Joy tries to jump toward it, but doesn't make it in time.

JOY (struggling) Stop! STOP!

POP! Joy goes from non-representational to 2D form. She falls down flat. Joy looks up at the passing train. POP! Sadness and Bing Bong become cubist. Sadness's abstracted eyes are looking in different directions. She can't see which way to run.

슬픔 허어어…

슬픔은 바닥에 풀썩 주저앉더니… 선이 된다!

슬픔 잠깐! 우리 2차원이잖아. 바닥에 엎어져!

슬픔은 자벌레처럼 긴다.

기쁨 오!

기쁨과 빙봉도 엎드리더니 선이 되어 창문을 기어나간다!

<u>실외. 추상적 사고</u>

선 세 개가 정신세계로 다시 들어온다. 빵빵! 기차가 역을 떠난다. 셋은 일어나 가려고 하지만 선이라서 거의 움직이지 못한다. 기차는 역을 획 지나친다. 기쁨은 풀쩍 뛰어서 올라타려고 하지만 타이밍이 안 맞는다.

기쁨 (애를 쓰며) 기다려! 기다리라고!

팍! 기쁨이 비구상적인 형체에서 2차원으로 다시 변하더니 바닥에 떨어져 납작해진다. 기쁨은 사라지는 기차를 올려다본다. 팍! 슬픔과 빙봉은 입체파가 된다. 슬픔의 추상화된 눈 두 개는 각각 다른 곳을 보고 있어서 어느 방향으로 뛰어야 할지 알 수가 없다.

slump to the ground 바닥에 풀썩 주저앉다 **fall on** 에 떨어지다, 엎어지다 **crawl** 기다 **inchworm** 자벌레 **can barely move** 거의 움직일 수가 없다 **zip away from** ~에서 획 사라지다 **not make it in time** 제때에 하지 못하다 **representational** 구상주의적인

JOY (defeated) No! (confused; to Bing Bong) I thought you said that was a shortcut.

BING BONG I did, but wow, we should NOT have gone in there. [59] That was dangerous! They really should put up a sign.

POP! They transform back to normal.

JOY How long till the next train?

---

411 — Imagination Land

Bing Bong shakes his hat back to normal and puts it on.

BING BONG Who knows? But don't worry. There's another station. That way! (points) The train always stops there right before it goes to Headquarters. If we hurry, we can catch it! [60]

기쁨 (절망하며) 안 돼! (혼란스러워하며 빙봉을 향해) 여기가 지름길이라고 했잖아.

빙봉 내가 그랬지만, 괜히 들어왔네. 위험했어! 표지판이라도 세워 놨어야지.

팍! 셋은 다시 정상으로 돌아온다.

기쁨 다음 기차는 얼마나 기다려야 되는 거니?

---

411 — 상상의 나라

빙봉은 자기 모자를 흔들어 원상태로 되돌리고는 그것을 머리에 쓴다.

빙봉 그걸 누가 알겠어? 하지만 걱정하지 마. 역은 또 있으니까. 저쪽이야! (가리킨다) 기차는 본부로 가기 직전에 늘 저기 서. 서두르면 탈 수 있어!

defeated 패배한, 절망한 **put up a sign** 표지판을 세우다 **transform** 변하다 **back to normal** 뭔가를 정상적인 형태로 되돌리기 **put on** 쓰다, 입다, 신다 (모자를 '쓰다')

JOY This isn't another one of your shortcuts, is it?

BING BONG Ha ha ha! Yeah!

Bing Bong heads off.

JOY (aside to Sadness) Is there really another station?

SADNESS Uh huh, through there.

He leads them towards the impressive gates of...

BING BONG Welcome to Imagination Land!

<u>EXT. IMAGINATION LAND</u>

JOY Imagination Land?

BING BONG Sure! I come here all the time. I'm practically the mayor. [61] Hey, you guys hungry? There's French Fry Forest! (starts eating fries) Nom nom nom, delicious!

JOY No way!

기쁨 또 설마 네가 말하는 그 지름길인 건 아니겠지?

빙봉 하하하! 맞아!

빙봉이 떠난다.

기쁨 (슬픔 옆에서) 정말로 역이 또 있는 걸까?

슬픔 어, 그래. 저쪽을 지나면.

빙봉은 둘을 근사한 문 쪽으로 이끌며…

빙봉 상상의 나라에 온 걸 환영해!

<u>실외. 상상의 나라</u>

기쁨 상상의 나라?

빙봉 그럼! 난 늘 여기 와. 실질적인 시장이랄까. 이봐, 배고파? 감자튀김 숲도 있어! (튀김을 먹기 시작한다) 얌, 얌, 얌, 와, 맛있다!

기쁨 말도 안 돼!

head off 떠나다 **impressive** 근사하게 생긴 **practically** 사실상, 거의 **mayor** 시장

Joy continues walking. Bing Bong walks into an area filled with trophies and medals. He kicks a soccer ball into a goal, and immediately workers rush out to load him with medals, trophies, etc.

BING BONG Check it out! Trophy Town! Medals! Ribbons! Everyone's a winner!

Bing Bong kicks a goal and is showered with awards.

BING BONG I won first place!

Workers give Joy a trophy and Sadness a ribbon.

JOY Me too!

SADNESS Hohh... Participation award...

JOY Wait — is that... Sadness, look, it's Cloud Town! That is my favorite!

Joy rips off a small chunk of cloud. It floats her up into the air. Bing Bong follows.

기쁨은 계속 걷는다. 빙봉은 트로피와 메달이 가득한 곳으로 들어선다. 빙봉이 축구공을 골대로 차 넣자, 일꾼들이 달려 나와 메달, 트로피 등을 빙봉에게 잔뜩 안긴다.

빙봉 이것 봐! 트로피 마을! 메달! 리본! 누구나 승자가 되는 거야!

빙봉이 골을 차 넣자 상이 쏟아진다.

빙봉 내가 1등이야!

일꾼들이 기쁨에게는 트로피를, 슬픔에게는 리본을 준다.

기쁨 나도!

슬픔 허, 참가상이네…

기쁨 잠깐, 저건… 슬픔아, 저길 봐, 구름 마을이야! 내가 제일 좋아하는 거야!

기쁨이 구름 덩어리를 조금 뜯는다. 기쁨은 구름을 타고 공중에 뜬다. 빙봉이 따라온다.

trophy 트로피 be showered with ~을 잔뜩 받다 award 상 win first place 1등을 하다, 1등상을 받다 participation award 참가상 rip off 찢다 chunk 덩어리

JOY (floating on cloud) Waaa ha ha ha! It's so soft!

Joy lets go and runs off. Bing Bong rips off some cloud.

BING BONG Woahahahah! Let me try. [62]

A CLOUD MAN emerges from the house, angry.

CLOUD MAN Hey! What's the big idea? You'd better fix that wall, or else you're in big troub–

BING BONG (blowing away cloud man, whistles)

The trio walks into... LAVA! Joy jumps from couch cushion to couch cushion.

JOY (happy) Oh no, lava! Whooo!

Bing Bong joins the jumping, loving it!

BING BONG Whawhoooo! (then) Imagination Land is the best!

Sadness tries to jump to a cushion, barely makes it.

SADNESS Is it all going to be so interactive?

기쁨 (구름을 타며) 와하하하! 아주 부드러운데!

기쁨은 구름에서 뛰어내린다. 빙봉도 구름을 뜯는다.

빙봉 와하하하! 나도 해 봐야지.

구름 맨이 화가 나 집에서 나온다.

구름 맨 이봐! 지금 무슨 짓들을 하는 거야? 이 벽을 고쳐놔, 안 그러면 너희들 큰일 날…

빙봉 (구름 맨을 휙 날려보내며 휘파람을 분다)

셋이 간 곳은… 용암이다! 기쁨이 이 소파 쿠션에서 저 쿠션으로 깡충깡충 뛴다.

기쁨 (기분이 좋아서) 아, 이런, 용암이네! 우후!

빙봉도 함께 뛴다, 신난다!

빙봉 와후! (잠시 후에) 상상의 나라가 최고야!

슬픔은 간신히 쿠션으로 뛰어내린다.

슬픔 이렇게 계속 뭘 해야 하는 거야?

emerge 나타나다 **blow away** 날려버리다 **lava** 용암 **couch cushion** 소파 쿠션 **barely make it** 간신히 성공하다 **interactive** 상호적인

EXT. IMAGINATION LAND, HOUSE OF CARDS

BING BONG Hey, look! The house of cards!! Ooh, wait! Hang on just a minute...

Bing Bong rushes into a nearby HOUSE OF CARDS built of playing cards and emerges with his wagon.

JOY (superfan) Your rocket!

BING BONG Yeah! I stashed it in there for safekeeping. Now I'm all set to take Riley to the moon!!

As he gestures he bumps into the cards and it collapses.

BING BONG Oh, I'm sorry.

HOUSE OF CARDS WORKER Great.

JOY I love Imagination Land...

BING BONG Isn't it great? And there's always something new, like...

A giant machine with a conveyer belt. A handsome teenager rolls out.

실외. 상상의 나라, 카드로 만든 집

빙봉 이야, 저기 좀 봐! 카드로 만든 집이야!! 오, 잠깐! 잠깐만 기다려…

빙봉은 카드로 만든 집 근처로 가더니 수레를 갖고 나온다.

기쁨 (너무 좋아서) 네 로켓이구나!

빙봉 그래! 내가 이걸 저기다 안전하게 숨겨 뒀지. 이제 이걸로 라일리를 달까지 보낼 수 있어!!

빙봉이 몸짓을 크게 하는 바람에 카드를 쳐서 집이 무너진다.

빙봉 아, 미안.

카드로 만든 집 일꾼 잘했군.

기쁨 난 상상의 나라가 정말 좋아…

빙봉 신나지 않니? 항상 새로운 게 생기는데…

컨베이어 벨트가 달린 큰 기계가 보인다. 잘생긴 10대 소년이 벨트를 타고 나온다.

stash 숨기다 **for safekeeping** 안전하게 보관하려고 **be all set to + V** ~을 할 준비가 완료됐다 **bump into** 부딪히다 **conveyer belt** 콘베이어 벨트 **roll out** (컨베이어 벨트를) 타고 나온다

BING BONG Who the heck is that?

A worker chimes in.

BOYFRIEND GENERATOR WORKER Imaginary boyfriend.

IMAGINARY BOYFRIEND I would die for Riley.

JOY (disgusted) Oh, gaa.

BING BONG I've never seen him before.

IMAGINARY BOYFRIEND I live in Canada.

They continue past.

BING BONG Anyway. This way, through Preschool world! We're nearly to the train!

JOY Riley, here we come!

BING BONG/ JOY Haha!

The trio walks off, excited.

빙봉 잰 대체 누구야?

일꾼이 끼어든다.

남자친구 생성 일꾼 상상 남자친구.

상상 남자친구 난 라일리를 위해서 죽을 수 있어!

기쁨 (역겨워서) 오, 윽.

빙봉 한 번도 본 적이 없는데.

상상 남자친구 난 캐나다에 살거든.

셋은 그냥 지나친다.

빙봉 어쨌든. 이쪽이야, 유치원 세상을 지나서! 기차에 거의 다 왔어!

기쁨 라일리, 우리가 간다!

빙봉/기쁨 하하!

셋은 들떠서 걸어간다.

heck 젠장 (hell의 완곡어) **chime in** 다른 사람들의 말에 끼어들다 **I would die for Riley.** 라일리라면 사족을 못쓴다 (die for '누구를 위해 죽다') **preschool world** 취학 전의 세계 (라일리가 취학 전 놀던 세계)

CHAPTER 15

Throwing Her Stick

480 — NO MORE HOCKEY

EXT. HOCKEY RINK

A hockey rink by Crissy Fields.

INT. HOCKEY RINK

Mom and Riley sit on the bleachers.

MOM

This should be fun! New team, new friends... These kids look pretty good considering they're from San Francisco. [63]

480 — 하키는 끝났어

실외. 하키 경기장

크리시 공원 근처의 하키 경기장

실내. 하키 경기장

엄마와 라일리가 관람석에 앉아 있다.

엄마 재미있을 거야! 새 팀, 새 친구들… 재들은 샌프란시스코 출신인데도 꽤 잘하는 것 같네.

hockey rink 하키 경기장 bleacher 관중석 considering 고려하면

HOCKEY COACH (O.S.) Ok Andersen, you're up!

RILEY I gotta go.

Riley stands and skates out onto the ice.

MOM Okay. Good luck, sweetie!

INT. HEADQUARTERS

DISGUST Luck? Luck isn't gonna help us. If she tries to use Hockey Island, it's going down.

FEAR Which is why I've recalled every hockey memory I can think of.

Reveal the Emotions are standing in memories.

FEAR One of these has got to work in place of the core memory.

O.S. Whistle is blown.

ANGER She's about to play...

하키 코치 (화면 밖) 자, 앤더슨, 네 차례야!

라일리 가야겠어요.

라일리가 일어나 스케이트를 타고 빙판으로 나간다.

엄마 그래, 행운을 빈다, 얘야!

실내. 본부

까칠 행운이라고? 행운은 우리한테 도움이 안 돼. 하키섬을 이용하면 무너질 텐데.

소심 그래서 내가 하키 기억을 가능한 많이 불러 모은 거야.

감정들이 기억들 사이에 서 있다.

소심 얘들 중 하나는 핵심 기억을 대신해야 돼.

호루라기 소리가 들린다.

버럭 라일리가 테스트를 시작해…

You're up. 네 차례야 **go down** 고장나다 **reveal** 나타나다 **in place of** ~을 대신해서 **whistle** 호각을 불다 **be about to** 막 하려고 한다

DISGUST Hurry!

Fear loads the core holder with memories from the floor.

INT. HOCKEY RINK

Riley skates onto the ice.

INT. HEADQUARTERS

Fear runs to look out the back window. Hockey Island is struggling and sputtering, but lighting up.

FEAR Ha ha! We did it, gang! It's working–

BOOM! The holder blows a memory out like a bullet, hits Anger.

ANGER Umph!

Hockey Island shakes.

FEAR Ahhh!

INT. INDOORS HOCKEY RINK

Riley struggles to dribble the puck.

까칠 빨리!

소심이 바닥에 있는 기억들을 핵심 기억 저장소에 넣는다.

실내. 하키 경기장

라일리가 스케이트를 타고 경기장으로 나간다.

실내. 본부

소심이 뒤창으로 뛰어간다. 하키섬은 용을 쓰며 털털거리는 소리를 내더니 불이 켜진다.

소심 하하! 우리가 해냈어, 애들아! 제대로 움직이고 있어…

쾅! 기억 하나가 저장소에서 총알처럼 튀어나오더니 버럭을 친다.

버럭 윽!

하키섬이 흔들린다.

소심 아아아!

실내. 하키 경기장

라일리가 퍽을 드리블하느라 애쓰고 있다.

struggle and sputter 기계가 억지로 돌아가려고 용을 쓰며 털털거리는 소리 **light up** 불이 들어오다 **gang** 한 무리 (버럭, 소심, 그리고 까칠이 무리) **bullet** 탄환 **dribble the puck** 하키 경기에서 퍽(공)을 스틱으로 조종하다

HOCKEY COACH Line change! Line change! Change it up! Change it up!

INT. HEADQUARTERS

Fear jams memories into the holder with all his might, it blows him back. The holder spins like a turret, unloading the memories into Fear's body like a machine gun. He collapses to the ground.

FEAR (hitting back window, hit by memory)

DISGUST It's like we don't learn anything.

INT. INDOORS HOCKEY RINK

Riley continues to struggle to dribble the puck.

HOCKEY COACH (hockey coaching walla) Let's pick it up out there!

She attempts to slap it, misses, and falls onto the ice.

RILEY (falling down, sigh)

INT. HEADQUARTERS

Anger pushes Fear aside and starts driving.

ANGER That's it!

하키 코치 라인 교체! 라인 교체! 들어와!

실내. 본부

소심은 온 힘을 다해 기억들을 저장소에 넣으려고 하다 뒤로 밀린다. 저장소는 함포처럼 빙그르 돌더니 소심에게 기관총을 쏘듯이 기억들을 뱉어 낸다. 소심은 바닥에 털썩 떨어진다.

소심 (뒤창문을 치는 소리, 기억에 맞는 소리)

까칠 아무것도 입력이 안되잖아.

실내. 하키 경기장

라일리가 계속해서 퍽을 드리블하느라 애쓰고 있다.

하키 코치 (지시하며 외치는 소리) 거기, 속도를 내!

라일리는 퍽을 스틱으로 치려고 하지만 빗맞고 빙판에 넘어진다.

라일리 (넘어지며, 한숨)

실내. 본부

버럭이 소심을 옆으로 제치고 조종하기 시작한다.

버럭 이제는 못 참아!

jam 밀어 넣다 **with all one's might** 젖 먹던 힘까지 다 내서 (might는 '힘') **turret** 회전 포탑 **attempt to** ~하려고 시도하다 **slap** 스틱으로 퍽을 친다 **fall onto the ice** 얼음 위에 엎어지다 **push aside** 옆으로 제치다

FEAR Wait. No no no!! Use your words.

Anger grabs Fear by the neck, slams him into console.

ANGER GrrraaaAAAHHH!

INT. INDOOR HOCKEY RINK

Riley angrily throws her stick to the ice and skates off. The other players stop and watch. Mom stands up, concerned. Riley heads into the stands and removes her skates.

MOM Riley, what's wrong?

RILEY Let's go.

소심 잠깐. 안 돼, 안 된다고!! 말로 해.

버럭이 소심의 목을 잡더니 콘솔에 쾅 내리친다.

버럭 으아아아아!

실내. 하키 경기장

라일리는 화가 머리끝까지 나서 스틱을 빙판 위에 내팽개치고는 스케이트를 타고 가버린다. 다른 선수들이 동작을 멈추고 라일리를 쳐다본다. 엄마가 걱정이 돼서 일어난다. 라일리가 스탠드로 올라가더니 스케이트를 벗는다.

엄마 라일리, 왜 그래?

라일리 가요.

head into ~로 향하다 stand 관중석 remove 벗다

MOM (confused) You're not going to finish tryouts?

RILEY (grunt) What's the point?

MOM Hey, it'll be alright. Let's just...

RILEY Stop saying everything will be alright! [64]

Riley walks towards the exit. She looks back at the rink. All the players cheer and high-five.

HOCKEY COACH (O.S.) Nice hustle, ladies!

HOCKEY KIDS (walla)

Riley turns away and walks off, rejecting hockey.

---

430 — SAD BING BONG

EXT. IMAGINATION LAND "PRESCHOOL" GATE

Boom! Joy turns around and watches Hockey Island crumble like an iceberg.

엄마 (혼란스러워하며) 선발 테스트를 끝내지도 않고?

라일리 (툴툴거리며) 무슨 소용이 있어요?

엄마 얘야, 잘될 거야. 그냥…

라일리 다 잘될 거란 소리는 그만하세요!

라일리는 출구 쪽으로 걸어간다. 라일리가 경기장을 돌아본다. 선수들이 환호성을 지르며 손바닥을 마주친다.

하키 코치 (화면 밖) 잘했어, 얘들아!

하키 선수들 (떠드는 소리)

라일리는 하키를 포기하고는 몸을 돌려 나간다.

---

430 — 슬픈 빙봉

실외. 상상의 나라, '유치원' 문

쾅! 기쁨은 몸을 돌려 하키섬이 빙하처럼 무너져 내리는 것을 본다.

tryout 입단 테스트 **look back** 돌아보다 **cheer** 환호성을 지르다 **high-five** 하이파이브를 하다 **nice hustle** 재빠르고 힘차게 잘했다 **turn away** 외면하다 **reject** 거부하다 **crumble** 무너지다

JOY Hockey? Oh no... no, she loves hockey. She can't give up hockey.

Joy kneels and pulls out a memory from her satchel. Six-year-old Riley scoring a goal. hockey core memory:

EXT. MINNESOTA LAKE, WINTER – DAY

Two-and-a-half-year-old Riley wobbles on the ice with Mom and Dad. Riley goes to shoot the puck but misses, swirling around and falling over. She accidentally knocks the puck into the goal!

JOY Bing Bong, we have to get to that station.

Bing Bong leads on, pulling his wagon.

BING BONG Sure thing. This way, just past Graham Cracker Castle. Hey. That's weird. Graham Cracker Castle used to be right here. I wonder why they moved it? [65]

He walks further, looking around, concerned, LEAVING THE WAGON BEHIND HIM.

BING BONG Wow, that's not.... I would have sworn Sparkle Pony Mountain was right here. Hey, what's going on?

기쁨 하키가? 오 안 돼… 안 된다고, 라일리는 하키를 정말 좋아해. 하키를 포기할 수는 없어.

기쁨은 무릎을 꿇고 가방에서 기억을 하나 끄집어낸다. 여섯 살 라일리가 골을 넣고 있다. 하키의 핵심 기억:

<u>실외. 미네소타의 호수, 겨울 – 낮</u>

두 살 반이 된 라일리가 엄마랑 아빠와 함께 얼음 위에서 뒤뚱거린다. 라일리는 퍽을 쳐서 골에 넣으려고 하지만 빗맞고 자신은 빙그르 돌아 그 위에 넘어진다. 그러다 우연히 골에 들어간다!

기쁨 빙봉, 우리 그 역으로 가야 해.

빙봉이 수레를 끌며 앞장선다.

빙봉 물론이지. 이쪽이야, 그레이엄 크래커 성을 지나면 바로 있어. 어, 이상한데. 그레이엄 크래커 성은 바로 여기 있었는데. 왜 옮겼을까?

빙봉이 걱정이 돼서, 수레를 뒤에 둔 채, 사방을 둘러보며 더 걸어간다.

빙봉 와, 이게 아닌데… 반짝이 조랑말 산이 바로 여기 있었는데. 이런, 어떻게 된 거야?

give up 포기하다 **wobble** 뒤뚱거리다, 비틀거리다 **swirl around** 빙그르 돌다 **accidentally** 우연히, 뜻하지 않게 **sure thing** 물론이지 **further** 더 멀리에 **swear** 맹세하다 (swear - swore - sworn)

JOY Yeah, yeah, I dunno, we'll have to come back and —

In front of them, a bulldozer knocks over a pink castle.

BING BONG (gasp) Princess Dream World!

Glitter dust plumes everywhere.

BING BONG Oh no! The stuffed Animal Hall of Fame!

RIIIP! The head of the bear comes off. Too late, Bing Bong notices some construction workers from behind him CARRYING AWAY BING BONG'S ROCKET.

BING BONG (gasp) My rocket!

Bing Bong runs after it. Joy chases him.

BING BONG (to Forgetters) Wait! Riley and I, we're still using that Rocket! It still has some song power left!! (sings) Who's your friend who likes to play?

THE ROCKET RESPONDS, beeping back the "Bing Bong!" refrain and firing up. A bulldozer pushes the pile towards the CLIFF EDGE. It dive-bombs INTO THE DUMP.

기쁨 어, 어, 나도 몰라, 돌아가서…

둘 앞에서 불도저가 핑크빛 성을 부수고 있다.

빙봉 (헉 하며) 공주님 꿈나라야!

반짝이 먼지가 사방에 날린다.

빙봉 이런, 안 돼! 봉제 인형 명예의 전당이잖아!

찍! 곰의 머리가 떨어진다. 너무 늦었다. 빙봉은 건설 일꾼들이 그의 로켓을 갖고 가는 것을 본다.

빙봉 (헉 하며) 내 로켓!

빙봉은 뒤쫓아간다. 기쁨은 빙봉을 쫓아간다.

빙봉 (기억 처리반에게) 잠깐! 라일리랑 내가 그 로켓을 쓴단 말이야! 아직 노래의 힘이 남아 있어!! (노래한다) 놀기 좋아하는 네 친구는 누구니?

로켓이 '빙봉!'이라는 후렴구를 삐삐 소리를 내며 화답하더니 발사된다. 불도저가 절벽가로 쓰레기 더미를 밀고 간다. 로켓은 쓰레기장으로 급강하한다.

bulldozer 불도저 **knock over** 때려 눕히다, 쓰러뜨리다 **plume** 깃털 장식 **stuffed animal** 동물 봉제 인형 **hall of fame** 명예의 전당 **RIIIP** rip(찢어지다)을 이용해 찢어지는 소리를 표현 **come off** 떨어져 나가다 **construction** 건설 **refrain** 후렴구 **dive-bomb into** 폭탄이 떨어지듯이 ~로 급강하하다

BING BONG Nooo!!! No! No! No! You can't take my rocket to the dump! Riley and I are going to the MOON! Ahhh...!

OVER IT GOES — INTO THE DARKNESS...

BING BONG Riley can't be done with me.

Bing Bong sits, stunned. Joy walks to Bing Bong.

JOY (peppy) Hey, it's going to be okay! We can fix this! We just need to get back to Headquarters. Which way to the train station? [66]

She tries to lead him on, but Bing Bong doesn't move.

BING BONG (quiet) I had a whole trip planned for us.

Joy tries another tactic.

JOY Hey, who's ticklish, huh? Here comes the tickle monster... (tickles Bing Bong)

Bing Bong doesn't respond.

JOY Hey! Bing Bong, look at this! (makes a silly face) Doyoyoy!

빙봉 안 돼!!! 안 된다고! 안 돼! 안 된단 말야! 내 로켓을 쓰레기장에 버릴 수는 없어! 라일리와 나는 달에 갈 거야! 아아…!

로켓은 암흑 속으로 사라진다…

빙봉 라일리랑 나는 헤어질 수 없어.

빙봉은 망연자실해서 주저앉는다. 기쁨이 빙봉에게 간다.

기쁨 (용기를 주며) 이봐, 괜찮아질 거야! 해결할 수 있어! 우린 본부로 돌아가야 해. 역은 어느 쪽이니?

기쁨은 빙봉이 길을 안내하도록 달래보지만 빙봉은 꼼짝도 하지 않는다.

빙봉 (조용히) 우리가 함께할 여행 계획은 다 짰는데.

기쁨은 작전을 달리한다.

기쁨 오, 누가 간지럼을 잘 탈까, 응? 간지럼의 명수가 간다… (빙봉을 간지럼 태운다)

빙봉은 아무런 반응도 보이지 않는다.

기쁨 이봐! 빙봉, 여길 봐! (우스꽝스러운 표정을 짓는다) 얼랠래!

stunned 어안이 벙벙해서 **peppy** 기운 넘치는 **lead someone on** ~을 이끌다 **tactic** 전술 **ticklish** 간지럼을 잘 타는 **tickle** 간지럼, 간지럼을 태우다 **respond** 대답하다 **make a silly face** 우스꽝스러운 표정을 짓다

Nothing.

JOY Oh, here's a fun game! You point to the train station and we all go there! Won't that be fun? Come on, let's go to the train station!

Joy walks off, attempting to lead. Sadness sits beside Bing Bong.

SADNESS I'm sorry they took your rocket. They took something that you loved. It's gone... forever...

JOY Sadness, don't make him feel worse. [67]

SADNESS Sorry.

BING BONG It's all I had left of Riley.

SADNESS (to Bing Bong) I bet you and Riley had great adventures.

아무 반응이 없다.

기쁨 　아, 재미있는 게임이 있어! 네가 기차역 쪽을 가리키면 함께 거기로 가는 거야! 재미있지 않니? 어서, 기차역으로 가자!

기쁨이 빙봉을 끌고 가려고 걸어간다. 슬픔이 빙봉의 곁에 앉는다.

슬픔 　네 로켓을 가져가다니 슬프네. 네가 아주 좋아하는 걸 가져갔잖아. 사라졌어… 영원히…

기쁨 　슬픔아, 그를 더 속상하게 만들지 마.

슬픔 　미안해.

빙봉 　라일리에게 남은 건 그것밖에 없는데.

슬픔 　(빙봉에게) 너와 라일리는 정말 멋진 모험을 즐겼지.

worse 더 나쁜 (bad의 비교급) **bet** 틀림없다, 내기하다 **adventure** 모험

BING BONG They were wonderful. Once we flew back in time. We had breakfast twice that day.

JOY Sadness!

SADNESS That sounds amazing. I bet Riley liked it.

BING BONG Oh, she did. We were best friends. (starts to cry)

SADNESS Yeah. It's sad.

Sadness keeps her arm around Bing Bong as he cries. He cries candy. He comes through it, blinking, and wipes at his eyes.

BING BONG I'm okay now.

He stands, places himself.

BING BONG C'mon, the train station is this way.

He walks off. Joy and Sadness follow. Joy looks at Sadness.

JOY (privately, to Sadness) How did you do that?

SADNESS Oh, I don't know. He was sad, so I listened to what –

빙봉　　광장했어. 우리는 과거로 돌아가서 그날 아침을 두 번 먹었어.

기쁨　　슬픔아!

슬픔　　아주 멋져. 라일리가 좋아했을 거야.

빙봉　　그럼, 그랬지. 우리는 절친이었으니까. (울기 시작한다)

슬픔　　그래, 슬프다.

슬픔은 빙봉이 우는 동안 안아 준다. 그는 눈물 사탕을 쏟아낸다. 빙봉은 다 울자 눈을 깜빡이고는 눈물을 닦는다.

빙봉　　이제 괜찮아.

빙봉은 일어서더니, 위치를 확인한다.

빙봉　　자, 기차역은 이쪽이야.

빙봉이 걸어가자 기쁨과 슬픔도 그 뒤를 따른다. 기쁨이 슬픔을 본다.

기쁨　　(슬픔에게만 들리도록) 어떻게 한 거야?

슬픔　　어, 나도 몰라. 그냥 빙봉이 슬퍼하길래, 내가 들어준…

blink 눈을 깜빡이다 wipe one's eyes 눈을 닦다 privately 남몰래 (여기서는 빙봉에게 들리지 않게)

BING BONG (O.S.) Hey, there's the train!

EXT. IMAGINATION TRAIN STATION

Our trio run up. The train starts up just as they all climb on board a car.

INT. TRAIN CAR – DAY

Joy stands in the box car looking out towards Headquarters.

JOY We made it! We're finally going to get home!

She gestures expansively and knocks over two boxes, one labeled "FACTS" and the other "OPINIONS." Small star-shaped objects fall out of both.

JOY Oh no... these Facts and Opinions look so similar!

BING BONG Eh, don't worry about it — happens all the time.

He scoops them all into the "FACTS" box.

빙봉 (화면 밖) 얘들아, 저기 기차가 있다!

<u>실외. 상상의 기차역</u>

셋은 뛰어간다. 막 출발하려는 기차에 모두 뛰어올라간다.

<u>실내. 기차 칸 – 낮</u>

기쁨은 화물칸에 서서 본부 쪽을 본다.

기쁨 드디어 탔다! 우리는 이제 드디어 집으로 가는 거야!

기쁨이 크게 움직이는 바람에 상자 두 개가 넘어진다. 하나는 '사실'이란 딱지가, 다른 것에는 '의견'이란 딱지가 붙어 있다. 상자 두 개에서 모두 작은 별 모양의 물체들이 쏟아져 나온다.

기쁨 오 이런… '사실'과 '의견'이 너무 비슷해!

빙봉 어, 걱정하지 마, 늘 그래.

빙봉은 모두 쓸어 모아 '사실' 상자에 넣는다.

start up 출발하다 **climb on board** (기차 등에) 올라타다 **box car** 기차의 화물칸 **gesture expansively** 동작을 크게 해서 제스처를 취하다 **fact** 사실 **opinion** 의견 **scoop** 뜨다, 들어올리다

CHAPTER 16

The Best Idea Ever

440 — THE BIG IDEA

INT. RILEY'S ROOM – NIGHT

Riley throws her jacket in the corner and lies on her sleeping bag.

RILEY (irritated/grunt)

INT. HEADQUARTERS

DISGUST On a scale of one to ten, I give this day an F.

Anger reads a newspaper with a headline "RILEY QUITS HOCKEY!"

ANGER Well, why don't we quit standing around and do something?

440 — 엄청난 아이디어

실내. 라일리의 방 – 밤

라일리는 재킷을 벗어서 구석에 던지고는 침낭 위에 눕는다.

라일리 (짜증내며 투덜댄다)

실내. 본부

까칠 점수를 1부터 10까지 매기자면 오늘은 F를 주겠어.

버럭은 '라일리 하키 그만 두다'라는 헤드라인이 박힌 신문을 읽는다.

버럭 멍하니 있지 말고 뭔가 해야 하지 않겠어?

in the corner 구석에 **irritated** 짜증이 난 **on a scale of one to ten** 무엇의 평가 수치를 1에서 10까지 매긴다고 했을 때 **headline** 신문 헤드라인

DISGUST Like what, genius?

Fear enters behind them.

FEAR Like quitting! That's what I'm doing.

He stomps on the recall button again. The tube lowers.

FEAR Sure it's the "cowards" way out. But this coward is gonna survive—

The tube drops around him instantly sucking memories from below. It slowly sucks him up, his face squeezing the tube. His body reaches the top but jams the hole, his head flapping against the side. The tube shuts off and disappears.

까칠 뭐 말이야, 천재 씨?

소심이 그들 뒤에 나타난다.

소심 포기하는 거! 난 포기하려고 해.

소심이 회상 버튼을 밟는다. 튜브가 내려온다.

소심 이게 '비겁한 자들'의 도피 수단이긴 하지만 내가 살고 봐야지…

튜브가 소심의 주위로 즉시 내려와 기억들을 밑에서부터 빨아들인다. 그리고는 서서히 소심도 빨아들이지만 얼굴이 튜브에 끼인다. 소심의 몸이 꼭대기까지 올라가자 구멍이 막혀 머리가 펄럭인다. 튜브가 멈추고 사라진다.

genius 천재 **lower** 낮추다 **coward** 겁쟁이 **survive** 생존하다, 살아남다 **instantly** 즉시 **squeeze** 꽉 차다, 끼다 **jam** 움직이지 못하다, 걸리다 **flap** 퍼덕(펄럭)거리다 **shut off** 멈추다, 서다 **disappear** 사라지다

FEAR (impacts/reactions) Ow. Oomph. Ahh. Oh. Oomph. Hmph.

Fear drops to the floor. In pain.

DISGUST Emotions can't quit, genius.

Fear spits up a memory.

DISGUST Euch. I thought we were supposed to be keeping Riley happy.

ANGER (has an idea) Wait a minute. Wait a minute!

Anger runs to the back and rummages through the ideas.

ANGER Ah HA!

He holds one up triumphantly.

FEAR What is it?

ANGER Oh nothing... Just the best idea ever.

Anger holds up an idea for them to see. Fear looks closely.

DISGUST What?

소심 (충격을 받으며) 아, 윽, 아아, 아, 으윽, 휴.

소심이 바닥으로 떨어져 고통스러운 소리를 낸다.

까칠 감정은 그만둘 수 없는 거야, 천재 씨.

소심이 기억을 하나 뱉어낸다.

까칠 윽. 우리가 라일리를 행복하게 해 줘야 한다고 생각했는데.

버럭 (생각이 떠올랐다) 잠깐만. 잠깐만 기다려!

버럭이 뒤쪽으로 뛰어가더니 생각들을 뒤진다.

버럭 아하!

버럭이 의기양양하게 생각 하나를 집어 든다.

소심 그게 뭐야?

버럭 아, 아무것도 아냐… 그냥 최고의 생각이랄까.

버럭은 다들 보라고 생각을 들어올린다. 소심이 자세히 본다.

까칠 뭐야?

in pain 아파하며 **spit up** 뱉어내다 **rummage through** ~를 뒤지다 **hold up** 들어 보이다 **triumphantly** 자랑스럽게, 의기양양하게 **look closely** 자세히 들여다보다

ANGER All the good core memories were made in Minnesota. Ergo, we go back to Minnesota and make more. Tada!

FEAR Wait wait wait. You're saying... we run away?

ANGER Well, I wouldn't call it that. I'd call it, "The Happy Core Memory Development Program."

FEAR You can't be serious.

ANGER Hey. Our life was perfect until Mom and Dad decided to move to San Fran Stinktown.

FEAR But, I mean, it's just so... drastic!

ANGER Need I remind you of how great things were there? Our room? Our backyard? Our friends?

He punches up a memory. It plays on the screen.

GUM MEMORY (singing) Tripledentgum! Will make you smile!
Tripledentgum! It lasts...

ANGER Did I ASK for the gum commercial?!?! [68]

He shuts down the memory.

버럭 좋은 핵심 기억들은 모두 미네소타에서 만들어졌어. 따라서 우리는 미네소타로 돌아가서 기억을 더 만드는 거야. 짠!

소심 잠깐, 잠깐만 기다려 봐, 너는… 그러니까, 도망가자는 거야?

버럭 뭐, 도망이라고 할 것까진 없지. 난 '행복한 핵심 기억 개발 프로그램'이라고 부를래.

소심 농담하는 거지.

버럭 이봐, 엄마 아빠가 이 냄새 나는 샌프란시스코로 이사 가자고 하기 전까진 우리 생활은 완벽했어.

소심 하지만, 내 말은, 그건 너무… 극단적이야!

버럭 거기서 얼마나 즐거웠는지 꼭 말해 줘야 알겠니? 우리 방, 뒷마당, 친구들도 있잖아?

버럭이 기억을 하나 팍 친다. 그 기억이 화면에 재생된다.

껌의 기억 (노래한다) 트리플덴트 껌! 씹으면 미소가 떠올라요! 트리플덴트 껌! 오래…

버럭 내가 껌 광고를 틀라고 했어?!?!

버럭이 그 기억을 꺼버린다.

ergo (라틴어) 따라서, 그러므로 **tada** 기대하시라, 짠 (감탄사) **run away** 가출하다 **development** 개발 **serious** 진지한, 심각한 **decide** 결심하다 **drastic** 극단적인 **punch up** 팍 치다

ANGER Anyway, it was better, that's my point.

DISGUST Yeah, Riley was happier in Minnesota...

FEAR Wait, hold on... Shouldn't we just sleep on this or something?

ANGER Fine. Let's sleep on it. Because hey— I'm sure jolly fun-filled times are just around the corner. [69]

INT. RILEY'S ROOM

Riley goes to sleep.

---

445 — DREAM PRODUCTION

EXT. MEMORY CLIFFS

Day turns to night. Suddenly the train brakes squeak and it slows to a stop.

JOY (gasp) Huh?

The engineer and another Mind Worker GET OFF THE ENGINE.

버럭 하여간 거기 있을 때가 나았어, 그게 내 말의 핵심이야.

까칠 그래, 라일리는 미네소타에 있을 때 더 행복했어.

소심 잠깐, 잠깐 기다려 봐… 하룻밤 자면서 곰곰이 생각해 보는 게 어때?

버럭 좋아. 그러지 뭐. 내일 아주 재미있는 일들이 벌어질 것 같은 예감이 드니까.

실내. 라일리의 방
라일리는 잠에 들었다.

---

445 — 꿈 제작소

실외. 기억의 절벽
해가 저물어 밤이 된다. 갑자기 기차가 끽 소리를 내며 브레이크를 밟더니 서서히 멈춘다.

기쁨 (놀라서) 어?

기관사와 상상 일꾼이 기관실에서 내린다.

sleep on 자면서 ~에 대해서 생각해보다 **jolly** 행복한 쾌활한 **fun-filled** 매우 재미있는 **be just around the corner** 바로 코앞에 있다 **brake squeak** 끽 소리를 내며 브레이크를 밟다

JOY (calling) Hey hey! Why aren't we moving?

TRAIN ENGINEER Riley's gone to sleep. We're all on break.

SADNESS You mean we're stuck here until morning?

BING BONG Yeah, the Train of Thought doesn't run while she's asleep.

JOY Oh, we can't wait that long!

SADNESS How about we wake her up?

Sadness staring at somewhere.

기쁨 (부른다) 이봐! 왜 안 가는 거야?

기관사 라일리가 잠들었어. 그래서 우리도 쉬는 거야.

슬픔 그럼 아침까지 여기서 꼼짝도 못해?

빙봉 그래, 생각 기차는 라일리가 잠들면 움직이지 않아.

기쁨 이런, 우린 그렇게 오래 기다릴 수는 없어!

슬픔 우리가 라일리를 깨워 보는 게 어떨까?

슬픔이 어딘가를 바라본다.

be stuck here until morning 아침이 될 때까지는 여기서 꼼짝도 못하다 **wake up** ~를 깨우다

JOY Sadness, that's ridiculous. How could we possibly...

She follows Sadness' gaze.

JOY (spots Dream Production) How about we wake her up!

SADNESS Great idea, Joy.

JOY Thanks. Come on!

EXT. DREAM PRODUCTIONS – NIGHT

Pan down from the DREAM PRODUCTIONS GATE to reveal the massive busy lot. Our trio walks past actors in costume crossing.

JOY Whoa! This place is huge.

SADNESS Yeah, it looks so much smaller than I expected.

They walk past the giant movie poster murals of past dreams on the side of the stages.

BING BONG Whoa! "I Can Fly"? I love that one!

JOY (gasp) Rainbow Unicorn! She's RIGHT THERE!

기쁨 슬픔아, 그건 말도 안 돼. 우리가 어떻게…

기쁨은 슬픔이 보는 쪽으로 시선을 돌린다.

기쁨 (꿈 제작소가 보인다) 그래, 깨워 보자!

슬픔 좋은 생각이야, 기쁨아.

기쁨 고마워, 자, 가자!

실외. 꿈 제작소 - 밤

꿈 제작소 정문을 비추던 카메라가 아래로 내려오니 매우 크고 바쁘게 움직이는 촬영소가 보인다. 의상을 입고 지나가는 배우들 사이로 셋은 걸어간다.

기쁨 와! 여기 엄청나게 크네.

슬픔 어, 생각보다는 훨씬 작은 것 같네.

무대 옆에 지난 꿈들을 그린 거대한 영화 포스터가 벽화처럼 붙어 있는 곁을 셋이 지나간다.

빙봉 와! '난 날 수 있다'? 난 저게 좋아!

기쁨 (헉 하며) 무지개 유니콘이야! 바로 저기 있어!

ridiculous 어리석은, 말도 안 되는 **gaze** 응시, 시선 **pan down** 카메라를 아래로 내리며 찍다 **massive** 엄청나게 큰 **actors in costume** 배역에 따른 의상을 입고 있는 배우들 **mural** 벽화 **unicorn** 유니콘

She points to a UNICORN sitting in a director's chair. Joy tries to play it cool as they walk past the unicorn, but Sadness takes the opposite approach.

SADNESS My friend says you're famous. She wants your autograph.

Joy grabs Sadness, pulling her along.

JOY (to Sadness) No, no, Sadness, don't bother Miss Unicorn, ok? (to unicorn) Sorry, she's from outta town. That was so embarrassing, right?

Joy pulls Sadness away... but then can't help herself and pops back in.

JOY I loved you in Fairy Dream Adventure Part 7! Ok, bye! I love you!

They reach STAGE B. A sign below a red flashing light reads, "DO NOT ENTER WHEN LIGHT FLASHING."

BING BONG Huh. Wonder what that means. Ah well, let's go in.

They walk through the door.

기쁨이 감독 의자에 앉아 있는 유니콘을 가리킨다. 기쁨은 유니콘 곁을 지나치며 아무것도 아닌 척 쿨하게 걸으려고 하지만 슬픔은 정반대다.

슬픔 내 친구가 그러는데, 네가 아주 유명하다고. 네 사인을 원한대.

기쁨이 슬픔을 잡더니 끌고 간다.

기쁨 (슬픔에게) 안 돼, 안 돼, 슬픔아. 유니콘 양을 귀찮게 하지 마, 알겠어? (유니콘에게) 미안해, 얘는 이곳 출신이 아니거든. 좀 귀찮지, 어?

기쁨은 슬픔을 끌고 가다 자신도 모르게 뒤로 팍 돌아선다.

기쁨 '요정의 모험 꿈 파트 7'가 정말 좋았어! 안녕! 사랑해!

무대 B에 도착한다. 표지판에서 붉은 빛이 깜빡인다. '불이 깜빡일 때는 들어가지 마시오'

빙봉 허. 저게 무슨 뜻이지? 아, 뭐, 들어가자.

셋은 문으로 들어간다.

play it cool 호들갑을 떨지 않고 세련되게 처리하다 **take the opposite approach** 정반대로 행동하다 **autograph** 유명인사에게서 받는 사인 (sign은 틀린 표현) **bother** 성가시게 하다, 신경 쓰다 **outta** 밖으로 (out of의 구어체) **can't help oneself** 어쩔 수 없이 ~하다 **wonder** 궁금하다

INT. STAGE B – STAGE AREA

It's complete mayhem.

DREAM DIRECTOR (O.S.) Set up the classroom set.

The DREAM DIRECTOR walks by holding SCRIPTS.

DREAM DIRECTOR Today's memories are in! We've got a lot to work with here. Riley dumped her best friend, had a miserable day at school, and quit hockey. (tosses scripts to extras)

INT. STAGE B – COSTUME AREA

Joy looks distressed when she hears that Riley had a miserable day.

DREAM DIRECTOR (O.S.) The writers have put together a killer script!

Joy, Bing Bong and Sadness take cover behind some production equipment.

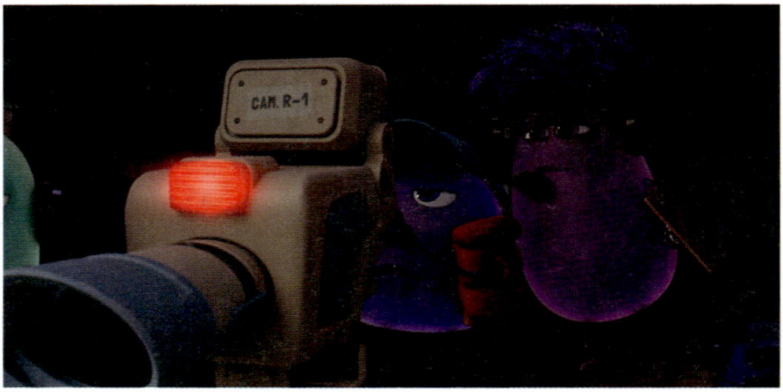

실내. 무대 B – 무대 위
이곳은 완전히 난리법석이다.

꿈 감독 (화면 밖) 교실 세트를 세워.

꿈 감독이 대본을 쥐고 걸어간다.

꿈 감독 오늘 기억이 들어왔어! 우리가 할 일이 많아. 라일리는 절친을 버렸고 학교에서는 완전 짱나는 날이었지. 게다가 하키도 관뒀어. (대본들을 엑스트라들에게 준다)

실내. 무대 B – 의상실
기쁨은 라일리가 학교에서 완전 짱났다는 말을 듣자 기분이 우울해진다.

꿈 감독 (화면 밖) 작가들이 이것들을 한데 모아서 대본을 끝내주게 만들었지!

기쁨, 빙봉 그리고 슬픔은 꿈 제작 장비 뒤로 숨는다.

complete 완전한 **mayhem** 난리법석 **set up** 설립하다, 준비하다 **script** 대본 **look distressed** 우울해 보이다 **have a miserable day** 완전히 비참하고 우울한 날을 보내다 **put together** 여러 가지 정보를 취합하다 **killer script** 끝내주는 대본 **take cover behind** ~의 뒤에 숨다 **equipment** 장비, 설비

INT. HEADQUARTERS

Fear enters drinking tea.

FEAR (grumbling) Just because Joy and Sadness are gone, I have to do stupid Dream Duty. [70]

INT. STAGE B – COSTUME AREA

Joy, Sadness and Bing Bong watch from behind a rack of costumes.

JOY Okay, how are we gonna wake her up?

SADNESS Well, she wakes up sometimes when she has a scary dream. We could scare her.

JOY Scare her? No no, she's been through enough already.

SADNESS But Joy…

JOY Sadness, you may know your way around down here, but I know Riley! We're gonna make her so happy she'll wake up with exhilaration! [71] We'll excite her awake!

SADNESS That's never happened before.

Joy rummages through a costume rack.

실내. 본부

소심이 차를 마시며 들어온다.

소심 (투덜대며) 기쁨이랑 슬픔이 없다고 내가 꿈 당번을 해야 된다니.

실내. 무대 B – 의상실

기쁨, 슬픔 그리고 빙봉이 의상 뒤에서 지켜보고 있다.

기쁨 자, 어떻게 라일리를 깨우지?

슬픔 저, 라일리는 무서운 꿈을 꾸면 잠에서 깰 때가 있어. 무섭게 해주자.

기쁨 무섭게 해주자고? 아냐, 아냐. 그렇지 않아도 라일리는 너무 힘든데.

슬픔 하지만, 기쁨아…

기쁨 슬픔아, 네가 여길 잘 알 수도 있지만, 나는 라일리를 잘 알아! 우리가 라일리의 행복하게 만들어서 기분 좋게 깰 거야. 신나게 깨우자고!

슬픔 그런 일은 한 번도 없었는데.

기쁨이 의상을 뒤진다.

grumble 투덜거리다 **stupid** 멍청한 **duty** 임무 **rack of costumes** 의상걸이 **scary dream** 무서운 꿈 **scare** 무섭게 하다 **have been through enough already** 이미 시련을 너무 많이 겼었다 **exhilaration** 상쾌

JOY Ooh, Riley loves dogs. Put this on!

She tosses a dog costume at Sadness.

SADNESS I don't think that'll work...

Joy ignores her. Sadness walks off with the costume.

JOY Bing Bong.

BING BONG Yeah?

She holds up the satchel containing the CORE MEMORIES.

JOY Don't let anything happen to these.

He takes the satchel.

BING BONG Got it!

기쁨 　　와아, 라일리는 개를 좋아해. 이걸 입어!

기쁨이 개 의상을 슬픔에게 준다.

슬픔 　　이렇게 해서 될 것 같지 않은데…

기쁨은 슬픔의 말을 못 들은 척한다. 슬픔이 개 의상을 가지고 저쪽으로 간다.

기쁨 　　빙봉.

빙봉 　　응?

기쁨이 핵심 기억이 들어 있는 가방을 집어 든다.

기쁨 　　이걸 꼭 잘 지켜야 돼.

빙봉이 가방을 받는다.

빙봉 　　알았어!

toss A at B A를 B를 향해 던지다 **ignore** 무시하다 **contain** 담다 **Got it.** 알았어.

CHAPTER 17

Dream Production

INT. STAGE B – STAGE AREA

The DREAM DIRECTOR checks the monitor. We see her POV: the obviously phoney stage and ACTORS.

DREAM DIRECTOR Mmhmm. Add the reality distortion filter.

The cameraman slips the lens into place.

DREAM DIRECTOR Love it.

실내. 무대 B – 무대

꿈 감독이 모니터를 보고 있다. 꿈 감독이 보기에 무대와 배우가 너무 어설프다.

꿈 감독 흐음. 진짜처럼 바꿔 주는 필터를 껴.

카메라맨이 렌즈를 낀다.

꿈 감독 좋아.

monitor 감독용 모니터 **obviously phoney** 가짜인 게 뻔히 보인다 **reality distortion filter** 렌즈에 끼면 가짜가 진짜로 보이게 만드는 필터 (distortion 왜곡) **slip** 넣다, 두다

On the monitor: the image transforms from phoney to absolutely real.

DREAM DIRECTOR (to actors) Remember, play to the camera, everyone! Riley is the camera! Makeup, get out of there, we are on in 5, 4, 3...

The MAKEUP WORKERS finish powdering the EXTRA playing Riley's teacher. Harp strumming indicates dream is starting. From the camera's POV: The classroom set. STUDENTS sit at the desks.

EXTRA (reading off cue card, stumbling over lines) Hello, class. Before we begin today's pop quiz...

INT. HEADQUARTERS – CONTINUOUS

FEAR Man, she is one bad actress.

Fear takes a sip of his tea and scoffs.

INT. STAGE B – CLASSROOM SET

EXTRA ...which counts for 90% of your final grade...

The CUE CARD GUY flips over the next card.

모니터로 보니, 어설픈 이미지가 완전히 진짜처럼 변형됐다.

꿈 감독 (배우들에게) 잘 기억해. 카메라 보고 연기해야 하는 거야, 모두! 라일리가 카메라야! 분장팀, 나와. 자, 시작 전 5, 4, 3…

분장 담당이 라일리의 교사로 분한 엑스트라의 화장을 끝낸다. 하프 연주는 꿈이 시작된다는 것을 의미한다. 카메라에 비치는 장면: 교실 세트. 학생들이 책상에 앉아 있다.

엑스트라 (큐 카드를 보며 더듬더듬 대사를 읽는다) 안녕, 여러분. 오늘 쪽지 시험을 보기 전에…

실내. 본부 – 계속

소심 저런, 완전 엉터리 배우네.

소심이 차를 한 모금 마시면서 콧방귀를 뀐다.

실내. 무대 B – 교실 세트

엑스트라 …오늘 쪽지 시험은 여러분의 학기말 성적의 90%를 차지하게 됩니다.

큐 카드 담당이 다음 카드로 넘긴다.

transform 변형시키다, 바꿔 놓다 **makeup worker** 분장 담당자 **powder** 분을 바르다 **strum** 하프 등 현악기를 켜다 **indicate** 나타내다, 가리키다 **read off** ~을 보고 읽다 **cue card** 배우가 보고 대사를 말할 수 있도록 써놓은 카드 **stumble over lines** 대사를 더듬거리며 읽다 **take a sip** 한 모금 마시다 **scoff** 콧방귀를 뀌다 **count for** ~에 의지(중요)하다

EXTRA ...I want to introduce our new student.

The Extra continues to stumble over her lines.

EXTRA (motions to us/Riley) Riley. Would you like to stand up and introduce yourself?

DREAM DIRECTOR (whisper) Camera.

The camera adjusts up as if Riley is standing. A CREW MEMBER stands next to the camera reading off a script into a megaphone.

DREAM DIRECTOR (whisper) And... cue Riley.

CREW MEMBER (clears throat)

RILEY VOICE (thru megaphone) My name's Riley Andersen, I'm from Minnesota and now I live here.

A STUDENT points to camera.

DREAM STUDENT #1 Ew, look! Her teeth are falling out!

Teeth rain down in front of the camera. Reveal a crew member is tossing them from tooth bucket.

엑스트라 …새로 전학 온 학생을 소개할게요.

엑스트라는 계속해서 더듬더듬 대사를 읽는다.

엑스트라 (우리, 즉 라일리에게 손짓한다) 라일리. 일어나서 네 소개를 해주겠니?

꿈 감독 (속삭인다) 카메라.

마치 라일리가 일어나는 것처럼 카메라가 조정된다. 스태프 한 명이 카메라 옆에 서서 대본을 메가폰에 대고 읽는다.

꿈 감독 (속삭인다) 자… 라일리 큐.

스태프 (헛기침을 한다)

라일리의 목소리 (메가폰을 통해서) 전 라일리 앤더슨입니다. 미네소타에서 왔고, 지금은 여기에서 살아요.

한 학생이 카메라를 가리킨다.

꿈속의 학생 1 윽, 저것 좀 봐! 쟤 이빨이 빠져!

이빨들이 카메라 앞에 빗물처럼 떨어진다. 스태프가 양동이에서 이빨들을 꺼내 던지는 것이 보인다.

introduce 소개하다 **adjust** 조정하다 **crew** 팀, 반 **megaphone** 메가폰, 확성기 **thru** 통해 (= through) **fall out** 떨어져 나가다 **rain down** 쏟아지다

INT. HEADQUARTERS

FEAR Teeth falling out. (scoff) I'm used to that one. (then) Let me guess, we have no pants on.

INT. STAGE B – CLASSROOM SET

DREAM STUDENT #2 Hey, look! She came to school with no pants on!

The camera adjusts down to reveal Riley's bare legs. Riley's hands try to block them.

INT. HEADQUARTERS

FEAR (to screen) Called it!

INT. STAGE B – BACKSTAGE

Joy and Sadness stand in the dog costume, waiting to go on.

JOY Ready?

SADNESS I don't think this happy thing is going to work. [72] But if we scare her…

JOY Just... follow my lead. Here we go!

Joy yanks Sadness onto the set.

실내. 본부

소심 이빨 빠지는 거. (콧방귀를 뀐다) 뻔하지. (잠시 후) 내가 맞혀 볼게. 바지를 안 입었어.

실내. 무대 B - 교실 세트

꿈속의 학생 2 저것 봐! 바지도 안 입고 학교에 왔어!

라일리가 바지를 안 입고 맨다리가 보이게 카메라가 조정된다. 라일리는 손으로 다리를 가리려고 한다.

실내. 본부

소심 (화면을 향해서) 거 보라고.

실내. 무대 B - 무대 뒤

기쁨과 슬픔이 개 의상을 입고 대기하고 있다.

기쁨 준비됐니?

슬픔 이 행복 작전이 잘 안 먹힐 것 같아. 우리가 라일리를 겁주면…

기쁨 그냥, 내게 맡겨. 가자!

기쁨이 슬픔을 확 끌어당겨서 무대로 나간다.

be used to ~에 익숙하다 **with no pants on** 바지를 입지 않고 **bare leg** 맨다리 **wait to go on** 출연하기를 기다리고 있다 **yank someone onto the set** ~를 확 끌어당겨 세트장으로 내보내다

INT. STAGE B – CLASSROOM SET

They run (trip) around in happy circles.

JOY (cute puppy noises) Arrrr... Bark. Bark. Bark. Bark. Bark. Bark. Bark. Bark.

DREAM DIRECTOR (flipping through her script, whisper) Who is that?

INT. HEADQUARTERS

FEAR What is going on?

INT. STAGE B – CLASSROOM SET

Joy and Sadness run around licking students and acting cute.

실내. 무대 B – 교실 세트

신나게 돌며 뛰어다닌다.

기쁨 (강아지 소리를 낸다) 왈… 멍멍, 멍멍. 멍. 멍. 멍. 멍.

꿈 감독 (대본을 넘기면서, 속삭인다) 저건 누구야?

실내. 본부

소심 어떻게 된 거야?

실내. 무대 B – 교실 세트

그들은 학생들을 핥으면서 귀여운 짓을 하며 돌아다닌다.

trip around 한 바퀴 돌다 **cute** 귀여운 **puppy** 강아지 **flip through** (서류 등을) 뒤적이다, 넘기다 **lick** 핥다 **act cute** 귀여운 짓을 하다

JOY Bark, bark. (panting/licking)

INT. STAGE B – CLASSROOM SET

Joy looks at the indicator.

INT. RILEY'S ROOM

Riley is still asleep.

JOY (signaling Bing Bong) Psst. You're on! Go!

Bing Bong pulls a rope. Balloons drop! A colorful backdrop lowers.

JOY (to the room) Woo! Let's party! Let's dance. Woo!

INT. HEADQUARTERS

Fear perks up.

FEAR Hey, a party!

INT. RILEY'S ROOM

Riley is still sound asleep.

INT. STAGE B – CLASSROOM SET

On stage, Joy and Sadness run in circles, barking.

기쁨 왕왕. (숨을 헐떡이며 핥는 소리)

실내. 무대 B - 교실 세트

기쁨이 수면 계기를 본다.

실내. 라일리의 방

라일리는 아직 자고 있다.

기쁨 (빙봉에게 신호를 보낸다) 쉿! 네 차례야! 나가!

빙봉이 밧줄을 잡아당긴다. 풍선들이 떨어진다! 색채가 화려한 배경이 내려온다.

기쁨 (방을 향해서) 우! 파티를 열자! 춤추자! 우!

실내. 본부

소심이 활기를 띤다.

소심 흠, 이제 파티네!

실내. 라일리의 방

라일리는 아직도 깊이 잠들어 있다.

실내. 무대 B - 교실 세트

무대 위에서는 기쁨과 슬픔이 개처럼 짖으며 둥글게 뛰고 있다.

pant 헐떡이다 **indicator** 지표, 계기판 **backdrop** (연극무대 등의) 배경 **perk up** 활기가 돌다 **be sound asleep** 곤히 자다

JOY Bark. Bark. Bark. Bark.

SADNESS (being pulled) Joy, this isn't working.

Bing Bong dances around off stage. He knocks into a light and it crashes onto the stage.

BING BONG (surprised) Oh!

The dog costume splits in half.

INT. HEADQUARTERS

On screen, the dog splitting looks frighteningly real. Fear does a spit take.

INT. STAGE B – CLASSROOM SET

JOY (whispered) Huh? Sadness, what are you doing?! Come back here!

INT. HEADQUARTERS

On screen it looks like half a dog chasing the other half.

FEAR It's just a dream, it's just a dream, it's just a dream...

기쁨 멍. 멍. 멍. 멍.

슬픔 (끌려다니면서) 기쁨아, 소용 없어.

빙봉은 무대 밖에서 춤을 추며 돌아다니다 조명에 부딪히고, 조명은 무대 위에 넘어진다.

빙봉 (놀란다) 오!

개 의상이 둘로 찢어진다.

실내. 본부

화면에는 진짜로 개가 분리된 것처럼 끔찍한 장면이 연출된다. 소심이 차를 입에서 내뿜는다.

실내. 무대 B – 교실 세트

기쁨 (속삭인다) 어? 슬픔아, 뭐 하는 거야?! 이리 와!

실내. 본부

화면에는 반쪽 개가 다른 반쪽을 쫓아다니는 장면이 연출된다.

소심 이건 그냥 꿈이야, 꿈, 꿈일 뿐이라고…

crash 충돌하다 **split in half** 반으로 찢어지다 **frighteningly** 깜짝 놀랄 **do a spit take** 크게 놀라 입에 머금고 있던 액체를 내뿜는

INT. RILEY'S ROOM

Riley stirs in her sleep.

INT. STAGE B

Behind camera, the production manager watches in horror.

DREAM DIRECTOR They're trying to wake her up! [73] Call security!

Dog chasing.

INT. HEADQUARTERS

Bing Bong appears on camera.

BING BONG Hi Riley, it's me! Who's your friend who likes to play? Bing Bong, Bing Bong!

FEAR Bing Bong?

INT. STAGE B – CLASSROOM SET

Bing Bong starts in dancing. He twists and falls down.

JOY Sadness! You're ruining this dream! You're scaring her!

SADNESS But look, it's working!

The SLEEP INDICATOR is starting to tip. Joy's eyes widen.

실내. 라일리의 방

라일리가 자다가 몸을 뒤척인다.

실내. 무대 B

카메라 뒤에 있는 제작자가 놀라서 지켜본다.

꿈 감독 라일리를 깨우려는 거야! 경비원을 불러!

개의 추격전은 계속된다.

실내. 본부

빙봉이 카메라에 나타난다.

빙봉 안녕, 라일리, 나야! 놀기 좋아하는 네 친구는 누구니? 빙봉, 빙봉!

소심 빙봉?

실내. 무대 B - 교실 세트

빙봉이 춤을 추기 시작한다. 그는 삐끗해서 나자빠진다.

기쁨 슬픔아! 네가 꿈을 망치고 있잖아! 겁주고 있다고!

슬픔 하지만 봐, 효과가 있어!

수면 계기의 바늘이 기울기 시작한다. 기쁨이 눈을 커다랗게 뜬다.

stir 흔들리다, 움직이다 **watch in horror** 두려움에 떨며 지켜보다 **security** 보안, 경비 **appear** 나타나다 **twist** 접질리다, 삐다, 비틀다 **ruin** 망치다 **tip** 기울어지다, 젖히다

JOY Whoa!

But before she can do anything, Security enters. The DREAM DIRECTOR points to the gang.

DREAM DIRECTOR (whisper, to security) THEY ARE NOT PART OF THIS DREAM!! GET THEM!

Sadness sees the guards and grabs Joy, pulling her backstage. Still on stage, Bing Bong is GRABBED BY GUARDS.

DREAM PRODUCTION COP #1 Stop right there!

BING BONG (being knocked down) Ow! Hey!

DREAM DIRECTOR (to camera op) Pan away! Pan away!

The camera pans away... to the unicorn eating at the craft services table, in a mystical unicorn FOREST SET.

기쁨 와!

그러나 손을 쓸 틈도 없이 경비원들이 들이닥친다. 꿈 감독이 기쁨의 패거리들을 가리킨다.

꿈 감독 (속삭이며, 경비원들에게) 저놈들은 꿈 일원이 아니야!! 잡아!

슬픔은 경비원들이 오는 것을 보고 무대 뒤로 기쁨을 끌고 간다. 아직 무대에 있는 빙봉은 경비원들에게 잡힌다.

꿈 제작 경비원 1 거기 있어!

빙봉 (제압당하며) 아이쿠! 이봐!

꿈 감독 (카메라맨에게) 카메라를 돌려, 돌리라고!

카메라 방향을 돌려, 신비스러운 유니콘 숲 세트 직원용 배식 테이블에서 뭔가 먹고 있는 유니콘을 비춘다.

grab 잡다 **backstage** 무대 뒤 **stop right there** 꼼짝 말고 거기 서 **knock down** 쳐서 쓰러뜨리다 **op** 조작하는 사람 (= operator, camera op는 카메라맨) **pan away** 카메라를 돌리다 **craft** 공예, 재주 **mystical** 신비주의의

INT. HEADQUARTERS

FEAR Boo! Pick a plot line.

INT. STAGE B

Joy and Sadness watch in shock as Bing Bong is carted off by security.

BING BONG Ow. Careful, careful, don't squeeze...

DREAM PRODUCTION COP #1 Hold still! (walla)

BING BONG You can't do this. I know people in Headquarters! [74]

EXT. STAGE B

Joy and Sadness exit Stage B.

BING BONG (O.S.) (yelling, far away) Ow! Ow! Cut that out. Ow! Please... you can't do this! Do you like candy? You look hungry. I can get you candy! Please! Ow. Ow. Ow.

Joy and Sadness run to a cliff ledge to see the guards drag Bing Bong towards a MASSIVE GATE. Joy and Sadness watch, unable to do anything.

실내. 본부

소심 우우! 줄거리대로 해라.

실내. 무대 B

기쁨과 슬픔은 빙봉이 경비원들에 의해 강제로 끌려가는 것을 보고 충격을 받는다.

빙봉 아, 조심 조심. 꽉 누르지 마…

꿈 제작 경비원 1 가만있어! (떠드는 소리)

빙봉 나한테 이러면 안 돼. 난 본부에 아는 사람들이 있다고!

실외. 무대 B

기쁨과 슬픔은 무대 B에서 나간다.

빙봉 (멀리서 외치는 소리만 들린다) 아야, 아야! 그만해, 아야! 너희들, 나한테 이러면 안 된다고! 너희, 사탕 좋아하니? 배고픈 것 같은데. 내가 사탕 줄 수 있어! 좀 살살 해! 아야, 아야, 아야.

기쁨과 슬픔은 절벽 가장자리로 뛰어가 경비원들이 빙봉을 거대한 문으로 끌고 가는 것을 본다. 막연히 지켜볼 수밖에 없다.

plot line 줄거리 **cart off** 끌려가다, 운반해가다 **yell** 소리지르다 **cliff ledge** 절벽 가장자리 **massive gate** 육중한 문

JOY No, no no nono! There go the core Memories...!

BING BONG I can't go in there. I'm scared of the dark. Please![75]

The Subconscious Doors SLAM SHUT.

JOY (to Sadness) C'mon.

Joy grabs Sadness and they head down to Subconscious.

JOY What is this place?

SADNESS The Subconscious. I read about it in the manual. It's where they take all the troublemakers.

기쁨 안 돼, 안 돼! 핵심 기억이 날아가…!

빙봉 나는 이 안으로 들어가면 안 돼. 나는 깜깜한 게 무서워. 제발!

잠재의식의 세계로 통하는 문이 쾅 닫힌다.

기쁨 (슬픔에게) 자, 가자.

기쁨은 슬픔을 끌고 잠재의식의 세계로 내려간다.

기쁨 여기가 어디야?

슬픔 잠재의식 세계야. 설명서에서 읽었어. 말썽꾸러기들을 모두 가두는 곳이지.

be scared of ~을 두려워하다 **subconscious** 잠재의식, 무의식 **troublemaker** 말썽쟁이

CHAPTER 18

Subconscious Cave

465 — SUBCONSCIOUS

EXT. SUBCONSCIOUS CAVE APPROACH

Joy and Sadness take cover behind a rock. They look at the TWO GUARDS standing at the menacing-looking Subconscious Gate.

GUARD DAVE My hat feels loose.

JOY Hmmm. How do we get in?

465 – 잠재의식 세계

실외. 잠재의식 동굴 접근

기쁨과 슬픔은 바위 뒤에 숨는다. 둘은 무시무시해 보이는 잠재의식 세계로 통하는 문에 서 있는 경비원 둘을 본다.

경비원 데이브 모자가 헐렁한 것 같은데.

기쁨 흠. 어떻게 들어가지?

cave approach 동굴로 향하는 진입로 **take cover behind a rock** 바위 뒤에 숨다 **menacing-looking** 위압감을 주는, 무시무시하게 보이는 **loose** 헐거운 **get in** 들어가다

Sadness gestures to follow her.

GUARD FRANK Let me see.

GUARD DAVE You got my hat? Or, or is that your hat?

GUARD FRANK Yeah, it's my hat.

GUARD DAVE You sure? I don't know, look in the label.

GUARD FRANK Yeah, it says, "my hat."

Joy and Sadness tiptoe out, sneaking behind the guards.

GUARD DAVE Wait, it says, "my hat"?

GUARD FRANK My hat, it says.

GUARD DAVE That's what I wrote in my hat. [76]

GUARD FRANK What are you talking about?

GUARD DAVE You've got my hat on.

GUARD FRANK Ok, but it's my handwriting…

슬픔이 자기를 따라오라고 손짓한다.

경비원 프랭크 어디 좀 보자.

경비원 데이브 네가 내 모자를 썼니? 아니면, 아니면 그게 네 모자니?

경비원 프랭크 어, 이건 내 모자야.

경비원 데이브 확실해? 글쎄, 잘 모르겠는데, 상표 봐.

경비원 프랭크 맞아, '내 모자'라고 써 있네.

기쁨과 슬픔은 뒤꿈치를 들고 살금살금 걸어서 몰래 경비원들 뒤로 간다.

경비원 데이브 잠깐, '내 모자'라고 써 있다고?

경비원 프랭크 내 모자야, 그렇게 써 있어.

경비원 데이브 내가 내 모자에 그렇게 써놓은 거야.

경비원 프랭크 무슨 소리를 하는 거야?

경비원 데이브 넌 내 모자를 쓰고 있는 거야.

경비원 프랭크 무슨 말인지 알겠는데, 이건 내 필적이야…

gesture to follow her 그녀를 따라오라는 손짓을 하다 **tiptoe out** 뒤꿈치를 들고 살금살금 나가다 **sneak behind** ~의 뒤로 몰래 가다 **handwriting** 필적

Sadness loudly SHAKES the door. GUARD FRANK and DAVE continue their discussion from earlier.

GUARD DAVE Hey! You!

SADNESS Oh! You caught us! Heh.

GUARD FRANK Get back in there! No escaping!

The guards shove them through and slam the door.

INT. SUBCONSCIOUS CAVE

They cautiously walk in. SPOOKY NOISES erupt from within.

SADNESS (scared whisper) Hohhh... I don't like it here. It's where they keep Riley's darkest fears.

JOY (gasp!) It's broccoli!

A door in the rock wall creaks open, revealing stairs.

SADNESS The stairs to the basement!

They scamper away.

슬픔이 일부러 소리가 크게 나도록 문을 흔든다. 경비원 프랭크와 데이브는 계속 실랑이를 벌인다.

경비원 데이브 이봐! 너!

슬픔 아! 딱 걸렸네, 헤.

경비원 프랭크 들어가! 도망갈 수 없어!

경비원들은 둘을 밀어 넣고 문을 쾅 닫는다.

<u>실내. 잠재의식 세계의 동굴</u>

둘은 조심스럽게 안으로 걸어 들어간다. 으스스한 소리들이 나온다.

슬픔 (떨면서 속삭인다) 호오오… 난 여기가 싫어. 여기는 라일리가 제일 무서워하는 것들을 가둬 놓는 곳이야.

기쁨 (헉 하며!) 브로콜리잖아!

바위벽에 난 문이 끽 소리를 내며 열리자 계단이 보인다.

슬픔 이 계단은 지하로 통하는 거야!

둘은 내뺀다.

discussion 토론, 논의 **caught** 잡았다 (catch – caught - caught) **escape** 달아나다 **shove through** 밀어 넣다 **slam the door** 문을 쾅 닫다 **cautiously** 조심스럽게 **walk in** 걸어서 안으로 들어가다 **spooky** 괴이한 **erupt** 터져 나오다 **creak open** 삐걱거리며 열리다 **basement** 지하 **scamper away** 내빼다

SADNESS/JOY (quiet scream) Ahhhhh!

JOY Grandma's vacuum cleaner!

The massive vacuum cleaner chases after them.

SADNESS/JOY Ahhhh!

They hide behind a rock and catch their breath.

JOY (catches breath, whispers) Okay, come on.

Sadness walks. CRUNCH CRUNCH! Every step makes a loud CRINKLING NOISE.

JOY Would you walk quieter?

SADNESS (whispered) I'm trying!

Joy looks down to see what's causing all the noise. She picks up...

JOY What is going… (reaches down) Candy wrappers.

They follow the trail of candy wrappers off into the cave.

슬픔/기쁨 (나지막한 비명) 아아아아!

기쁨 할머니의 진공청소기야!

엄청나게 큰 진공청소기가 둘을 쫓아온다.

슬픔/기쁨 아아아아!

둘은 바위 뒤에 숨어서 숨을 고른다.

기쁨 (숨을 고르면서 속삭인다) 됐어, 가자.

슬픔이 걸어간다. 바삭 바삭! 발을 내디딜 때마다 바스락거리는 소리가 크게 난다.

기쁨 좀 조용히 걸을래?

슬픔 (속삭인다) 그러고 있어!

기쁨이 밑을 내려다보니 소음의 원인을 알게 된다. 기쁨이 집어 드는데…

기쁨 왜 이런 소리가 나는… (손을 아래로 뻗으며) 사탕 껍질이네.

둘은 사탕 껍질이 깔린 길을 따라 동굴 속으로 들어간다.

vacuum cleaner 청소기 **catch one's breath** 숨을 고르다 **crunch** 부스럭거리는 소리 **crinkling noise** 바스락거리는 소리 **candy wrapper** 사탕 껍질 **follow the trail of candy wrappers** 사탕 껍질이 널려 있는 길을 따라 걷다

INT. SUBCONSCIOUS CAVE, CLOWN LAIR

They follow the trail. Joy looks atop a large mound.

BING BONG (crying)

JOY Bing Bong!

Bing Bong is stuck in a cage made of balloons.

BING BONG (stops crying) Joy?

JOY There you are.

BING BONG SHHHHH! (points)

Joy looks down to see that they are in front of a giant SLEEPING CLOWN.

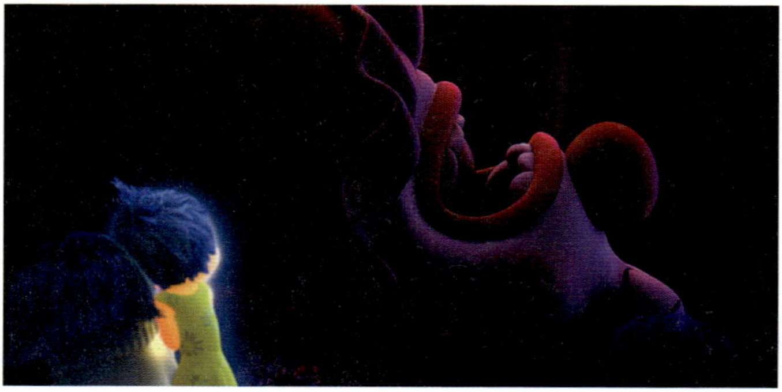

실내. 잠재의식 세계의 동굴, 광대의 거처

둘은 계속 길을 따라 걷는다. 기쁨이 커다란 언덕 위를 본다.

빙봉 (울고 있다)

기쁨 빙봉!

빙봉은 풍선으로 만든 우리에 갇혀 있다.

빙봉 (울음을 멈춘다) 기쁨이니?

기쁨 거기 있구나.

빙봉 쉬쉬쉬! (가리킨다)

기쁨이 아래를 보자 그들 앞에 거인 광대가 자고 있다.

lair 거처 **atop** 맨 위에 **mound** 언덕 **be stuck in** (~에 갇혀) 꼼짝 못하다 **in front of** ~의 앞에 **clown** 광대

JOY (terrified) It's Jangles.

JANGLES (talking in his sleep) Who's the birthday girl? Who's the birthday girl? (snore, enjoying sleep)

Joy and Sadness step gingerly up to the clown, climbs up to get up to Bing Bong.

JOY (whispers) Do you have the Core Memories?

He gives her the satchel. Joy holds them close.

BING BONG Yeah. All he cared about was the candy! [77]

She grabs hold of the cage and tries to pry open the balloon bars. They make horrible balloon twisting noises. SQUEEEEEEEEE! The clown stirs. Joy holds her breath. The clown goes back to sleep. Bing Bong tries to squeeze through but can't quite fit. Joy stretches the bars further...

JANGLES (snore)

Joy hurries Bing Bong down and they rush away and head for the exit.

기쁨 (무서워서) 삐에로 풍선이잖아.

삐에로 풍선 (잠꼬대를 한다) 생일인 여자애가 누구니? 누가 생일이니? (코를 골며 단잠을 잔다)

기쁨은 조심스럽게 광대를 타고 올라가 빙봉이 있는 데까지 간다.

기쁨 (속삭인다) 핵심 기억들을 갖고 있니?

빙봉은 기쁨에게 가방을 건네준다. 기쁨이 그 가방을 꼭 안는다.

빙봉 그래. 얘는 사탕에만 관심 있더라!

기쁨은 우리를 잡고는 풍선 창살을 벌리려고 한다. 그러자 풍선들이 비틀리면서 스꿕익! 끔찍한 소리가 난다. 광대가 뒤척인다. 기쁨은 숨소리를 죽인다. 광대가 다시 잠이 든다. 빙봉은 틈새로 나오려고 하지만 몸이 너무 크다. 기쁨은 풍선 창살을 더 벌린다.

삐에로 풍선 (코고는 소리)

기쁨은 빙봉을 데리고 급히 내려와서 출구로 향한다.

snore 코를 골다 **gingerly** 조심스럽게 **grab hold of** ~을 잡다 **pry open** 힘을 써서 억지로 열다 **hold one's breath** 숨을 죽이다 **squeeze through** 틈새로 나오려고 몸을 끼다 **head for** ~를 향해 가다

BING BONG We're out of here! Let's get to that train.

Joy stops, grabs Sadness.

JOY Wait. The train's not running. We still have to wake up Riley.

SADNESS But how?

Joy and Sadness look back at the clown.

BING BONG Oh no.

Joy and Sadness walk back up to the clown. They both honk the clown's nose. Jangles's eyes open. He stands. Joy talks loudly towards Sadness so Jangles can overhear the conversation.

JOY (terrified) H-hhey Sadness, di- did you hear about the p—pahh... party that we're having?

SADNESS (scared) Ohhhh yeah, yes Joy! Isn't it a babahh... birthday party?

JANGLES Did you say... birthday?

빙봉 여기서 나가서 기차를 타자!

기쁨은 걸음을 멈추더니 슬픔을 잡는다.

기쁨 기다려. 기차는 멈췄잖아. 우린 라일리를 깨워야 해.

슬픔 하지만 어떻게?

기쁨과 슬픔은 광대를 돌아본다.

빙봉 오 안 돼.

기쁨과 슬픔은 광대에게 다시 돌아간다. 둘은 광대의 코를 쥐어 삑 소리를 낸다. 삐에로 풍선이 눈을 뜨더니 일어난다. 기쁨이 슬픔에게 일부러 큰 소리로 말해서 삐에로 풍선이 엿듣게 한다.

기쁨 (두려움에 떨며) 이, 이봐, 슬픔아, 너, 너 들었니, 우리가 여는 파, 파티말야?

슬픔 (겁먹은 채) 오오오, 그래, 그래 들었어, 기쁨아! 그게, 생, 생일 파티지 않니?

삐에로 풍선 생일… 파티라고?

look back at ~를 향해 뒤돌아보다 **honk the clown's nose** 광대의 코를 쥐어서 빵빵 소리가 나게 하다 (honk '자동차 등의 경적을 울리다') **overhear** 우연히 엿듣다

JOY Yes it is! And there's going to be cake, and presents and…

SADNESS …and games and balloons…

JANGLES A BIRTHDAY?!?!

Jangles pulls out a giant mallet.

JOY (to Jangles) Ok. Follow us!

JANGLES (laughter)

All three run towards the gate followed by a giant clown!

JOY Nothing like a good scare to wake you up, right?

EXT. SUBCONSCIOUS GATE

GUARD FRANK Ok, but it's my handwriting.

GUARD DAVE No, it isn't. That's my handwrit… I wrote that!

GUARD FRANK No, but THIS one's my handwriting…

BASH! Jangles' mallet smashes through the front gate. The Subconscious Guards jump up in terror.

기쁨 맞아, 그래! 그런데 케이크도 나오고 선물도 있을 거고, 또…

슬픔 …그리고 게임도 하고, 풍선도 매달고…

삐에로 풍선 생일?!?!

삐에로 풍선이 엄청난 크기의 나무 망치를 꺼낸다.

기쁨 (삐에로 풍선에게) 그래, 우리를 따라와!

삐에로 풍선 (웃는다)

셋이 모두 문을 향해 뛴다. 그 뒤를 거인 같은 광대가 뒤따른다!

기쁨 깨우는 데는 겁주는 것 만한 게 없네, 그치?

<u>실외. 잠재의식 세계의 출입문</u>

경비원 프랭크 알았어, 그렇지만 이건 내 필적이야.

경비원 데이브 아냐, 그렇지 않아. 그건 내 필적... 내가 그걸 썼다고!

경비원 프랭크 아냐, 이건 내 필적이야…

쾅! 삐에로 풍선이 나무 망치를 내리쳐 앞문에 구멍을 낸다. 잠재의식 세계의 경비원들은 무서워서 펄쩍 뛴다.

pull out 꺼내다 **mallet** 나무 망치 **bash** 후려치다, '쾅' 소리 **smash through** 후려쳐 뚫다 **jump up in terror** 무서워서 펄쩍 뛰다

GUARD DAVE/ FRANK AHHHHHH!

Jangles giant head pokes through the door.

JANGLES (maniacal laughter)

Joy, Sadness and Bing Bong run up the stairs, Jangles in close pursuit.

INT. DREAM PRODUCTION - STAGE B - MOMENTS LATER

The UNICORN DREAM is mid-production. It's a Glitter Dance Party in full force, rainbows, and sparkles a plenty. Sheep and cupcake costumed characters dance their hearts out.

INT. HEADQUARTERS

Fear is practically asleep.

경비원 데이브/ 프랭크 아아아아아!

삐에로 풍선의 어마어마하게 큰 머리가 문구멍으로 머리를 쑥 내민다.

삐에로 풍선 (미친 듯이 웃는다)

기쁨, 슬픔 그리고 빙봉이 계단을 뛰어오르자, 삐에로 풍선이 뒤를 바짝 쫓는다.

실내. 꿈 제작소 – 무대 B – 잠시 후

유니콘 꿈이 한창 제작 중이다. 무지개와 반짝이 등이 잔뜩 번쩍이는 글리터 댄스 파티가 신나게 벌어지고 있다. 양과 컵케이크 의상을 한 인물들이 한껏 춤추고 있다.

실내. 본부

소심은 거의 잠들었다.

poke through 구멍을 통해 쑥 내밀다 maniacal 미친듯한 in close pursuit 뒤를 바싹 따르는 be mid-production 제작 중이다
glitter dance party 반짝이 등으로 치장한 댄스 파티 in full force 한창 진행 중인 practically 사실상, 거의

FEAR (nodding off)

INT. DREAM PRODUCTION – STAGE B

The set begins to shake. BLAAAM! A giant clown comes crashing through the set.

JANGLES WHO'S THE BIRTHDAY GIRL?!?!

INT. HEADQUARTERS

Fear bashes a button and passes out.

FEAR AAAIIII!!!!

INT. RILEY'S ROOM

Riley bolts upright in bed.

RILEY (waking up from a dream)

INT. DREAM PRODUCTION

The overhead sign reads "AWAKE." Joy and Sadness do a happy dance to celebrate their success.

JOY Woo-hoo!

소심 (꾸벅꾸벅 존다)

실내. 꿈 제작 – 무대 B

세트가 흔들리기 시작한다. 쾅! 거인 광대가 나타나서 세트를 부순다.

삐에로 풍선 생일 주인공이 누구지?!?!

실내. 본부

소심이 버튼을 팍 누르더니 기절한다.

소심 아아아아!!!!

실내. 라일리의 방

라일리가 벌떡 일어난다.

라일리 (꿈에서 깨 일어난다)

실내. 꿈 제작소

위에 '깨어남'이라는 사인이 보인다. 기쁨과 슬픔은 자신들의 성공을 자축하며 신나게 춤을 춘다.

기쁨 우후!

nod off 깜빡 졸다 **bash a button** 단추를 쾅쾅 치다 **pass out** 기절하다 **bolt upright** 벌떡 일어나다 **overhead sign** 머리 위에 표지판 **celebrate their success** 기쁨과 슬픔이 성공을 자축하다

BING BONG Come on, let's go!

Behind them all hell is breaking loose. Jangles laughing maniacally as he smashes up the sets.

EXT. TRAIN STATION

Joy, Bing Bong and Sadness hurry to catch the train. The train is cooking along. They pour on the gas and just as the train picks up speed, they leap aboard the last car. Bing Bong and Joy hoist Sadness into the car.

JOY Ha ha! We made it!

SADNESS Whoo-hoo! Ha ha!

JOY/SADNESS/ BING BONG (laughing/celebrating)

JOY Guess who's on their way to Headquarters?! [78]

Joy grabs Sadness and swings her around in celebration.

SADNESS We are!

Joy looks out the door to HQ.

JOY/SADNESS/ BING BONG (laughing/celebrating)

빙봉 자, 가자!

셋은 엉망진창이 된 세트를 뒤로 하고 떠난다. 삐에로 풍선은 미친 듯이 웃으면서 세트를 때려 부순다.

실외. 기차역

기쁨, 빙봉 그리고 슬픔이 기차를 잡으려고 서둘러 간다. 기차가 씩씩 소리를 내며 달릴 준비를 한다. 셋은 젖 먹던 힘까지 다해 기차가 막 출발하는 찰나 마지막 칸에 올라탄다. 빙봉과 기쁨이 슬픔을 기차 칸에 끌어올린다.

기쁨 하하! 성공이다!

슬픔 우후! 하하!

기쁨/슬픔/빙봉 (웃으며 좋아한다)

기쁨 누가 본부로 가고 있게?!

기뻄이 슬픔을 잡아 흔들며 기뻐한다.

슬픔 우리가 가지!

기쁨은 본부 쪽을 내다본다.

기쁨/슬픔/빙봉 (웃으며 좋아한다)

all hell is breaking loose 모든 게 난장판이 되고 있다 **laugh maniacally** 미친 듯이 웃다 **smash up the sets** 세트장을 때려 부수다 **cook along** 기차가 씩씩 소리를 내며 달릴 준비를 하다 **pour on the gas** 젖 먹던 힘까지 다 내다 **pick up speed** 속도를 내다 **leap aboard** 뛰어서 ~에 타다 **in celebration** 축하하며

CHAPTER 19

Riley's Plan

INT. RILEY'S ROOM – NIGHT

Riley sitting up in bed (she's been woken up by Fear overreacting to the dream.)

RILEY (scared panting)

INT. HEADQUARTERS

Anger and Disgust come out of the break room. They look tired, rumpled...

DISGUST (waking up) What is going on?

ANGER He did it again.

We see Fear under the console – trembling.

실내. 라일리의 방 – 밤

소심이 꿈에 대해서 호들갑을 떠는 바람에 잠에서 깨어난 라일리가 잠자리 위에 앉아 있다.

라일리 (무서워서 숨을 헐떡인다)

실내. 본부

버럭과 까칠이 피곤에 쩔은 추레한 모양새로 휴게실에서 나온다.

까칠 (잠에서 깨어나) 무슨 일이야?

버럭 또 사고 쳤군.

소심이 콘솔 밑에서 떨고 있는 것이 보인다.

overreact 오버하다, 반응이 너무 지나치다 **pant** 숨을 헐떡이다 **break room** 휴게실 **rumpled** 추레한 **tremble** 벌벌 떨다

FEAR We were at school, and we were naked, and there was a dog, and his back half was chasing him... and then we saw Bing Bong.

ANGER (to Fear) You idiot! It was a DREAM! This is ridiculous, we can't even get a good night sleep anymore. Time to take action. [79]

He goes and gets the idea he held up earlier.

ANGER (muttering/grumbly) Stupid Mom and Dad. If they hadn't moved us, none of this would've happened.

Anger stands at the console, Idea Bulb at the ready.

ANGER Who's with me?

Anger looks at Fear.

소심 　우리가 학교에서 벌거벗고 있었어. 또 개가 있었는데, 개 하반신이 개를 쫓고, 그러고 빙봉도 봤고…

버럭 　(소심에게) 이 바보야! 그건 꿈이었잖아! 이런 짜증나는 일이 있나. 이젠 잠도 제대로 못 자잖아. 행동으로 보여줄 때야.

버럭은 가더니 전에 들어 보였던 생각을 들고 온다.

버럭 　(투덜대며) 멍청한 엄마 아빠. 이사 오지 않았으면 이런 일이 안 생겼지.

버럭은 콘솔에 가서 선다. 생각 전구는 준비 완료된 상태다.

버럭 　누가 나랑 할래?

버럭이 소심을 본다.

ridiculous 어처구니없는 take action 행동을 취하다 mutter 중얼거리다 grumbly 투덜거리며

FEAR (stammering)

Anger looks to Disgust.

DISGUST Yeah, let's do it.

Anger plugs the Idea Bulb in.

<u>INT. RILEY'S ROOM</u>

Riley gets an idea. She gets out of bed and takes out her computer.

<u>INT. HEADQUARTERS</u>

ANGER She took it. There's no turning back.

DISGUST (to Anger) So, how're we gonna get to Minnesota from here?

ANGER Well, why don't we go to the elephant lot and rent an elephant?

FEAR That sounds nice!

ANGER We're taking the bus, nitwit!

소심 (말을 더듬는다)

버럭이 까칠에게 눈길을 돌린다.

까칠 그래, 하자.

버럭이 생각 전구를 꽂는다.

<u>실내. 라일리의 방</u>

라일리에게 생각이 떠오른다. 라일리는 잠자리에서 나와 컴퓨터를 꺼낸다.

<u>실내. 본부</u>

버럭 라일리가 생각을 받아들였어. 이젠 돌이킬 수 없어.

까칠 (버럭에게) 그런데, 여기서 미네소타까지는 어떻게 가지?

버럭 그게 말이야, 코끼리 우리로 가서 코끼리를 빌려 타고 가면 어떨까?

소심 그거 멋있겠다!

버럭 버스 타야지, 이 멍청아!

stammer 말을 더듬다 **plug in** 플러그를 꽂다 **lot** (특정 용도의) 지역, 부지 **nitwit** 멍청이

INT. RILEY'S ROOM

On her laptop, Riley pulls up the bus website. She checks the schedule and route.

INT. HEADQUARTERS

ANGER There's a bus leaving tomorrow. Perfect.

DISGUST A ticket costs money. How do we get money?

ANGER Mom's purse.

DISGUST (gasp) You wouldn't.

ANGER Oh, but I would. Where was it we saw it last?

He punches up a memory. It comes up and plays.

GUM MEMORY (singing) Tripledentgum will…

ANGER NOOOO!!!

BAM! He rejects the memory.

ANGER It's downstairs somewhere. Mom and Dad got us into this mess. They can pay to get us out.

실내. 라일리의 방

라일리는 노트북에서 버스 (예매) 사이트를 띄운다. 일정과 노선을 확인한다.

실내. 본부

버럭 내일 떠나는 버스가 있네. 잘 됐어.

까칠 표를 사려면 돈이 있어야 하는데. 돈은 어디서 구해?

버럭 엄마 지갑.

까칠 (헉 하며) 그러면 안 돼.

버럭 오, 괜찮아. 엄마 지갑을 어디서 봤더라?

버럭은 기억을 하나 팍 친다. 기억이 올라와 재생된다.

껌의 기억 (노래한다) 트리플덴트 껌은…

버럭 이런!!!

쾅! 버럭은 그 기억을 멈춘다.

버럭 아래층 어딘가에 있어. 엄마 아빠 때문에 이렇게 엉망진창이 된 거야. 우리가 여기서 벗어나는 데 필요한 돈은 엄마 아빠가 내야지.

pull up ~을 모니터에 띄우다 **route** 길, 노선 **cost money** 돈이 든다 **purse** (여성용) 핸드백 **mess** 엉망진창 **get us out** 우리를 ~에서 꺼내다

INT. RILEY'S ROOM

Riley's face grows angry.

510A — TRAIN OF THOUGHT: TALK

EXT. MIND WORLD

The train speeds ahead. The trio look out the train door.

BING BONG How about this, huh? Isn't this nice? You can see everything from up here! Look, there's Inductive Reasoning. There's Deja Vu. There's Language Processing! There's Deja Vu. There's Critical Thinking! There's Deja Vu. Hey, look at this, guys! Memories!

Bing Bong ducks inside the train. Joy looks over to Sadness.

JOY (to Sadness) Hey, that was a good idea. About scaring Riley awake. You're not so bad.

Sadness brightens, knowing she was helpful.

SADNESS Really?

실내. 라일리의 방

라일리는 점점 화가 난다.

510A — 생각 기차: 대화

실외. 정신세계

기차가 속도 내어 달린다. 셋은 기차 문밖을 내다본다.

빙봉 여기 어때, 응? 멋있지 않아? 여기서는 뭐든지 볼 수 있어! 저기 좀 봐. '종합적 추리'야. 저기 데자뷰도 있네. 언어 처리 능력도 있고! 저건 데자뷰. 저건 비평적 사고 능력! 데자뷰가 또 있군. 이봐, 이걸 좀 봐, 얘들아! 기억들이야!

빙봉이 기차 안쪽으로 들어간다. 기쁨이 슬픔을 본다.

기쁨 (슬픔에게) 그거 참 좋은 생각이었어. 라일리를 겁줘서 깨우는 것 말야. 너 괜찮은 애야.

자신이 도움이 됐다는 것을 알게 되자 슬픔의 얼굴이 밝아진다.

슬픔 정말?

speed ahead 속도를 내어 앞으로 나아가다 **inductive reasoning** 연역적 사고 **deja vu** 데자뷔 (프랑스어; 지금 일어나고 있는 일이 예전에도 경험한 적이 있는 것 같은 느낌, 기시감) **process** 과정, 처리 **critical thinking** 비판적 사고 **brighten** 얼굴이 밝아지다 **helpful** 도움이 되는

JOY Nice work.

Joy turns and walks to sit down.

JOY I can't wait to get the old Riley back. [80] As soon as we get there I'm going to fix this whole mess.

Bing Bong looks at another memory.

BING BONG Whoa. Is this Riley?

A MEMORY: Riley hoisted in the air by her hockey teammates.

기쁨 잘했어.

기쁨이 몸을 돌려 걸어가더니 앉는다.

기쁨 난 빨리 예전의 라일리로 돌아오게 하고 싶어. 돌아가자마자 모든 혼란을 바로잡을 거야.

빙봉이 다른 기억을 본다.

빙봉 와. 이게 라일리야?

하키 팀원들이 라일리를 헹가래치고 있는 기억이 재생된다.

as soon as ~하자마자 **whole** 전체의 **hoist** 들어 올리다 **teammate** 팀 동료

BING BONG She's so big now. She won't fit in my rocket. How're we gonna get to the moon?

Joy recognizes the memory, approaches Bing Bong.

JOY Oh, it's that time in the twisty tree, remember? The hockey team showed up and Mom and Dad were there cheering... Look at her, having fun and laughing. I love this one.

SADNESS Mmm. I love that one too.

Joy looks at her, incredulous but smiles.

JOY Atta girl! Now you're getting it!

SADNESS (staring at the memory) Yeah. It was the day the Prairie Dogs lost the big playoff game. [81] Riley missed the winning shot. She felt awful. She wanted to quit.

Joy stop smiling.

SADNESS Sorry. I went sad again, didn't I?

Joy smiles again, at Sadness.

빙봉　이제 너무 커서 내 로켓에 탈 수 없겠네. 달에 어떻게 가지?

기쁨은 그 기억을 알아보고는 빙봉에게 다가간다.

기쁨　아, 그 구불구불한 나무에 있을 때네, 생각나? 하키 팀이 모이고 엄마 아빠도 응원하고… 라일리를 좀 봐. 좋아서 웃고. 난 이 기억이 아주 좋아.

슬픔　음. 나도 그 기억이 좋아.

기쁨이 슬픔을 바라보며 믿을 수 없다는 표정을 짓지만 그래도 미소를 띤다.

기쁨　옳거니! 이제 너도 이해하기 시작했구나!

슬픔　(기억을 응시하며) 그래. 프레리도그 팀이 중요한 플레이오프 경기에서 진 날이었어. 라일리가 결정적인 슛을 실패했지. 기분이 아주 엉망이어서 하키를 관두려고 했어.

기쁨이 미소를 거둔다.

슬픔　미안해. 내가 또 슬퍼졌네, 그렇지?

기쁨이 다시 슬픔을 향해 미소를 짓는다.

recognize 알아보다 **twisty** 구불구불한 **show up** 나타나다 **incredulous** 믿지 못하겠다는 듯한 **winning shot** 승리를 확정지을 수 있는 슛 **awful** 끔찍한

JOY (kindly) I'll tell ya what. We'll keep working on that when we get back. Okay?

SADNESS (smiles) Okay.

Joy puts the twisty tree memory in the satchel.

510B — TRAIN OF THOUGHT: THIEF

INT. RILEY'S SF HOUSE

Riley sneaks down the stairs. Mom is on the phone in the kitchen with her back to Riley.

MOM (on phone) But I just don't understand, why did our moving van even go to Texas?

Riley spots Mom's purse is on the table.

기쁨 (자상하게) 이렇게 하자. 그 문제는 다시 돌아가서 계속 풀어 보는 거야, 알았지?

슬픔 (미소를 지으며) 알았어.

기쁨은 구불구불한 나무에 대한 기억을 가방 안에 넣는다.

510B — 생각 기차: 도둑

실내. 라일리의 샌프란시스코 집
라일리가 아래층으로 살금살금 내려간다. 엄마는 부엌에서 라일리에게 등을 보인 채 통화하고 있다.

엄마 (통화 중) 그런데 제가 이해가 안되는 게, 왜 우리 이삿짐 차가 텍사스까지 갔나요?

라일리는 식탁에 엄마 백이 있는 것을 발견한다.

work on (해결을 위해) ~에 애쓰다, 노력을 들이다 **sneak down the stairs** 살그머니 계단을 내려가다 **be on the phone** 전화통화 중이다 **spot** 발견하다

MOM (on phone) Multiple customers?

Riley opens the purse.

MOM (O.S.) (on phone) Well, we were promised delivery on the 5th. Uh huh.

Riley takes out Mom's credit card. Mom turns around but she doesn't see Riley. She pauses, looks at Mom. Is she really doing this? Then Riley has slipped away.

MOM (on phone) Excuse me, isn't there any way that you can rush it? [82]

Riley goes back upstairs.

510C — TRAIN OF THOUGHT: CRASH

<u>INT. TRAIN CAR</u>

Joy is wistful looking out the train. A loud noise breaks the spell. Joy goes to the door to look.

엄마 (통화 중) 고객 혼선이라고요?

라일리가 백을 연다.

엄마 (화면 밖) (통화 중) 5일에 도착한다고 약속을 받았어요. 네, 네.

라일리는 엄마의 신용카드를 꺼낸다. 엄마가 돌아보지만 라일리를 보지 못한다. 잠시 엄마를 쳐다본다. 라일리는 정말 훔칠 것인가? 그러고 라일리는 사라졌다.

엄마 (통화 중) 그런데 말이에요, 좀 더 빨리 여기로 도착하게 하는 방법은 없나요?

라일리가 위층으로 다시 올라간다.

510C — 생각 기차: 추락

실내. 기차 칸

기쁨이 생각에 잠겨서 기차 밖을 내다본다. 갑자기 요란한 소리가 나서 정신이 든 기쁨은 무슨 일인지 보려고 문으로 간다.

multiple 복합적인, 다수의 **customer** 고객 **delivery** 배송, 운송 **take out Mom's credit card** 엄마의 신용카드를 꺼내다 **slip away** 사라지다 **rush** 서두르다 **wistful** 생각에 잠긴 **break the spell** 마법을 풀다, 정신이 번쩍 든다

JOY (gasp! sees Honesty Island below sink) Honesty Island!

The train plummets. The trio scream as they are jostled back and forth.

JOY/SADNESS/ BING BONG (screams; impact on fall)

Mind Workers run out of the memory shelves below and they look up to see the train falling. Train crashes onto the cliffside and begins to tip over.

MIND WORKER #1 LOOK OUT!

JOY/SADNESS/ BING BONG (screams; impact on fall)

ENGINEER Come on!

Joy struggles to get up but the floor is pitching. Mind Workers rush the train!

BING BONG Hold on!

MIND WORKERS Hurry up! / Come on! / Over here!

기쁨 (헉! 밑에 있던 정직섬이 가라앉는 게 보인다) 정직섬이!

기차가 곤두박질친다. 셋은 앞뒤로 흔들리면서 비명을 지른다.

기쁨/슬픔/빙봉 (떨어지는 충격 속에서 비명을 지른다)

기억 처리반이 아래 있는 기억 저장소에서 뛰쳐나와 기차가 떨어지는 것을 올려다본다. 기차는 절벽 가장자리를 들이받고는 기울기 시작한다.

기억 처리반 1 조심해!

기쁨/슬픔/빙봉 (떨어지는 충격 속에서 비명을 지른다)

기관사 조심해.

기쁨은 일어서려고 발버둥치지만 바닥이 휘청거린다. 일꾼들이 기차를 향해 달려온다!

빙봉 꽉 잡아!

기억 처리반 서둘러! / 어서! / 저기야!

plummet 곤두박질치다 **be jostled back and forth** 앞뒤로 흔들리다 **run out of** ~에서 뛰어나오다 **crash onto** ~에 쾅 부딪치다 **tip over** 기울어지다 **Look out!** 조심해! **pitch** 휘청거리다

MIND WORKERS Come on, people! / Let's, go, go, go!

Mind Workers drag them out. The train drops to the dump below. Joy turns to look back. This is hopeless.

---

540 — CROSSROADS

JOY (sigh) That was our way home! We lost another island... what is happening?

MIND WORKER #1 (dire) Haven't you heard? Riley is running away.

JOY (shocked) What?!

기억 처리반 어서! / 같이, 가, 가!

일꾼들이 그들을 끌어낸다. 기차는 아래에 있는 쓰레기장으로 떨어진다. 기쁨은 돌아본다. 절망적이다.

---

540 — 갈림길

기쁨 (한숨) 우리가 집으로 갈 수 있는 유일한 길이었는데! 섬을 또 하나 잃었으니… 대체 무슨 일이 벌어지고 있는 거지?

기억 처리반 1 (심각하게) 아직 듣지 못했어? 라일리가 가출한대.

기쁨 (충격을 받고) 뭐라고?!

hopeless 절망적인 **crossroads** 기로, 갈림길 **dire** 심각한 태도로 **run away** 가출하다

CHAPTER 20

The Memory Dump

<u>INT. RILEY'S ROOM</u>

Riley pulls her books from the backpack. She picks up her clothes and is about to put them in when her face changes.

<u>INT. HEADQUARTERS</u>

Fear is driving.

FEAR Wait, wait, hang on, guys. Are we really doing this? [83] I mean, this is serious.

Anger pushes Fear aside and works the console.

20. mp3

실내. 라일리의 방

라일리는 배낭에서 책을 뺀다. 배낭에 옷을 집어넣다가 표정이 변한다.

실내. 본부

소심이 조종하고 있다.

소심 잠깐, 잠깐만, 기다려, 얘들아. 정말 이렇게 해야겠니? 내 말은, 이건 심각한 일이라고.

버럭이 소심을 밀치고는 콘솔을 조종한다.

backpack 배낭 **be about to** ~하려고 하다 **hang on** 잠깐만

ANGER (O.S.) Look. We have no core memories. You want Riley to be happy? Let's get back to Minnesota and make more.

<u>INT. RILEY'S ROOM</u>

Riley's worried face goes angry. She packs her clothes and exits the room.

<u>EXT. LONG TERM CLIFFS</u>

SADNESS Joy, if we hurry, we can still stop her.

JOY Family Island. Let's go!

Joy, Bing Bong and Sadness run toward Family along the Long Term cliff edge.

<u>INT. RILEY'S HOUSE – STAIRWAY</u>

Riley walks downstairs.

<u>EXT. LONG TERM CLIFFS</u>

Joy, Sadness and Bing Bong run toward the bridge to Family Island. Sadness watches as the Island begins to shake and crumble.

버럭 (화면 밖) 이것 봐, 우리는 이제 핵심 기억이 없어. 넌 라일리가 행복하게 지내길 바라지? 그러니까 우리가 미네소타로 돌아가서 핵심 기억을 만들자고.

실내. 라일리의 방

라일리의 걱정스러운 얼굴이 화난 얼굴로 변한다. 라일리는 옷을 배낭에 넣더니 방을 나선다.

실외. 장기 기억 저장소 절벽

슬픔 기쁨아, 우리가 서두르면 라일리를 막을 수 있을 거야.

기쁨 가족섬. 가자!

기쁨, 빙봉 그리고 슬픔은 장기 기억 저장소 절벽 가장자리를 따라 가족섬을 향해 뛴다.

실내. 라일리의 집 – 계단

라일리가 아래층으로 내려간다.

실외. 장기 기억 저장소 절벽

기쁨, 슬픔 그리고 빙봉은 가족섬으로 가는 다리를 향해 뛴다. 슬픔은 섬이 흔들리며 무너지기 시작하는 것을 지켜본다.

get back to ~로 돌아가다 **go angry** 화난 얼굴로 변한다 **pack her clothes** 배낭에 옷을 싸다 **exit the room** 방을 나서다
shake and crumble 흔들리면서 무너지다

SADNESS (gasp) Joy! Joy! It's too dangerous! We won't make it in time!

Joy looks out to see the Island crumbling.

JOY But that's our only way back! [84]

The END CAP of a distant shelf breaks, exposing a tube.

JOY A recall tube!

SADNESS We can get recalled!

They run towards it.

INT. RILEY'S HOUSE

Riley walks toward the front door. Mom and Dad are in the kitchen.

MOM Have a great day, sweetheart.

DAD See you after school, monkey. (monkey noises)

MOM We love you!

Riley doesn't respond, she just turns and walks out the door.

슬픔 (헉 하며) 기쁨아! 기쁨아! 너무 위험해! 제시간에 도착 못해!

기쁨은 섬이 무너지는 것을 본다.

기쁨 하지만 우리가 돌아갈 수 있는 길은 저곳밖에는 없어!

기억 선반이 부서지며 튜브가 드러난다.

기쁨 회상 튜브다!

슬픔 저걸 타자!

그들은 튜브를 향해 뛴다.

실내. 라일리의 집

라일리가 현관을 향해 걸어간다. 엄마랑 아빠는 부엌에 있다.

엄마 좋은 하루 되렴, 애야.

아빠 학교에서 돌아오면 보자, 원숭아. (원숭이 소리를 낸다)

엄마 사랑해!

라일리는 대답도 하지 않은 채 몸을 돌려 현관을 나간다.

not make it in time 제시간에 대지 못하다 **end cap of a shelf** 양쪽 끝 진열대 **expose** 드러내다 **respond** 응답하다, 대꾸하다

EXT. LONG TERM CLIFFS

Family Island rumbles and A LARGE CHUNK BREAKS. Joy, Sadness and Bing Bong run towards the tube.

JOY Go! Run! RUN! Go!

Joy steps into the lower disconnected "P-trap" section of the RECALL TUBE. Sadness tries to climb in as well. But there's not enough room; she jostles Joy and presses AGAINST THE SATCHEL. Sound effect: CORE MEMORIES CHANGING.

JOY Woah woah! Sadness!

The satchel emits blue light. Sadness cluelessly muscles forward.

JOY (pushing Sadness back) Sadness, stop! You are hurting Riley!

Joy pulls a core memory out of the satchel. It is BRIGHT BLUE.

SADNESS Oh no, I did it again...

실외. 장기 기억 저장소 절벽

가족섬이 우르릉거리는 소리를 내더니 커다란 덩어리가 떨어져 나간다. 기쁨, 슬픔 그리고 빙봉은 튜브를 향해 뛴다.

기쁨 가자! 뛰어! 뛰어! 가자!

기쁨이 회상 튜브 아래 분리된 트랩으로 발을 내딛는다. 슬픔도 그 안으로 올라가려고 하지만 공간이 없다. 슬픔은 기쁨을 밀면서 가방에 몸을 밀착한다. 핵심 기억이 변하는 소리가 난다.

기쁨 워, 워! 슬픔아!

가방에서 푸른빛이 나온다. 슬픔은 아무것도 모른 채 밀고 들어온다.

기쁨 (슬픔을 밀면서) 슬픔아, 그만해! 네가 라일리를 해치고 있어!

기쁨은 가방에서 핵심 기억을 하나 꺼낸다. 밝은 푸른색이다.

슬픔 오 이런, 내가 또 그랬네…

rumble 우르릉 소리 **chunk** 덩어리 **disconnected** 연결이 끊긴 **P-trap** 배수관에 물과 오물이 고일 수 있도록 만든 봉수트랩 **there's not enough room** 공간의 여유가 없다 **jostle** 밀다 **sound effect** 효과음 **emit** 발산하다 **cluelessly** 실마리(단서) 없이 **muscle** 끼어들다, 힘으로 밀고 들어가다

JOY — If you get in here, these Core Memories will get sad! 85

Rumble! Joy looks out at FAMILY ISLAND. The family statue BREAKS APART. Joy looks distressed.

JOY — I'm sorry... Riley needs to be happy.

Joy pulls the tube closed. She rides up the tube alone.

SADNESS — Joy?

Sadness and Bing Bong watch her go, despondent. Rumbling cliff side breaks the tube. She falls.

JOY — (falling, gasping)

BING BONG — Joy!

Bing Bong steps forward, wanting to help Joy. But the ground beneath him crumbles away.

기쁨 네가 여기 들어오면 이 핵심 기억들이 슬퍼진단 말이야!

우르릉! 기쁨이 가족섬 쪽을 내다본다. 가족 동상이 부서진다. 기쁨은 낙담한다.

기쁨 미안… 라일리는 행복해야 돼.

기쁨은 닫힌 튜브를 끌어당겨서는 혼자 타고 올라간다.

슬픔 기쁨아?

슬픔과 빙봉은 낙담한 채 기쁨이 가는 것을 지켜본다. 우르릉거리며 무너지는 절벽 때문에 튜브가 끊어져 기쁨이 떨어진다.

기쁨 (떨어지며, 헉 한다)

빙봉 기쁨아!

빙봉은 발을 내디뎌 기쁨을 도와주려고 하지만 발아래 땅이 무너져 내린다.

statue 동상 **break apart** 분해되다, 부서지다 **look distressed** 고통스러운 표정을 짓다 **ride up** ~을 타고 올라가다 **despondent** 낙담한 표정으로 **step forward** 앞으로 걸음을 내딛다 **beneath** 아래에

BING BONG (falling, gasping)

Joy and Bing Bong fall into the abyss of the dump.

SADNESS Joy!!!

Sadness stands at the cliff edge.

EXT. SF HOUSE ALLEYWAY

Riley walks down the street. She walks off into the fog.

---

575 — MEMORY DUMP

EXT. MEMORY DUMP

Joy falls, trying to hold the satchel with the core memories... She lands hard, rolling violently down a hill of faded memories.

JOY (pained moan/recovering from fall)

She sits up and looks around, gets her bearings.

빙봉 (떨어지며, 헉 한다)

기쁨과 빙봉은 끝을 알 수 없는 아득한 쓰레기장으로 떨어진다.

슬픔 기쁨아!!!

슬픔은 절벽 가장자리에 서 있다.

실외. 샌프란시스코 주택가 골목길
라일리가 길을 걸으며 안개 속으로 사라진다.

---

575 — 기억 쓰레기장

실외. 기억 쓰레기장
기쁨은 핵심 기억이 든 가방을 꼭 끌어안은 채 떨어지고… 쾅 소리를 내며 바닥에 부딪치더니 희미한 기억들로 이루어진 언덕을 맹렬한 속도로 구른다.

기쁨 (고통스러운 신음 소리를 내다가 정신을 차린다)

기쁨은 일어나 앉더니 사방을 둘러보고 자신이 있는 곳이 어디인지 알아낸다.

abyss 끝없는 심연 **alleyway** 골목 **land** 떨어지다, 착지하다 **violently** 격렬하게, 맹렬히 **pained moan** 아파서 끙끙거리다 **recover** 회복하다 **get one's bearings** 자신이 어디 있는지 위치를 알아내다

JOY (shocked/confused)

She checks the satchel. All the memories are still there. She looks up and realizes just how far she's fallen. She frantically runs up the mountains of memories. Off in another part of the dump... Bing Bong comes to.

BING BONG Joy?

Bing Bong notices his hand beginning to fade.

BING BONG (gasp) Oh no. Joy.

Bing Bong runs up to find Joy desperately clawing her way up the hill. She tumbles and tries again.

BING BONG Joy? Joy, what are you doing? Will you stop it please?

Joy ignores him; keeps trying.

BING BONG Don't you get it, Joy? We're stuck down here. We're forgotten.

This stops Joy in her tracks. Nearby, memories are disappearing.

기쁨 (놀라서 혼란스럽다)

기쁨은 가방을 점검한다. 기억들은 모두 그대로 있다. 기쁨이 위를 올려다보니 얼마나 떨어졌는지 알 것 같다. 기쁨은 미친 듯이 기억들로 만들어진 산을 뛰어올라간다. 쓰레기장 다른 곳에서… 빙봉이 나타난다.

빙봉 기쁨아?

빙봉은 자기 손이 희미해지기 시작하는 것을 알아차린다.

빙봉 (헉 하며) 오 안 돼. 기쁨아.

빙봉이 뛰어가 보니 기쁨은 언덕을 헤치며 필사적으로 올라가고 있는 것을 알게 된다. 기쁨은 굴러 떨어지더니 다시 오르기 시작한다.

빙봉 기쁨아? 기쁨아, 너 뭐 하는 거야? 그만할래?

기쁨은 빙봉의 말을 무시하고 계속 올라가려고 한다.

빙봉 이해가 안 되니, 기쁨아? 우리는 여기 갇혔어. 우린 잊혀진 거야.

이 말에 기쁨은 동작을 멈춘다. 근처에 있는 기억들이 사라지고 있다.

frantically 미친 듯이 **notice** 알아차리다 **fade** 사라지다 **desperately** 필사적으로 **claw one's way up** ~을 손톱으로 긁으면서 올라가다 **keep ~ing** 계속 ~하다 **disappear** 사라지다

RILEY (O.S.) We used to play tag and stuff.

Joy looks over. A short ways away is the blue Core Memory: Riley crying in class. Joy reaches down and picks it up.

RILEY (O.S.) But everything's different now since we moved.

Seeing Riley cry breaks Joy's heart. She falls to her knees. Joy picks up a MEMORY of young happy Riley coloring.

JOY (sniffing) Do you remember how she used to stick her tongue out when she was coloring?

Another memory: Riley talking to a bug.

라일리 (화면 밖) 우린 술래잡기를 하곤 했어요.

기쁨이 쳐다본다. 멀지 않은 곳에 푸른색 핵심 기억이 있다. 라일리가 교실에서 울고 있다. 기쁨이 손을 뻗어 그 기억을 집는다.

라일리 (화면 밖) 하지만 이제는 모든 게 달라졌어요. 우리가 이사 오자…

라일리가 우는 것을 보자 기쁨의 마음이 무너진다. 기쁨은 무릎을 꿇는다. 기쁨은 어린 라일리가 색칠하며 즐거워하는 기억을 집어 든다.

기쁨 (훌쩍이며) 라일리가 색칠할 때 혀를 쏙 내밀던 거, 기억나니?

또 다른 기억: 라일리가 벌레를 보고 얘기한다.

since ~이후로 **break someone's heart** ~의 가슴을 찢어놓다 **fall to one's knees** 무릎을 꿇다 **color** 색칠하다 **stick one's tongue out** 혀를 내밀다 **bug** 벌레

JOY I could listen to her stories all day.

Another memory: Riley spinning.

JOY I just wanted Riley to be happy. And now...

She picks up the blue memory of older Riley, now miserable. Joy cries. Memories fade and disappear around her. A tear falls onto a faded memory of the twisty tree scene. Joy wipes it off. Accidentally, the memory rewinds... and the color of the memory CHANGES from GOLD TO BLUE. IN THE MEMORY: Riley sits in the tree with her parents, the team approaching in the distance. Joy looks closer. What's this? She rewinds more. IN THE MEMORY: Riley sits in the tree, crying, alone. Joy watches. She remembers what Sadness said about the memory...

SADNESS (V.O.) It was the day the Prairie Dogs lost the big playoff game. Riley missed the winning shot. She felt awful. She wanted to quit.

IN THE MEMORY: Mom and Dad come to console Riley. The hockey team surrounds the tree.

JOY Sadness. Mom and Dad... the team... they came to help because of Sadness.

기쁨 나는 온종일 라일리의 얘기를 들어줄 수 있는데.

라일리가 빙빙 도는 또 다른 기억이 보인다.

기쁨 난 라일리가 행복하길 바랐을 뿐인데, 지금은…

기쁨은 더 성장한 라일리, 비참한 현재의 푸른 기억을 집어 든다. 기쁨은 운다. 기억들이 기쁨의 주위에서 희미해지더니 사라진다. 구불구불한 나무에서 일어난 희미한 기억에 눈물이 한 방울 떨어진다. 기쁨이 그 눈물을 닦는다. 뜻하지 않게 그 기억이 되감기더니 기억의 색깔이 금색에서 푸른빛으로 바뀐다. 그 기억 속에서 라일리는 엄마 아빠와 함께 그 나무에 앉아 있다. 팀원들이 멀리서 다가온다. 기쁨이 자세히 본다. 이게 뭐지? 기쁨은 더 되감는다. 기억 속에서 라일리는 나무에 혼자 앉아 울고 있다. 기쁨이 지켜본다. 그리고는 슬픔이 이 기억에 관해서 말했던 것을 떠올린다…

슬픔 (목소리) 프레리도그 팀이 중요한 플레이오프 경기에서 진 날이었어. 라일리가 결정적인 슛을 실패했지. 기분이 아주 엉망이어서 하키를 관두려고 했어.

기억 속: 엄마 아빠는 라일리를 위로하러 온다. 하키 팀원들은 그 나무를 에워싼다.

기쁨 슬픔아. 엄마 아빠… 팀원들… 이들은 슬픔이 때문에 위로하러 온 거였어.

miserable 비참한 **wipe off** 닦다 **accidentally** 우연히 **rewind** 되감다 **feel awful** 기분이 끔찍하다/아주 엉망이다 **console** 위로하다 **surround** ~을 둘러싸다

She turns to Bing Bong.

JOY — We have to get back up there!

Bing Bong looks at her sadly.

BING BONG — Joy, we're stuck down here. We might as well be on another planet. [86]

JOY — Another planet.

She gets an idea!

JOY — (singing softly) Who's your friend who likes to play?

Silence.

JOY — (sings louder) Who's your friend who likes to play?

Bing Bong understands. Gets excited...

BING BONG — (sings loudly) His rocket makes you yell "Hooray!"

Far off in the distance, BING BONG'S ROCKET answers back. They run towards the sound.

기쁨은 빙봉에게 몸을 돌린다.

기쁨 우리는 저기로 다시 올라가야 해!

빙봉은 안타깝게 기쁨을 바라본다.

빙봉 기쁨아, 우리는 여기에 꼼짝없이 갇혔어. 다른 별에 있는 거나 다름 없어.

기쁨 다른 별이라고.

기쁨에게 생각이 떠오른다!

기쁨 (부드럽게 노래한다) 놀기 좋아하는 네 친구는 누구니?

아무런 응답이 없다.

기쁨 (더 크게 노래한다) 놀기 좋아하는 네 친구는 누구니?

빙봉이 어떻게 하자는 건지 이해한다. 빙봉은 신이 나서…

빙봉 (큰 소리로 노래한다) 로켓을 타면 너희들은 소리를 질렀지, '만세!'

저 멀리서 빙봉의 로켓이 화답한다. 둘은 그 소리를 향해서 뛴다.

planet 행성, 세상 far off 멀리 떨어진 in the distance 먼 곳에 answer back 응답하다

BING BONG Who's the best in every way and wants to sing this song to say... Who's your friend who likes to play? Bing Bong, Bing Bong! His rocket makes you yell "Hooray!"

Joy and Bing Bong dig... and find the rocket! Joy smiles.

---

600 — BACK UP

Joy and Bing Bong pull the wagon up a large hill.

JOY (sigh) Hop in!

They get inside. Bing Bong pushes off. They speed down the hill, singing all the way. They reach the bottom and rocket up an adjoining hill, launching into the air.

JOY/BING BONG Who's your friend who likes to play? Bing Bong, Bing Bong! His rocket makes you yell "Hooray!" Bing Bong, Bing Bong! Who's the best in every way and wants to sing this song to say... Who's your friend who likes to play? Bing Bong, Bing Bong! His rocket makes you yell "Hooray!" Bing Bong, Bing Bong! Who's the best in every way and wants to sing the song to sayyyyyy...

빙봉 이리 보나 저리 보나 최고요, 놀기 좋아하는 네 친구는 누구냐고 노래하고 싶어 좀이 쑤시는 사람은 누구니? 빙봉이지, 빙봉이야! 로켓을 타면 너희들은 소리를 질렀지, '만세!'

기쁨과 빙봉은 땅을 파더니 로켓을 찾아낸다! 기쁨이 미소를 짓는다.

---

600 — 다시 올라가다

기쁨과 빙봉은 수레를 커다란 언덕 위로 끌어올린다.

기쁨 (한숨) 타!

둘은 안에 탄다. 그러더니 빙봉이 수레를 움직인다. 둘은 언덕을 미끄러져 내려가면서 노래를 부르다 맨 밑바닥에 닿자 옆에 있는 언덕으로 로켓처럼 휙 올라가서는 공중으로 뛰어오른다.

기쁨/빙봉 놀기 좋아하는 네 친구는 누구니? 빙봉, 빙봉! 로켓을 타면 너희들은 소리를 질렀지, '만세!' 빙봉, 빙봉! 이리 보나 저리 보나 최고요, 놀기 좋아하는 네 친구는 누구냐고 노래하고 싶어 좀이 쑤시는 사람은 누구니? 빙봉이지, 빙봉이야! 로켓을 타면 너희들은 소리를 질렀지, '만세!' 빙봉, 빙봉! 이리 보나 저리 보나 최고요, 노래하고 싶어 좀이 쑤시는 사람은 누구니?

pull up ~위로 끌어올리다 **get inside** 안으로 들어가다, 타다 **push off** 밀다 **all the way** 내내 **rocket up** ~위로 솟구치다 **adjoin** 인접하다, 붙어 있다

JOY (reaching for ledge, falling, screaming)

They crash.

JOY C'mon!

They shoot down another hill, launching up the side of another adjoining hill.

JOY/BING BONG Who's your friend who likes to play? Bing Bong, Bing Bong! His rocket makes you yell "Hooray!" Bing Bong, Bing Bong! Who's the best in every way and wants to sing this song to say… Who's your friend who likes to playyyyy?

Joy reaches out to grab the ledge. She stretches so far that she upsets the wagon's balance. Joy, Bing Bong and the wagon fall with a thud. They lay on the ground, groaning.

JOY (sigh, giving up)

Bing Bong stands. He looks up at the ledge and then to his hand – it's disappearing!

BING BONG Come on, Joy, one more time.

Bing Bong turns to Joy and extends his hand to help her up.

기쁨 (절벽에서 튀어나온 바위를 잡으려다 떨어지며 비명을 지른다)

둘은 쿵 떨어진다.

기쁨 어서!

둘은 또 다른 언덕으로 떨어지더니 옆 언덕으로 올라간다.

기쁨/빙봉 놀기 좋아하는 네 친구는 누구니? 빙봉, 빙봉! 로켓을 타면 너희들은 소리를 질렀지, '만세!' 빙봉, 빙봉! 이리 보나 저리 보나 최고요, 놀기 좋아하는 네 친구는 누구냐고 노래하고 싶어 좀이 쑤시는 사람은 누구니?

기쁨이 절벽에서 튀어나온 바위를 잡으려고 한다. 그런데 몸을 너무 많이 기울여서 수레가 균형을 잃는다. 기쁨, 빙봉 그리고 수레는 쿵 소리를 내며 떨어진다. 둘은 바닥에 누워 신음 소리를 낸다.

기쁨 (포기한 듯 한숨을 내쉰다)

빙봉이 일어선다. 절벽에서 튀어나온 바위를 쳐다보더니 자기 손을 내려다본다. 손이 사라지고 있다!

빙봉 어서, 기쁨아, 한 번 더 하자.

빙봉이 몸을 돌려 기쁨이 일어나는 것을 도와주려고 손을 내민다.

crash 추락하다, 떨어지다 **shoot down** ~으로 떨어지다 **launch up** ~으로 올라가다 **reach out** (손을) 뻗다 **ledge** 절벽에서 튀어나온 바위 **stretch** 늘이다, 뻗은 **upset the wagon's balance** 수레의 균형을 잃게 만들다 **thud** 쿵 떨어지는 것(소리) **extend one's hand** 손을 내밀다

BING BONG I've got a feeling about this one. [87]

Joy, Bing Bong and the wagon stand atop the largest hill yet. The radio flyer rockets down the slope. Joy and Bing Bong sing their hearts out.

JOY/BING BONG Bing Bong, Bing Bong! His rocket makes you yell "Hooray!" Bing Bong, Bing Bong! Who's the best in every way and wants to sing this song to say... Who's your friend who likes to play?

BING BONG Louder! Louder, Joy! Sing louder.

JOY (singing loud) Who's the best in every way and wants to sing this song to say... Who's your friend who likes to play? BING BONG!

Reaching the base of the hill, Bing Bong dives out of the wagon. Without his weight, the rocket has more momentum than ever before. Joy remains focused on the ledge, unaware of what Bing Bong has done.

JOY (singing loud) Who's your friend who likes to play? Bing Bong, Bing Bong! His rocket makes you yell "Hooray!" Bing Bong, Bing Bong! Who's the best in every way and wants to sing this song to say. His rocket makes you yell "Hooray!" Bing Bong!

빙봉　　이번엔 예감이 좋아.

기쁨과 빙봉은 수레를 갖고 제일 높은 언덕 위에 서 있다. 라디오 플라이어 수레는 언덕을 휙 내려간다. 기쁨과 빙봉은 목이 터져라 노래를 부른다.

기쁨/빙봉　　빙봉, 빙봉! 로켓을 타면 너희들은 소리를 질렀지, '만세!' 빙봉, 빙봉! 이리 보나 저리 보나 최고요, 노래하고 싶어 좀이 쑤시는 사람은 누구니? 놀기 좋아하는 네 친구는 누구니?

빙봉　　더 크게! 더 크게, 기쁨아! 더 크게 노래해.

기쁨　　(큰 소리로 노래한다) 이리 보나 저리 보나 최고요, 놀기 좋아하는 네 친구는 누구냐고 노래하고 싶어 좀이 쑤시는 사람은 누구니? 빙봉!

언덕 바닥에 도착하자 빙봉은 수레에서 뛰어내린다. 빙봉이 내려 가벼워진 로켓은 전보다 더 가속이 붙는다. 기쁨은 절벽에서 튀어나온 바위에 집중하느라 빙봉이 무슨 짓을 했는지 모른다.

기쁨　　(큰 소리로 노래한다) 놀기 좋아하는 네 친구는 누구니? 빙봉, 빙봉! 로켓을 타면 너희들은 소리를 질렀지, '만세!' 빙봉, 빙봉! 이리 보나 저리 보나 최고요, 이렇게 노래하고 싶어 좀이 쑤시는 사람은 누구니? 로켓을 타면 너희들은 소리를 질렀지, '만세!' 빙봉!

stand atop ~의 꼭대기에 서 있다 **radio flyer** 아동용 수레 상표 **rocket down** ~의 아래로 휙 내려가다 **sing one's heart out** 목이 터져라 노래 부르다 **base of the hill** 언덕의 밑자락 **dive out of** ~에서 휙 뛰어내리다 **without his weight** 빙봉이 뛰어내려 무게가 가벼워지자 **more A than ever before** 이전보다 더 많은 A **momentum** 가속도, 운동량 **remain focused on** 계속해서 ~에 집중하고 있다 **unaware of** ~에 관해서는 인식하지 못하고

The rocket is almost to the top.

JOY (oblivious) We're going to make it!

The rocket makes it over the ledge. She made it!

JOY (crash landing) Woohoo! Bing Bong, we did it! We—

She turns around and gasps. Bing Bong is gone.

JOY Bing Bong? Bing Bong!

She looks down over the ledge and spots him. He is laughing triumphantly and doing his patented jig.

BING BONG Ya ha ha! You made it! Ha ha! Go! Go save Riley! Ha ha ha! (to self) Take her to the moon for me. [88] Okay?

He bows then vanishes. Joy's eyes widen in awe; he's sacrificed his life for her. She is heartbroken at losing Bing Bong. She hangs her head.

JOY I'll try, Bing Bong. I promise.

로켓은 거의 꼭대기에 다다랐다.

기쁨 (상황을 파악하지 못한 채) 이번엔 될 것 같아!

로켓은 절벽에서 튀어나온 바위로 간다. 성공했다!

기쁨 (쿵 안착한다) 우후! 빙봉, 우리가 해냈어! 우리가…

기쁨이 몸을 돌려보다가 헉 놀란다. 빙봉이 사라졌다.

기쁨 빙봉? 빙봉!

기쁨은 절벽에서 튀어나온 바위에서 밑을 내려다본다. 빙봉의 모습이 보인다. 빙봉은 이제 제대로 해냈다는 듯이 의기양양하게 웃으며 자신만의 독특한 춤을 추고 있다.

빙봉 와, 하하! 야, 드디어 해냈구나! 하하! 가, 가서 라일리를 구해! 하하하! (혼잣말로) 나 대신 라일리를 달에 데리고 가, 알았지?

빙봉은 인사하고 사라진다. 기쁨은 놀라서 눈이 커진다. 빙봉은 라일리를 위해 자신을 희생한 것이다. 그녀는 빙봉을 잃어서 마음이 아프다. 고개를 떨군다.

기쁨 그렇게 할게, 빙봉아. 약속해.

be almost to the top 거의 꼭대기에 왔다 **oblivious** 의식하지 못하는 **made it** 성공하다 **be gone** 사라졌다 **triumphantly** 득의양양하여, 자랑스럽게 **do one's patented jig** 자신의 전매특허 같은 춤을 추다 **vanish** 사라지다 **in awe** 놀라서, 두려워하며 **sacrifice one's life** 목숨을 내놓다, 희생하다

CHAPTER 21

Riley's Gone

665 — SHE'S GONE

INT. SF LIVING ROOM – EVENING

Mom and Dad walk in.

MOM We're home! Riley? Riley!

INT. RILEY'S ROOM

Dad opens the door. The room is empty. They concerned.

665 — 라일리가 사라졌다

실내. 샌프란시스코 집의 거실 - 저녁

엄마와 아빠가 들어온다.

엄마 우리 왔다! 라일리? 라일리!

실내. 라일리의 방

아빠가 방문을 연다. 방이 비어 있다. 부부는 걱정스러운 표정이다.

walk in 안으로 들어오다 **empty** 비어있다 **concerned** 걱정하는

MOM I'll call her cell.

EXT. SAN FRANCISCO STREET

Riley walks through a sketchy part of the city.

INT. HEADQUARTERS

FEAR It's really dark out here. Wait. Is that someone walking towards us? [89] Let's cross the street.

Riley's cell phone rings. MOM is calling.

INT. HEADQUARTERS

FEAR It's Mom! She's on to us! Where's my bag?

DISGUST What do we do?

ANGER Riley needs to get core memories. We keep going.

FEAR (breathing into bag) That's the stuff.

EXT. SAN FRANCISCO STREET

Riley ignores the call and walks on.

엄마 내가 라일리 휴대폰에 전화해 볼게.

실외. 샌프란시스코의 거리

라일리가 샌프란시스코의 후미진 거리를 걸어간다.

실내. 본부

소심 여기는 너무 어두워. 잠깐. 저기 누가 오는 거 아냐? 길 건너자.

라일리의 휴대폰이 울린다. 엄마가 전화하고 있다.

실내. 본부

소심 엄마다! 우리를 찾고 있는 거야! 내 봉지가 어디 있지?

까칠 어떻게 하지?

버럭 라일리한테는 핵심 기억이 필요해. 계속 가자.

소심 (봉지에 대고 숨을 쉬며) 이제야 살 것 같군.

실외. 샌프란시스코의 거리

라일리는 전화벨을 무시하고 계속 걷는다.

sketchy part of the city 도시의 후미진(위험스럽게 보이는) 거리 **Where's my bag?** 무섭거나 놀라 숨이 막힐 것 같을 때 종이 봉지에 대고 숨을 들이쉬며 안정을 찾으려는 상황 (소심이 놀라 종이 봉지를 찾음) **ignore the call** 전화가 온 것을 무시하다 **walk on** 계속해서 걸어가다

EXT. LONG TERM MEMORY

Joy runs through the Long Term Memory stacks.

JOY Sadness!

Behind her, Family Island rumbles and pieces began to flake off. Joy sees it fall and frantically continues on.

EXT. BUS DEPOT

Riley walks up to the bus depot.

EXT. LONG TERM MEMORY SHELVES

Joy runs through a long corridor.

JOY Sadness? Sadness?

Joy keeps searching. No Sadness.

JOY (desperate) C'mon Sadness, where are you? Okay. If I were Sadness, where would I be? [90] (Sadness voice) Ohhh... everything is awful and my legs don't work and you have to drag me around while I touch all the...

Joy slumps to the ground. She kicks a leg up in the air. Joy stops. Something has caught her eye. REVEAL: There is a path of blue memories on the bottom shelves that winds deeper into Long Term. Joy follows the path.

실외. 장기 기억 저장소

기쁨은 장기 기억 저장소의 선반 사이를 뛴다.

기쁨 슬픔아!

기쁨의 뒤에서 가족섬이 우르릉 소리를 내더니 조각들이 떨어져 나가기 시작한다. 기쁨은 그것을 보며 미친 듯이 걸어간다.

실외. 버스 터미널

라일리는 버스 터미널로 다가간다.

실외. 장기 기억 저장소

기쁨은 기다란 통로를 뛰어가고 있다.

기쁨 슬픔아? 슬픔아?

기쁨이 계속 찾는다. 슬픔은 보이지 않는다.

기쁨 (필사적으로) 제발, 슬픔아, 너 어디 있는 거니? 좋아. 내가 슬픔이라면 어디에 있을까? (슬픔의 목소리를 흉내 내며) 오오오… 모든 게 엉망진창이야. 다리가 말을 듣지 않아. 날 끌고 가, 내가 이걸 만질…

기쁨이 바닥에 털썩 드러누워 다리를 하나 공중에 든다. 기쁨이 동작을 멈춘다. 무언가 눈에 들어온다. 맨 아래쪽 선반의 기억들이 푸른빛을 내며 장기 기억 저장소의 깊숙한 곳까지 길처럼 뻗어 있다. 기쁨은 그 길을 따라 걷는다.

stack 무더기 **flake off** (조각 등이) 떨어져 나가다 **frantically** 미친 듯이, 열에 들떠서 **continue on** 계속하다 **bus depot** 버스 터미널 **corridor** 복도 **desperate** 필사적인 **drag around** 이리저리 끌고 다니다 **slump to the ground** 바닥에 털썩 드러눕는다 **kick a leg up in the air** 다리 하나를 공중에 올리다 **path** 길

EXT. BUS DEPOT

Riley walks out of the bus depot and into line. The line advances. Suddenly Riley's cell phone rings. She looks at it: calls from "Mom."

INT. HEADQUARTERS

Fear breathes faster into his bag.

DISGUST Oh no. It's Mom again. What do we do?!

ANGER (not sure) Uh… Uh...

Boom! Family Island rumbles behind them. QUICK INTERCUTS between the line getting shorter, the phone ringing and Family Island crumbling. Finally...

실외. 버스 터미널

라일리가 버스 터미널에서 나와 줄을 선다. 줄이 앞으로 움직인다. 갑자기 라일리의 휴대폰이 울린다. 라일리가 들여다보는데, 엄마 전화다.

실내. 본부

소심이 봉지에 대고 더 빨리 숨을 내쉰다.

까칠 오 이런. 또 엄마가 전화했네. 어쩌지?!

버럭 (자신 없이) 어… 어…

쾅! 뒤에서 가족섬이 우르릉 소리를 낸다. 줄이 짧아지는 장면, 폰이 울리는 장면, 가족섬이 무너지는 장면 등이 빠른 속도로 삽입된다. 결국…

the line advances 줄이 앞으로 나아간다, 줄이 줄어들다 **breathe** 숨을 쉬다 **intercut** (영화 장면 사이) 삽입하다 **between** 사이

INT. HEADQUARTERS

Fear's bag POPS.

ANGER This is madness! She shouldn't run away!

DISGUST Let's get this idea out of her head.

They rush to unplug the idea.

---

685 — HURRY BACK

EXT. LONG TERM

Joy runs, following the path of blue memories along the shelves. The path stops, Joy sees it's jumped to the other side. She picks up the path again, running deeper into Long Term.

JOY Sadness!

Joy rounds a corner, looks up and sees Sadness far down the row from her. Sadness drudges along, dragging her hand along the shelf, turning memories blue.

JOY (gasp) Sadness!

실내. 본부

소심의 봉지가 터진다.

버럭 이건 미친 짓이야! 가출하면 안 되는 거야!

까칠 라일리의 머릿속에서 그 생각을 없애자.

그들은 생각 플러그를 빼려고 급히 달려든다.

---

685 — 빨리 돌아가자

실외. 장기 기억 저장소

기쁨이 선반에서 푸른빛으로 빛나는 기억의 통로를 뛴다. 그 길이 끊어졌다 다시 다른 쪽으로 이어지고 있는 것이 보인다. 기쁨은 그 길을 다시 찾아 장기 기억 저장소의 아주 깊숙한 곳으로 뛰어 들어 간다.

기쁨 슬픔아!

기쁨이 모퉁이를 돌아 보니 슬픔이 저 멀리 있다. 슬픔은 손으로 선반을 훑으면서 터벅터벅 걷고 있다. 기억들이 푸른색으로 변하고 있다.

기쁨 (헉 하며) 슬픔아!

pop (종이봉지가) 팍 소리를 내며 터진다 **madness** 미친 짓 **unplug** 플러그를 뽑다 **round a corner** 모퉁이를 돌다 **drudge along** 발을 질질 끌듯이 걷다

Joy spots Sadness far off. Sadness turns around.

SADNESS Joy?

Inexplicably, Sadness turns and runs away.

JOY Wait, Sadness!

Joy chases after her. Sadness doesn't stop.

SADNESS (far away) Just let me go! Riley's better off without me! [91]

Joy sees Sadness round a corner and follows her straight into...

<u>INT. IMAGINATION LAND, FRENCH FRY FOREST</u>
Sadness topples French fries in Joy's path.

JOY Come back!

Joy uses a super-long fry to pole-vault over the mound of fallen French fries. Joy lands with a thud and pauses to lick the salt off her fingers. She gets up and books it, chasing after Sadness.

기쁨은 저 멀리 있는 슬픔을 발견한다. 슬픔이 몸을 돌린다.

슬픔 기쁨이?

이상하게도 슬픔은 몸을 돌려 도망친다.

기쁨 잠깐, 슬픔아!

기쁨은 슬픔을 쫓아간다. 슬픔은 멈추지 않는다.

슬픔 (멀리 달아나며) 날 그냥 놔둬! 라일리는 내가 없는 게 나아!

기쁨은 슬픔이 모퉁이를 도는 것을 보자 지름길로 뛰어든다…

실내. 상상의 나라, 감자튀김 숲

슬픔은 기쁨이 쫓아오는 길에 감자튀김을 쓰러뜨린다.

기쁨 돌아와!

기쁨은 엄청나게 긴 튀김으로 장대높이뛰기를 해서 쓰러진 감자튀김들을 뛰어넘는다. 기쁨은 쿵 소리를 내며 땅에 떨어져서는 손가락에 묻은 소금을 핥는다. 그러더니 일어서서 슬픔의 뒤를 쫓아 미친 듯이 달린다.

inexplicably 이상하게도 (이유를 설명할 수 없을 정도로 이상한 짓을 하다) **chase after** ~의 뒤를 쫓다 **be better off without me** 내가 없으면 더 잘 산다 **straight** 곧장 **pole vault** 장대높이뛰기 **lick** 핥다 **book it** 서둘러 하다, 미친 듯이 달리다

INT. IMAGINATION LAND, CLOUD TOWN

Two CLOUD COPS are questioning a CLOUD WITNESS next to the cloud crime scene where the Bing Bong/Cloud Man altercation took place earlier.

MIND WORKER COP #1 (to witness) So, uh, you're saying your husband was blown away by an elephant.

The Cloud Witness nods. Sadness runs past the crime scene. They don't notice.

MIND WORKER COP #1 Was he with anyone?

CLOUD WITNESS Yes! And there she is!

Joy runs through the crime scene, right through the cloud witness. The witness dissipates.

MIND WORKER COP #1 Hey! Come back here!

He starts to run after her. The other cop grabs his arm.

MIND WORKER COP #2 Forget it, Jake. It's Cloud Town.

실내. 상상의 나라, 구름 마을

전에 빙봉과 구름 맨이 다투던 곳에서 구름 경관 둘이 현장 옆에 있던 구름 증인을 심문하고 있다.

정신세계의 경관 1 (증인에게) 그러니까, 코끼리가 불어서 당신 남편이 날아갔단 말이죠.

구름 증인이 고개를 끄덕인다. 슬픔이 현장 옆을 뛰어가지만 이들은 슬픔을 보지 못한다.

정신세계의 경관 1 다른 사람도 있었습니까?

구름 증인 네! 저기 저 여자요!

기쁨이 현장을 가로질러, 구름 증인을 직통으로 뚫고 뛰어간다. 증인이 사라진다.

정신세계의 경관 1 이봐요! 이리로 돌아와요!

경관이 기쁨 뒤를 쫓아 뛴다. 그러자 다른 경관이 그 경관의 팔을 잡는다.

정신세계의 경관 2 그만해, 제이크. 여기는 구름 마을이야.

cop 순경, 경찰관 **question** 심문하다 **crime scene** 범죄현장 **altercation** 다툼, 승강이 **take place** 일어나다 **blow away** 불어 날리다 **dissipate** (구름, 수증기 등이) 사라지다, 흩어지다

EXT. IMAGINATION LAND, CLIFF EDGE

Joy exits cloud town and slows, looking for Sadness. She's lost her again.

JOY (running/panting, reacts to rain)

Joy looks up. Sadness is flying off on a chunk of cloud.

JOY What? Sadness!

Sadness floats off to screen right, away from Headquarters.

SADNESS (crying) I only make everything worse!

JOY Wait – Sadness! We've gotta get you back to... (Sadness too far) Ugh.

Joy looks behind her, at Headquarters. She looks around. What does she have to work with? The boyfriend generator...

INT. HEADQUARTERS

Anger tries to untwist the idea, but THE IDEA WON'T MOVE.

700 — 돌아오다

실외. 상상의 나라, 절벽 가장자리

기쁨은 구름 마을을 벗어나자 속도를 늦추고는 슬픔을 찾는다. 기쁨은 또 슬픔을 잃어버렸다.

기쁨 (달리면서 숨을 헐떡이다 비가 오자 놀란다)

기쁨이 위를 올려다본다. 슬픔이 구름 한 조각을 타고 떠나고 있다.

기쁨 저게 뭐야? 슬픔아!

슬픔이 화면 오른쪽으로 떠간다. 본부에서 멀어지는 방향이다.

슬픔 (울면서) 난 모든 걸 나빠지게 한단 말야!

기쁨 잠깐, 슬픔아! 너랑 함께 돌아가야 해… (슬픔은 너무 멀리 가버렸다) 으으.

기쁨이 자기 뒤에 있는 본부를 본다. 주변을 둘러본다. 뭘 갖고 해야 할까? 남자친구 생성기다…

실내. 본부

버럭이 '생각'이 꼬인 것을 풀려고 하지만 꼼짝도 하지 않는다.

fly off on ~을 타고 날아가 버리다 **chunk** 덩어리 **float off to** ~로 둥둥 떠서 사라지다 **away from** 에서 떠나서 **boyfriend generator** 남자친구 생성기

ANGER (efforts) It's stuck!

DISGUST Oh, great.

FEAR What do you mean it's stuck?!? [92]

DISGUST Now what?

A strange BLACKNESS spreads over the console.

FEAR Oh, no, no, no. What is THIS?!

INT. BUS

Riley boards the bus.

INT. HEADQUARTERS

Anger grabs a chair and slams it down on the console. It bounces off with no effect. Fear lunges in with a crowbar. He loses control and it smacks him in the face.

FEAR (efforts/impact/pain) OWW! Oh, how do we stop it?

DISGUST (getting idea) I got it! Make her feel scared! That'll make her change her mind!

FEAR Brilliant!

버럭 (힘쓰며) 이게 꿈쩍도 안 해!

까칠 오, 잘됐군.

소심 꿈쩍도 안 하다니 무슨 소리야?!?

까칠 이제 어떻게 할 거야?

기괴한 암흑이 콘솔에 퍼진다.

소심 아, 안 돼, 안 된다고. 이게 도대체 뭐야?!

<u>실내. 버스</u>

라일리가 버스에 탄다.

<u>실내. 본부</u>

버럭이 의자를 잡더니 콘솔을 쾅 내리친다. 아무런 효과도 없이 의자가 튕겨져 나온다. 소심은 쇠지렛대를 들고 덤벼들지만 그것은 손에서 벗어나 얼굴을 정통으로 때린다.

소심 (끙끙 힘을 쓰며 아파한다) 아얏! 아, 어떻게 해야 이걸 멈출 수 있지?

까칠 (생각이 떠올랐다) 알았어! 라일리가 겁을 먹게 만들어야 해. 그러면 생각을 바꿀 거야!

소심 아주 좋은 생각이야!

blackness 어둠 **spread over** 퍼지다 **board the bus** 버스에 올라타다 **slam A down on B** A를 들어올려 B에다 내리치다 **bounce off** 튕겨져 나오다 **no effect** 효과가 없는 **lunge** 달려들다, 찌르다 **crowbar** 쇠지렛대 **smack** 때리다, 정통으로 **feel scared** 겁먹다 **change one's mind** 생각을 바꾸다 **brilliant** 아주 훌륭한

DISGUST I know it's brilliant. Do it!

Fear frantically pushes buttons.

FEAR Ahh! Nothing's working! [93] Why isn't it working??

ANGER Let me try!

Disgust and Fear pound on the console buttons.

DISGUST Great, you broke it!

FEAR No, I didn't!

ANGER Let me do it!

INT. BUS

Riley takes a seat.

INT. HEADQUARTERS

By now, the console is mostly black.

FEAR Guys. We can't make Riley feel anything.

INT. BUS

Riley sits on the bus.

까칠 물론 좋은 생각이지. 해 보자!

소심이 미친 듯이 버튼들을 누른다.

소심 아! 되는 게 아무것도 없네! 왜 안 되는 거지??

버럭 내가 해 볼게!

까칠과 소심이 콘솔의 버튼들을 마구 두드린다.

까칠 아주 잘했군, 네가 망가뜨렸어!

소심 아냐, 내가 망가뜨린 게 아냐!

버럭 내가 해 볼게!

<u>실내. 버스</u>
라일리가 자리에 앉는다.

<u>실내. 본부</u>
이제 콘솔은 거의 검게 변했다.

소심 얘들아. 우리 힘으로는 라일리가 그 어떤 감정도 느끼게 할 수 없어.

<u>실내. 버스</u>
라일리가 버스 좌석에 앉아 있다.

pound on ~을 쾅쾅 두드리다 **take a seat** 자리를 차지하여 앉다 **mostly** 거의 **sit on the bus** 버스에 앉아 있다

INT. HEADQUARTERS

ANGER What have we done?

EXT. IMAGINATION LAND, BOYFRIEND GENERATOR

Joy runs up. Riley's Imaginary Boyfriend is taking a selfie.

JOY Hey. Hey, look at me. Did you mean what you said before? [94]

IMAGINARY BOYFRIEND I would die for Riley! I would die for Riley!

JOY Yeah, yeah, ok, haircut. Time to prove it.

Joy scoops the Imaginary Boyfriend into her satchel. Turns on the generator. Out pour imaginary boyfriends.

IMAGINARY BOYFRIENDS (looped for the many Boyfriends) I would die for Riley! I would die for Riley! I would die for Riley!

As they pour down the conveyor belt, they fall into Joy's satchel.

EXT. IMAGINATION LAND

Joy spots Sadness ahead and runs past.

실내. 본부

버럭 우리가 무슨 짓을 한 거지?

실외. 상상의 나라, 남자친구 생성기

기쁨이 달려온다. 라일리의 상상 남자친구가 셀카를 찍고 있다.

기쁨 이봐. 이봐, 나 좀 봐. 너 전에 말했던 거 진짜지?

상상 남자친구 난 라일리를 위해서 죽을 수 있어! 난 라일리를 위해서 죽을 수 있어!

기쁨 그래, 그래, 알았어, 친구. 그걸 증명할 때가 왔어.

기쁨은 상상 남자친구를 가방 안에 넣고는 생성기를 작동시킨다. 상상 남자친구들이 쏟아져 나온다.

상상 남자친구들 (남자친구들이 무한 생성된다) 난 라일리를 위해서 죽을 수 있어! 난 라일리를 위해서 죽을 수 있어! 난 라일리를 위해서 죽을 수 있어!

남자친구들은 컨베이어 벨트에서 쏟아져 나오는 대로 기쁨의 가방 안으로 떨어진다.

실외. 상상의 나라

기쁨은 앞에 슬픔이 있는 것을 발견하고는 뛰어서 지나친다.

take a selfie 셀프 카메라를 찍다 **haircut** 귀여운 남자 **prove** 입증하다 **turn on** (기계의 전원을) 켜다 **looped for** 고리 모양으로 이어져 계속 순환되어 ~을 만들어내는 **pour down** ~으로 쏟아져 내려오다 **conveyor belt** 컨베이어 벨트

EXT. IMAGINATION LAND BALLOON TREES

Joy pulls a TWISTY BALLOON PALM TREE from the ground. She aims it toward the approaching Sadness and unties it noisily. PTTHHTHPHTH! The balloon blows Sadness, twirling her cloud back the way she came (screen left) and over the MEMORY DUMP. In the process, the HOUSE OF CARDS behind them collapses. As Joy runs off:

HOUSE OF CARDS WORKER (angry) That's it — I fold!

EXT. IMAGINATION LAND, BOYFRIEND GENERATOR

Joy grabs her satchel. Boyfriends pile onto the ground as she sprints off.

EXT. IMAGINATION LAND CLIFFSIDE

Sadness floats out over the memory dump. Joy runs along the cliff edge, parallel Sadness, towards Family Island.

EXT. LONG TERM MEMORY CLIFFS, NEAR FAMILY ISLAND

Joy sights Sadness and aligns herself with Family Island. She dumps the satchel, pouring out the Boyfriends. Their momentum pulls Joy to the top of a TOWER OF BOYFRIENDS. Joy nearly falls and only just catches herself on a boyfriend. She climbs back on top of the tower.

실외. 상상의 나라, 풍선 나무들

기쁨은 구불구불한 풍선 야자수를 땅에서 뽑는다. 그것을 다가오는 슬픔을 향해 겨냥하더니 요란한 소리를 내며 푼다. 쉭쉭쉭! 풍선이 슬픔을 날려서, 타고 온 구름을 전에 있던 화면 왼쪽으로 휙 보내는 데 그치지 않고 기억 쓰레기장까지 날린다. 와중에 뒤에 있던 카드로 만든 집이 무너진다. 기쁨이 뛰어간다.

카드로 만든 집 일꾼 (화가 나서) 이젠 정말 끝이야, 난 접겠어!

실외. 상상의 나라, 남자친구 생성기

기쁨이 가방을 잡는다. 기쁨이 뛰어가자 남자친구들이 땅으로 쏟아진다.

실외. 상상의 나라에 있는 절벽 가장자리

슬픔이 기억 쓰레기장 위로 둥둥 떠다닌다. 슬픔이 가족섬을 향해 떠가는 것에 맞춰 기쁨은 절벽을 따라 달린다.

실외. 가족섬 근처의 장기 기억 저장소 절벽

기쁨이 슬픔을 발견하고는 가족섬으로 향할 수 있게 자세를 잡는다. 기쁨이 가방을 쏟자 남자친구들이 빠져나온다. 이 남자친구들의 가속도로 기쁨은 그들의 탑 꼭대기로 올라간다. 기쁨은 떨어질 뻔하지만 남자친구를 붙잡아 겨우 위기를 면한다. 기쁨은 다시 탑 꼭대기로 기어올라 간다.

palm tree 야자수 **aim A toward B** A를 B를 향해 겨냥하다 **untie** ~을 풀다 **in the process** 그 과정에서 **collapse** 무너지다, 붕괴되다 **fold** 접다 **pile** 쌓이다 **sprint off** 튕겨나가다, 전력질주하다 **sight** 보다 **align oneself with** ~와 동조하다 **momentum** 탄력, 가속도 **nearly fall** 떨어질 뻔하다

JOY (off balance, to herself) This is crazy, this is crazy... No, no, no! Joy! Be positive. (beat) I am POSITIVE this is crazy.

Joy looks out at the trampoline on Family Island then back at Sadness floating away.

JOY NOW!

IMAGINARY BOYFRIENDS For Riley!

Joy falls towards Family Island and the TRAMPOLINE. She bounces and flies up toward Sadness. Joy intercepts Sadness mid-air.

SADNESS Joy?

JOY Hang on!

They launch towards Headquarters. Will they make it?

기쁨 (균형을 잃고, 혼잣말로) 이건 미친 짓이야, 이건 미친… 아냐, 아냐! 기쁨아! 긍정적으로 생각해야지. (잠시 후) 확실히 말하는데 이건 미친 짓이야.

기쁨은 가족섬에 있는 트램펄린을 내다보더니 둥둥 떠서 지나가는 슬픔을 다시 본다.

기쁨 지금이야!

상상 남자친구들 라일리를 위하여!

기쁨은 가족섬에 있는 트램펄린으로 떨어져 튀어서 공중으로 올라가더니 슬픔 쪽으로 날아간다. 기쁨은 공중에서 슬픔을 낚아챈다.

슬픔 기쁨아?

기쁨 꽉 잡아!

둘은 본부 쪽으로 향한다. 무사히 본부에 안착할까?

off balance 균형을 잃고 **be positive** 긍정적으로 생각하다 **positive** 확실한 **bounce** 튀다, 탄력 **intercept** 낚아채다 **mid-air** 공중에서

CHAPTER 22

You're Back!

INT. HEADQUARTERS

Anger, Fear and Disgust at the screen, worried.

FEAR Ohhh, I wish Joy was here!

SPLAT! Joy and Sadness hit the back window of Headquarters and slide down, grabbing the window edge.

JOY/SADNESS (struggling)

실내. 본부

버럭, 소심 그리고 까칠이 걱정스러운 표정으로 화면에 서 있다.

소심 오오, 기쁨이 여기에 있어야 하는데!

쾅! 기쁨과 슬픔이 본부의 뒤창문에 쾅 소리를 내며 부딪치더니 미끄러지다 창문턱을 잡는다.

기쁨/슬픔 (끙끙 힘을 쓰는 소리)

splat 철퍼덕 **slide down** 미끄러져 내려가다 **window edge** 창끝, 창턱

The Emotions run to the window.

DISGUST It's Joy!

ANGER Stand back! (throwing chair) Arrrrgh!

Anger throws a chair at the window. It bounces off.

DISGUST That worked.

ANGER Well, what would you do, if you're so smart!

He's smouldering. Disgust's eyes light up.

DISGUST I'd tell you, but you're too dumb to understand.

ANGER What?!

DISGUST Of course your tiny brain is confused. Guess I'll have to dumb it down to your level. Sorry I don't speak "moron" as well as you, but let me try... (makes a dumb face) Duuuuhhhhh.

Anger is about to explode.

감정들이 창문으로 뛰어온다.

까칠 기쁨이야!

버럭 뒤로 물러서! (의자를 내던지며) 으악!

버럭이 창문으로 의자를 던지지만 부딪쳐 튕겨 나온다.

까칠 잘했어.

버럭 자, 네가 그렇게 똑똑하면 한번 해 보시든가!

버럭이 씩씩거린다. 까칠은 눈이 반짝인다.

까칠 내가 말해도 넌 너무 멍청해서 못 알아들을 거야.

버럭 뭐라고?!

까칠 머리가 나빠서 모르겠지. 네 수준에 맞게 말할게. 너처럼 '멍청'하게 말할 수 없어 유감이지만 해 볼까… (바보 같은 표정을 지으며) 두우우우후후.

버럭은 폭발하기 일보 직전이다.

stand back 뒤로 물러서다 **bounce off** 튕겨 나오다 **smoulder** 연기가 무럭무럭 나다 (머리에 연기가 날 정도로 너무 화가 난) **light up** 환해지다 **dumb** 멍청한 **tiny brain** 새대가리처럼 머리가 나쁘다고 조롱하는 표현 **dumb it down to your level** 머리가 나쁜 네 수준으로 나를 맞춘다 **moron** 멍청이 **explode** 터지다, 터뜨리다

ANGER AHHHHHHH!!!!!!!

He leaps into full blowtorch flame. Disgust, wearing a welding mask, picks him up and cuts a hole in the window. Joy and Sadness climb through the hole in the window.

JOY/SADNESS (being pulled up from ledge)

Anger, Fear and Disgust all talk at the same time:

FEAR Oh, thank goodness you're back, Joy. We were just trying to make more happy memories! Happy memories!

DISGUST Things are really messed up. Everything is broken! Go, get up there! You've gotta fix this!

ANGER We found this idea, and now Riley's on a bus heading for Minnesota! It seemed like a good idea at the time — how were we supposed to know?!?

Joy looks at the screen.

INT. BUS

The bus is moving.

INT. HEADQUARTERS

버럭　　아아아아아아아!!!!!!

버럭은 화염으로 변한다. 까칠은 용접용 마스크를 쓰고는 버럭을 들어올려 창문에다 구멍을 낸다. 기쁨과 슬픔은 창문에 난 그 구멍을 통해 기어들어 온다.

기쁨/슬픔　　(창턱에서 끌어올리는 소리)

버럭, 소심 그리고 까칠이 모두 동시에 말한다.

소심　　오, 네가 돌아와서 정말 천만다행이다, 기쁨아. 우리는 그냥 즐거운 기억을 더 만들려고 했던 것뿐인데! 즐거운 기억 말야!

까칠　　일이 정말 엉망이 돼 버렸어. 고장나지 않은 게 하나도 없어! 저기 가서 봐! 네가 이걸 제대로 해놔야 해!

버럭　　우리가 이 생각을 찾아냈지, 그래서 라일리가 미네소타로 가려고 버스에 탄 거야! 그때는 그게 좋은 생각인지 알았지. 그런데 그게 좋은 생각이란 건 어떻게 알았지?!?

기쁨이 화면을 본다.

실내. 버스

버스가 움직인다.

실내. 본부

blowtorch 용접용 버너, 토치　welding mask 용접 마스크　through the hole 구멍을 통해서　at the same time 동시에　be messed up 엉망진창이 되다　fix 고치다, 바로잡다

DISGUST Joy, you've got to fix this. Get up there.

Joy turns to Sadness.

JOY Sadness, it's up to you.

She pushes Sadness towards the console.

ANGER/FEAR/ DISGUST What?!? Sadness?!?

SADNESS Oh... I can't, Joy.

JOY Riley needs you.

Sadness looks at Joy. Really? Sadness makes it to the console... and takes charge.

SADNESS (deep breath) Ok.

The console calms. IDEA BULB turns off and Sadness pulls it out of the console.

INT. BUS

She realizes something.

까칠 　　기쁨아, 네가 해결해야 돼. 어서.

기쁨이 슬픔에게 몸을 돌린다.

기쁨 　　슬픔아, 이건 너한테 달렸어.

기쁨이 슬픔을 콘솔 쪽으로 민다.

버럭/소심/까칠 뭐라고?!? 슬픔한테 달렸다고?!?

슬픔 　　오… 난 못해, 기쁨아.

기쁨 　　라일리는 네가 필요해.

슬픔이 기쁨을 본다. 진짜 그럴까? 슬픔이 콘솔로 가서는 조종할 준비를 한다.

슬픔 　　(심호흡을 한다) 알았어.

콘솔이 조용해진다. 생각 전구가 꺼지자, 슬픔은 그것을 콘솔에서 빼낸다.

실내. 버스

라일리는 뭔가 깨닫는다.

be up to ~에 달려 있다, ~가 할 일이다 **push A towards B** A를 B 쪽으로 밀다 **take charge** 책임을 떠맡다 **calm** 조용해지다 **turn off** 불이 꺼지다

RILEY (stands) Wait! Stop! I wanna get off.

The bus stops. Riley runs to the front and gets off the bus.

<u>INT. HEADQUARTERS</u>

Joy, Anger, Fear and Disgust watch in amazement. Joy watches the screen with anticipation.

<u>EXT. SAN FRANCISCO STREET</u>

Riley runs back towards home.

---

740 — CHANGE HER MIND

<u>INT. RILEY'S DINING ROOM</u>

Mom sits at the table, on the phone. He is nervous.

라일리 (일어서며) 잠깐만요! 멈춰요! 내려야겠어요.

버스가 멈춘다. 라일리는 앞쪽으로 뛰어가더니 버스에서 내린다.

<u>실내. 본부</u>

소심, 분노, 까칠은 놀란 채 바라본다. 기쁨은 기대에 차서 화면을 응시한다.

<u>실외. 샌프란시스코의 거리</u>

라일리가 집을 향해 뛰어간다.

---

740 — 생각을 고쳐먹다

<u>실내. 라일리네 집의 식당</u>

엄마는 식탁에 앉아 전화하고 있고, 아빠는 초조해한다.

get off (버스에서) 내리다 **in amazement** 놀라서 **with anticipation** 기대에 차서 **nervous** 불안해 하는

MOM (into phone) Alright. Thank you. We will. (to Dad) Her teacher hasn't even seen Riley all day. [95]

DAD What? I can't believe this.

MOM (starting to panic) What was she wearing last? Do you even remember what...

The door behind them opens. Mom turns. Riley walks in.

MOM Riley!

DAD Riley, there you are! Thank goodness!

MOM Oh, we were worried sick! Where have you been? It's so late...

INT. HEADQUARTERS

Sadness is driving.

DAD (O.S.) Honey, what happened? Are you alright?

MOM (O.S.) We didn't know where you were. We asked the neighbors, we called the school, I talked to your teacher...

엄마 (전화에 대고) 알겠어요. 고마워요. 네, 그럴게요. (아빠에게) 담임은 종일 라일리를 보지도 못했대.

아빠 뭐라고? 참 어이가 없군.

엄마 (갑자기 초조해지기 시작한다) 얘가 뭘 입고 나갔더라? 기억 나…

엄마 아빠 뒤에서 문이 열린다. 엄마가 돌아본다. 라일리가 들어온다.

엄마 라일리!

아빠 라일리, 왔구나! 맙소사!

엄마 오, 우리가 얼마나 걱정했는지 아니? 어디 있었어? 너무 늦었잖니…

실내. 본부

슬픔이 조종하고 있다.

아빠 (화면 밖) 얘야, 무슨 일이야? 괜찮니?

엄마 (화면 밖) 우린 네가 어디 있는지도 몰랐어. 동네 사람들한테도 물어봤고, 학교에도 전화했어. 네 선생님하고도 얘기했단다…

even 심지어 **Thank goodness!** 정말 다행이다! 세상에! 맙소사! **be worried sick** 애간장이 녹을 정도로 걱정이 되다 **neighbors** 이웃

Joy walks up to Sadness, holding the golden core memories in her arms. She hands them over to Sadness. They all turn BLUE. Sadness is touched. Sadness places one in the recall unit.

MEMORIES PLAY ON SCREEN: Young Riley and Young Meg walk side by side.

INT. HEADQUARTERS

Sadness places another memory in the recall unit.

MEMORIES PLAY ON SCREEN:

- Young Riley and Young Meg walk side by side.
- She pushes a cookie into Dad's mouth.
- Riley runs around the living room with underpants on her head. Dad chases after her with a towel.
- Riley scores her first goal.
- Riley skates with Mom and Dad.

All memories are now a deep BLUE.

INT. RILEY'S DINING ROOM

Riley cries. Mom and Dad looking at Riley quietly. Riley continues to cry as she recalls the memories.

RILEY I know you don't want me to but... I miss home. I miss Minnesota.

기쁨이 금빛으로 빛나는 핵심 기억들을 안고 다가가서 슬픔에게 건네자, 그것들이 모두 푸른색으로 변한다. 슬픔의 마음이 움직인다. 슬픔이 기억 하나를 회상 유닛에 올려놓는다.
기억 재생 화면: 어린 라일리와 멕이 나란히 걷고 있다.

실내. 본부

슬픔이 또 다른 기억을 회상 유닛에 올려놓는다. 기억 재생 화면:
- 어린 라일리와 멕이 나란히 걷고 있다.
- 라일리가 쿠키를 아빠 입에 넣는다.
- 라일리가 팬티를 머리에 뒤집어쓴 채 거실을 뛰어다닌다. 아빠가 타월을 든 채 라일리 뒤를 쫓고 있다.
- 라일리가 난생 처음으로 하키 골을 넣고 있다.
- 라일리가 엄마 아빠와 함께 스케이트를 타고 있다.
이제 이 기억들은 모두 짙은 푸른색을 띠고 있다.

실내. 라일리네 집의 식당

라일리가 운다. 엄마 아빠는 조용히 라일리를 바라본다. 라일리는 추억을 떠올리며 계속 운다.

라일리 이런 말하면 속상하시겠지만… 난 집이 그리워요. 미네소타가 그립다고요.

hand over A to B A를 B에게 건네다 **walk side by side** 나란히 걷다 **recall** 회상하다 **quietly** 조용히 **miss** 그립다

RILEY (continuous) You need me to be happy, but... I want my old friends, and my hockey team... I wanna go home. Please don't be mad. [96]

Mom and Dad look at each other.

MOM Oh, sweetie...

DAD We're not mad. You know what? I miss Minnesota too. I miss the woods where we took hikes.

MOM And the backyard where you used to play.

DAD Spring Lake, where you learned to skate.

Riley cries.

DAD Come here.

The three hug.

INT. HEADQUARTERS

Joy gives Sadness her blue Core Memory. Sadness takes Joy's hand and leads her to the console. She places Joy's hand on the console.

라일리 (이어서) 엄마 아빠는 내가 즐겁게 지내기를 바라지만… 난 옛 친구들이 좋아요. 하키 팀도… 전에 살던 곳으로 가고 싶어요. 화내지 마세요.

엄마와 아빠는 서로 바라본다.

엄마 오, 얘야…

아빠 우리 화 안 났어. 그거 아니? 아빠도 미네소타가 그리워. 우리가 걷던 숲이 그립단다.

엄마 그리고 네가 놀던 뒷마당도.

아빠 스프링 레이크도. 거기서 네가 스케이트를 배웠지.

라일리가 운다.

아빠 이리 오렴.

셋이 껴안는다.

실내. 본부

기쁨이 슬픔에게 푸른색의 핵심 기억을 준다. 슬픔은 기쁨의 손을 잡아 콘솔로 이끌고는 기쁨의 손을 콘솔에 얹는다.

be mad 화를 내다 **look at each other** 서로 마주보다 **backyard** 뒷마당 **hug** 껴안다, 포옹하다 **take one's hand** ~의 손을 잡다 **lead her to the console** 기쁨을 콘솔로 이끌다

INT. RILEY'S DINING ROOM

Mom, Dad and Riley hug, Riley smiles through her tears.

INT. HEADQUARTERS

BING! Joy and Sadness hear the sound of a new memory being produced. They look over. It is a NEW CORE MEMORY: BLUE AND GOLD, swirled together. A first. They react in awe. The memory travels down the track and into the holder. A lightline extends out the back of Headquarters. It is a new FAMILY ISLAND, bigger than before.

INT. RILEY'S DINING ROOM

They till in an embrace.

INT. HEADQUARTERS

Joy and Sadness smile. Joy rests her head on Sadness. They're a team.

실내. 라일리네 집의 식당

엄마, 아빠 그리고 라일리가 껴안는다. 라일리는 눈물을 흘리면서도 미소를 짓는다.

실내. 본부

빙! 기쁨과 슬픔은 기억이 새로 생성되는 소리를 듣는다. 둘은 쳐다본다. 새로 생긴 핵심 기억이다. 푸른빛과 금빛이 함께 소용돌이치고 있다. 처음 있는 일이다. 둘은 놀란다. 그 기억이 트랙을 따라가더니 저장소로 들어간다. 본부 뒤편으로 광선이 뻗는다. 전보다 더 커진 새로 생긴 가족섬이다.

실내. 라일리네 집의 식당

가족은 여전히 안고 있다.

실내. 본부

기쁨과 슬픔은 미소를 짓는다. 기쁨은 슬픔에게 머리를 기댄다. 둘은 이제 한 팀이다.

smile through her tears 눈물을 흘리면서도 미소를 짓고 있다 **produce** 생성되다 **swirl together** 푸른색과 금빛이 서로 소용돌이친다 **extend out** 쭉 펼치다 **still in an embrace** 아직도 껴안고 있는 상태에서 **rest her head on Sadness** 기쁨이 머리를 슬픔에게 기댄다

CHAPTER 23

Things Couldn't Be Better

760 — EPILOG

INT. HEADQUARTERS – DAYS LATER

Close up on a new multi-colored Core Memory of Riley and her parents hugging. Pull out to see that it's now in the core memory holder. Crane up to see all the Emotions standing at the back window, admiring the view of brand-new Islands of Personality.

FEAR Hey, I'm liking this new view.

760 — **에필로그**

실내. 본부 - 며칠 후

엄마 아빠와 라일리가 안고 있는, 여러 가지 색으로 빛나는 새로운 핵심 기억이 클로즈업된다. 카메라가 멀어지면서 이것은 이제 핵심 기억 저장소에 들어가 있다는 것을 알 수 있다. 카메라가 위로 올라가자 감정들이 모두 뒤창문에 서서 새로 생성된 성격섬들을 바라보며 감탄하고 있는 것이 보인다.

소심 애들아, 난 이 새로운 풍경이 정말 좋아.

multi-colored 여러 가지 색깔을 띤 **admire** 감탄하다 **brand-new** 아주 새로운

ANGER Friendship Island has expanded. Glad they finally opened that Friendly Arguments section.

SADNESS I like Tragic Vampire Romance Island.

DISGUST Fashion Island. Everyone shut up!

FEAR Boy Band Island. Hope that's just a phase.

JOY Say what you want… I think it's all beautiful.

The Emotions turn to see workers at a new, larger console.

CONSOLE WORKER Alright! There you go. Your new expanded console is up and running. [97]

JOY/SADNESS/FEAR/ANGER/DISGUST Whoa!

ANGER Wow!

DISGUST Cool. Upgrade!

JOY Ooohh.

Fear leans on the console. BEEP!

버럭 우정섬이 커졌어. '친구랑 의견 나누기' 구역이 드디어 생긴 게 맘에 들어.

슬픔 난 '비극의 뱀파이어 로맨스 소설섬'이 좋아.

까칠 '패션섬'이라니. 모두 입 다물라구!

소심 '보이밴드섬'이 있네. 그냥 조금 있다가 사라지면 좋겠는데.

기쁨 네가 원하는 걸 말해… 난 모두 아름다워.

감정들이 몸을 돌리니 새로 생긴 더 넓은 콘솔과 일꾼들이 보인다.

콘솔 일꾼 자, 다 됐어. 새로 확장한 콘솔이 작동돼.

기쁨/슬픔/소심/버럭/까칠 와!

버럭 이야!

까칠 멋있다. 업그레이드 됐네!

기쁨 오오오.

소심이 콘솔에 기대자 삑! 소리가 난다.

expand 확장되다 **argument** 논쟁, 언쟁 **section** 구역, 섹션 **tragic** 비극의 **vampire** 흡혈귀 **phase** 한 때, 시기 **be up and running** 제대로 돌아가다, 작동되다 **upgrade** 개선하다, 단계를 높이다 **lean on** 기대다

FEAR Hey! Whoa! Whoops, wait. Did I just do that?

Disgust eyes a warning light label.

DISGUST Hey, guys? What's pub-er-ty?

JOY I don't know. It's probably not important.

Anger checks out his console.

ANGER Whoa. I have access to the entire curse word library! [98] This new console is the sh—

BEEP! Fear backs away from his console.

FEAR Sorry. I did it again. My bad.

DISGUST (pointing to screen) They're getting to the rink.

<u>EXT. SAN FRANCISCO RINK</u>
Wide shot — see Bridge in background, city scape.

<u>INT. HOCKEY RINK</u>

소심 야! 와! 어이쿠, 잠깐. 내가 이렇게 소리가 나게 한 거야?

까칠이 경고등 라벨을 눈여겨보고 있다.

까칠 얘들아, 사, 춘, 기가 뭐야?

기쁨 나도 몰라. 중요한 건 아닐 거야.

버럭이 자신의 콘솔을 점검한다.

버럭 와. 욕 대백과 사전에 접속할 수 있어! 이 새 콘솔은 진짜 씨…

삑! 소심이 자신의 콘솔에서 물러난다.

소심 미안. 내가 또 그랬어. 내 잘못이야.

까칠 (화면을 가리키며) 모두 하키 경기장으로 가고 있어.

실외. 샌프란시스코 하키 경기장

뒤로 금문교가 보이는 도시 전경이다.

실내. 하키 경기장

eye 살펴보다 **warning light label** 경고등에 붙어 있는 설명 **puberty** 사춘기 **probably** 아마도 **access** (컴퓨터에) 접속하다 **curse** 욕, 저주 **back away** 뒷걸음질치다 **background** 배경 **city scape** 도시 경관

CROWDS (walla, general chatter)

Riley's parents give her a pep talk before the game. We don't see their faces. As they talk, Riley seems uncomfortable, embarrassed.

DAD Now when you get out there, you be aggressive!

RILEY I know, Dad.

MOM — but not too aggressive.

RILEY You know, you guys don't have to come to every game.[99]

Reveal Mom and Dad: Their faces are painted bright blue and green.

DAD Are you kidding? I'm not missing one! GO FOGHORNS! (foghorn noise)

MOM GO RILEY! FOGHORNS ARE THE BEST!

Riley shushes them.

관중 (웅성거리는 소리)

엄마 아빠가 경기 전에 라일리를 격려하고 있다. 얼굴은 보이지 않는다. 엄마 아빠가 말하는 동안 라일리는 불편하고 부끄러워 보인다.

아빠 이제 경기장에 나가면 공격적으로 나가야 되는 거야!

라일리 나도 알아요, 아빠.

엄마 그런데 너무 심하게는 말고.

라일리 저기, 매 경기마다 오실 필요는 없어요.

엄마 아빠가 얼굴을 밝은 청색과 녹색으로 칠한 것이 보인다.

아빠 무슨 소리야? 난 한 경기도 놓치지 않을 거야! 포그혼 파이팅! (안개 고동 소리를 낸다)

엄마 라일리 파이팅! 포그혼 파이팅!

라일리가 엄마 아빠에게 조용하라고 한다.

general chatter 사람들이 저마다 떠드는 소리 (general 전반적인) **pep talk** 격려해주는 말 **embarrassed** 창피한 **aggressive** 공격적인 **foghorn** 무적 (안개가 낀 바다를 항해하는 배에게 안개를 조심하라는 경고음, 여기서는 하키 팀 이름) **shush** 조용히 하라고 입술에 손가락을 대다

RILEY — Okay, okay. I gotta go.

Riley walks away, embarrassed. ZOOM IN to her head.

<u>INT. HEADQUARTERS</u>

All the Emotions at the control panel.

JOY — (so cute) Awww...

FEAR — They love us!

ANGER — Yeah, Mom and Dad are pretty cool.

DISGUST — Guys, of course they are. But we can't SHOW IT!

라일리 알았어요, 알았어. 갈게요.

라일리가 창피하다는 표정을 지으며 간다. 라일리의 머릿속이 확대된다.

실내. 본부

감정들이 모두 제어판에 있다.

기쁨 (너무 귀엽다) 오오…

소심 엄마 아빠가 우리를 아주 좋아하네!

버럭 맞아, 엄마 아빠는 아주 멋져.

까칠 얘들아, 물론 그렇지만, 그걸 표현하면 안 되는 거야!

zoom in 줌인, 클로즈업하다 **control panel** 제어판 **pretty** 꽤, 아주

She drives, pushing a lever.

INT. HOCKEY RINK

Zoom into Dad's head...

INT. DAD'S HEADQUARTERS

Dad's Emotions cheer. They all have their faces painted.

DAD'S FEAR She loved the face painting!

DAD'S ANGER Ha! Told you it was a great idea!

Dad turns to Mom. She smiles at him and we zoom in to Mom's head.

INT. MOM'S HEADQUARTERS

All Mom's Emotions are also painted.

MOM'S ANGER Best idea he's had in a while.

MOM'S SADNESS He's a really good guy.

Mom's Anger tosses the MEMORY of the Brazilian helicopter pilot over her shoulder. Mom's Fear sneaks into the background and retrieves it.

까칠이 레버를 밀면서 조종한다.

실내. 하키 경기장

아빠의 머릿속이 확대된다…

실내. 아빠의 본부

아빠의 감정들이 환호성을 지른다. 감정들은 모두 페이스 페인팅을 했다.

아빠의 소심 라일리가 페이스 페인팅한 걸 좋아하네!

아빠의 버럭 그렇지! 내가 그게 아주 좋은 생각이라고 말했잖아!

아빠는 엄마에게 얼굴을 돌린다. 엄마가 아빠에게 미소를 짓는다. 엄마의 머릿속이 확대된다.

실내. 엄마의 본부

엄마의 감정들도 모두 페이스 페인팅을 했다.

엄마의 버럭 근래 들어 그이가 생각해낸 것 중에서 최고야.

엄마의 슬픔 그이는 은근 괜찮다니까.

엄마의 버럭은 브라질 출신의 헬리콥터 조종사에 대한 기억을 어깨너머로 버린다. 엄마의 소심이 슬며시 배경 속에 들어와서는 그것을 집는다.

in a while 한동안 **toss something over one's shoulder** ~을 어깨 너머로 휙 버리다 **sneak into** ~안으로 살그머니 들어가다 **retrieve** 도로 집다, 회수하다

MOM'S FEAR Just in case.[100]

INT. HOCKEY RINK

Riley walks towards the ice, and... BUMPS INTO ANOTHER KID. THEY BOTH STUMBLE A LITTLE BIT. It's a teen boy. He drops his Gatorade bottle. She bends down and picks it up, hands it to him.

RILEY Oh. Sorry!

She smiles at him. WE ZOOM IN TO THE KID'S HEAD.

INT. BOY'S HEAD

His Headquarters looks like a dirty, chaotic boy's room. Stuff everywhere. WARNING LIGHTS ARE BLARING. And all his Emotions are running around in a panic and yelling AT THE SAME TIME.

BOY'S EMOTIONS (screaming, running around)

GIRL ALARM Girl. Girl. Girl.

INT. HOCKEY RINK

The boy stands stunned, unable to speak. Riley looks at him, confused.

엄마의 소심 혹시 모르니까.

실내. 하키 경기장

라일리가 경기장으로 향해 가다가… 갑자기 다른 아이에게 부딪친다. 둘 다 약간 비틀거린다. 10대 남자애다. 남자애가 게토레이드 병을 떨어뜨린다. 라일리가 몸을 굽혀 집어 들고는 그에게 건넨다.

라일리 오, 미안!

라일리가 남자애에게 미소를 짓는다. 소년의 머릿속이 확대된다.

실내. 소년의 머릿속

사내애들의 방이 다 그렇듯이, 여러 가지 물건들이 뒤죽박죽 사방에 널려 있고, 지저분하다. 경고등이 요란하게 번쩍인다. 남자애의 감정들은 모두 놀라서 이리저리 뛰며 소리친다.

소년의 감정들 (비명을 지르며 이리저리 뛴다)

소녀 경고등 여자애다, 여자애가 나타났다, 여자애야,

실내. 하키 경기장

남자애는 너무 놀라서 말도 못하고 그대로 서 있다. 라일리는 어리둥절해서 그 남자애를 쳐다본다.

bump into ~에게 부딪치다 **stumble** 비틀거리다 **bend down** 숙이다 **hand A to B** A를 B에게 건네다 **dirty, chaotic boy's room** 더럽고 뒤죽박죽인 남자애의 방 (chaotic 혼란스러운) **blare** 불이 요란하게 번쩍이다 **in a panic** 너무나 놀랍고 당황스러워 **stunned** 어안이 벙벙한 **unable** 할 수 없다

RILEY Uhh... Ooooo-kay. Bye!

As Riley leaves, she looks back over her shoulder... with a hint of a smile? She skates out onto the ice. She HIGH FIVES a new friend/teammate and they skate into position.

HOCKEY TEAMMATE (cheering) Go Riley!

INT. HEADQUARTERS

The Emotions stand side by side at the new console.

JOY (to Sadness) You ready?

SADNESS Yeah.

JOY (turning back to the screen) Alright. Let's play some hockey!

FWOOSH – the camera zooms out of Riley's head and we're back on the ice.

INT. HOCKEY RINK

The puck drops and the Foghorns start to play. Riley skates with a smile on her face. As the camera cranes up, we hear Joy's voice:

라일리 어어… 알았어, 안녕!

라일리는 가면서 어깨 너머로 돌아보고… 미소를 약간 띠었나? 라일리는 스케이트를 타고 빙판으로 나간다. 새 친구이자 팀 동료인 여자애와 라일리는 하이파이브를 하고 위치를 잡는다.

하키 동료 (응원하며) 라일리 파이팅!

<u>실내. 본부</u>
감정들이 새 콘솔에 나란히 서 있다.

기쁨 (슬픔에게) 준비됐니?

슬픔 그래.

기쁨 (다시 화면을 돌아보며) 그럼 됐어. 자, 하키를 해 보자!

휙. 카메라는 라일리의 머릿속에서 나와 하키 경기장을 향한다.

<u>실내. 하키 경기장</u>
퍽이 떨어지자 포그혼 팀이 경기를 시작한다. 라일리는 얼굴에 미소를 띤 채 스케이트를 지친다. 카메라가 위로 올라가면서 기쁨의 목소리가 들린다:

with a hint of a smile 약간 미소를 띠고 **position** (운동에서) 자기 위치, 역할 **fwoosh** 카메라가 휙 빠져나가는 것을 묘사한 소리 **zoom out of** ~을 확대해서 보여주던 카메라가 휙 빠져나간다 **crane up** 카메라가 위로 올라가다

JOY (O.S.) Alright, Anger, take it.

ANGER (O.S.) Give us that puck or you're dead meat!

FEAR (O.S.) On our left. On our left!

DISGUST (O.S.) Let's just try not to get all smelly this time.

SADNESS (O.S.) Mom and Dad are watching us fail.

ANGER (O.S.) Not for long!

JOY (V.O.) We've been through a lot lately, that's for sure. But we still love our girl. She has great new friends, a great new house... Things couldn't be better. After all, Riley's twelve now. What could happen?

기쁨 (화면 밖) 자, 됐어, 버럭아, 네가 받아.

버럭 (화면 밖) 우리한테 그 퍽을 넘겨, 아니면 넌 죽은 목숨이야!

소심 (화면 밖) 왼쪽, 우리 왼쪽!

까칠 (화면 밖) 이번에는 저번처럼 그렇게 엉망진창으로 만들지만 말자.

슬픔 (화면 밖) 엄마 아빠는 우리가 엉망진창으로 하는 것을 보게 될 거야.

버럭 (화면 밖) 엉망진창은 금방 끝나!

기쁨 (목소리) 우리가 최근에 엄청난 일을 겪은 건 사실이죠. 하지만 우리는 여전히 라일리를 사랑해요. 라일리는 좋은 친구들도 새로 사귀었고, 멋진 새집도… 이보다 더 좋을 순 없어요. 어쨌든 이제 라일리는 12살이 됐어요. 과연 어떤 일이 벌어질까요?

dead meat 몹시 곤란한 **get all smelly** 완전 엉망진창이 되다 **have been through a lot lately** 최근에 참으로 많은 것을 겪었다

Disney PIXAR

INSIDE OUT

워크북

스크립트북에서 중요한 표현 100개를 뽑아 담았습니다.

1	He's really **good at** keeping Riley safe. 라일리가 안전하게 자라도록 신경을 많이 쓰죠.

'기쁨(Joy)'이 '소심(Fear)'에 대해 소개하고 있어요. 말 그대로 소심해서 라일리가 뛰어놀다 다치지는 않을까 늘 노심초사하는 마음이죠.

be good at은 '~을 잘하다, ~에 능숙하다'라는 의미로 at 뒤에는 명사나 〈동사 + ing〉 형태가 올 수 있어요. 소심이 라일리를 안전하게 지키는 임무를 능숙하게 잘한다고 표현하고 있네요. 본인이나 옆의 친구가 잘하는 것을 good at을 사용해서 연습해 보세요.

I am good at playing piano.
나는 피아노를 능숙하게 잘 쳐.

He is good at science.
그는 과학을 잘해.

2	She basically **keeps Riley from being** poisoned. 그녀는 기본적으로 라일리를 해로운 것에서 지켜 주죠.

소심에 이어 '까칠(Disgust)'의 특징을 소개합니다. 해로운 것에서 라일리를 지키는 게 까칠의 역할이라는데 이 장면에서는 브로콜리를 격하게 거부하는 반응을 보이네요. 해로운 것뿐만 아니라 싫어하는 취향까지 까칠의 담당인가 봅니다.

〈keep 목적어 from + -ing〉 '~하지 못하게 하다/~하는 것을 막다'도 자주 쓰이는 표현인데요. 주어가 특정 대상(목적어)이 어떤 행동을 하지 못하게 막는 데 사용합니다.

Keep her from eating nuts. She's allergic to them.
걔 견과류 못 먹게 해. 견과류 알레르기 있어.

My dad keeps me from playing computer games.
우리 아빠는 컴퓨터 게임을 못하게 하셔.

3 **If you don't eat your dinner, you're not going to get any dessert.**

저녁 안 먹으면 디저트는 없어.

저녁으로 브로콜리가 나오자 '까칠'의 경고 발동으로 아기 라일리는 그것을 거부하죠. 아빠의 강력한 방어책도 만만하지 않네요. '저녁 안 먹으면 디저트는 없어.'

'저녁 안 먹으면(만약 ~하면), 디저트 안 줄 거야(~할/안 할 거야)' 구조의 'if 조건절' 문장입니다. 〈If + 현재시제, will/can/be going to〉 구문을 활용해서 현재 고려하는 조건에 대해 표현할 수 있어요. 두 번째 예문처럼 if절과 종속절 순서를 바꿔 활용할 수도 있습니다.

If you don't eat enough protein, you won't grow big and strong.
단백질을 충분히 먹지 않으면 키가 크거나 튼튼해지지 않을 거야.

No story time if you don't eat your peas.
콩을 먹지 않으면 얘기를 들려주지 않을 거야.

4 **There's no place for her to go.**

슬픔이 갈 자리가 없더라고요.

기쁨은 '슬픔(Sadness)'이 하는 일을 정확히 몰라요. 그래서 어딘가 보내기도 모호한 상황이죠. 라일리를 행복하게만 해주고 싶은 기쁨 입장에서는 다른 감정들 비해 슬픔이 살짝 불편하게 느껴질 수도 있겠죠.

이 문장에서 place는 물질적인 '장소'를 나타내지만, '사람과의 관계, 사회적 위치'를 담고 있기도 합니다. 여기서도 슬픔의 정확한 '포지션'을 모르겠다는 뉘앙스가 담겨있죠. 누군가가 무엇을 할 장소가 없다고 할 때는 〈There's no place for + 사람 + to + 동사원형〉을 적극적으로 활용해 보세요.

There's no place for me to practice.
내가 연습할 장소가 없어.

There's no place for her to play outdoors.
걔가 밖에서 놀 데가 없어.

5	**I don't want to get too technical, but these are called CORE MEMORIES.** 너무 깊게 들어가고 싶진 않지만, 이것들은 '핵심 기억'이라고 불러요.

라일리의 인생에서 가장 중요한 때의 기억을 '핵심 기억'이라고 해요. 쉽게 말해 우리가 아주 오래 전 추억을 종종 떠올리는 게 일종의 '핵심 기억'이죠. 모두 '핵심 기억' 몇 개쯤은 갖고 있겠죠?

technical하면 '기술' 관련 의미로 연관 지을 가능성이 높은데요, 물론 '과학 기술의, 기술의'라는 의미도 있지만 위 문장에선 '전문적인, 상세한'이라고 해석하면 자연스러워요. 즉 '전문적으로 어려운 단어를 쓰고 싶지 않지만'이란 의미죠. 〈I don't want to get too + 형용사〉 '너무 ~하고 싶지 않아' 패턴도 함께 익혀 두세요.

I don't want to get too excited.
난 너무 흥분해서 말하기는 싫어.

I don't want to get too close to you.
난 너에게 너무 가까이 다가가기는 싫어.

6	**Goofball Island is my personal favorite.** 엉뚱섬은 제가 개인적으로 제일 좋아해요.

핵심 기억은 다섯 가지 성격섬으로 각각 전달되어 라일리의 인격을 형성해 갑니다. 하키섬, 엉뚱섬, 우정섬 등 여러 섬 중 '엉뚱섬'은 라일리가 벌거벗고 뛰어 다닐 때처럼 엉뚱한 짓을 할 때 작동이 되죠.

'내가 가장 좋아하는 ~은 …이다'를 영어로 말할 때 My favorite ~ is …이 표현이 먼저 떠오르죠? 이 표현도 익숙하지만, 순서를 바꿔 〈S + is/are my favorite〉 이렇게 색다르게 표현해 보는 것은 어떨까요. personal을 추가해 '개인적인' 취향을 강조할 수 있어요.

Baseball is my personal favorite.
야구는 내가 개인적으로 제일 좋아해요.

English is my favorite subject.
영어는 내가 가장 좋아하는 과목이에요.

7	**The point is, the islands of personality are what make Riley... Riley!** 중요한 건, 이 성격섬들이 바로 라일리를 라일리답게 만든다는 거죠.

다양한 경험을 통해 형성된 '엉뚱섬, 우정섬, 정직섬, 가족섬, 하키섬' 이 다섯 개의 섬 모두가 중요합니다. 이 성격섬들이 라일리를 더 밝고 건강하게 성장하도록 하는 거죠.

The point is (that) ~는 일상 생활이나 학교 강의, 비즈니스 PT 등에서 유용하게 쓰이는 표현 중 하나인데요. 긴 설명 후에 명확히 요점을 다시 짚으며 마무리할 수 있죠. that은 생략 가능해요. 요점이 뭐냐고 묻고 싶을 땐 What's the point? / What's your point? 라고 쓸 수 있어요.

The point is that we should help her.
중요한 건 우리는 그녀를 도와야 한다는 거야.

The point is he needs to be more responsible.
중요한 건 그가 더 책임감을 가져야 한다는 거야.

8	**Not what I had in mind.** 이런 일은 생각 못했는데.

모든 게 완벽할 것만 같은 11살의 라일리, 미네소타 집 앞마당에 갑자기 '집 팔렸음' 표식이 박히고 어디론가 이동하자 감정들은 모두 경악합니다. 앞으로 라일리에게 어떤 일들이 펼쳐질까요?

생소한 표현 같지만 앞에 That's를 붙이면 문장이 더 자연스럽게 와 닿을 거예요. 〈That's not what + 주어 + 동사〉는 상대가 잘못 알고 있을 때 그것이 아니라고 정정하거나 오해를 풀을 때 혹은 위 문장처럼 전혀 예상치 못한 상황에 쓸 수 있어요.

Not what I meant.
그런 의미가 아니었어.

That's not what I heard from her.
그녀에게서 들은 말은 그게 아니었어.

9	**We're almost to our new house!** 우리 새집에 거의 다 왔어!

미네소타를 떠나 기나긴 자동차 여행을 하며 드디어 샌프란시스코의 새집이 가까워지고 있네요. 갑작스런 변화에 놀라기도 했지만 새로운 곳에서의 기대감도 가득합니다.

친구와 약속하고 전화로 '너 어디야?'라고 물으면 '어, 나 거의 다 왔어'라고 답하죠. 이때 영어로는 I'm(We're) almost there. 라고 답할 수 있어요. 눈에 보이는 거리뿐만 아니라 진행하는 일, 과제의 진척 상황도 be almost to ~로 표현할 수 있어요.

We're almost to the finish line.
우리는 결승선까지 거의 다 왔어.

When you see this sign, you'll know you're almost to the top!
이 표지판을 보면 정상에 거의 다 왔다는 걸 알 수 있어.

10	**Do we have to?** 꼭 그래야 해?

기대가 크면 실망도 큰 법··· 샌프란시스코의 새집은 좁고 높은데다 집 안은 어둡고 먼지가 가득합니다. 감정들은 여기서 어떻게 사냐며 아우성치고 있어요.

영어권에서 부모님이 아이들에게 귀찮은 일을 시킬 때나 노는 것을 멈추고 숙제 하라고 할 때, 아이들이 징징대며 이렇게 대꾸하죠. Do I have to?! '꼭 해야 하나요?!' 〈have to + 동사원형〉 형식으로 to 뒤에 (하기 싫지만) 해야 하는 동사를 쓸 수 있어요. 여기서는 Do we have to live here?로 뒤에 live here가 생략됐어요.

Do I have to?
내가 꼭 해야 됩니까?

Do you have to work on Sunday?
당신은 일요일에 그렇게 일을 해야 합니까?

11	**I'm starting to envy the dead mouse.** 죽은 쥐가 부러워지기 시작하는 걸.

죽은 쥐가 있고 먼지 가득한 거실을 보고 실망 가득한 감정들. 그래도 라일리의 방은 상황이 더 나을 거라 기대하고 문을 열었지만 웬걸? 천장이 지붕 모양으로 기울어진 작은 방이네요. 여기 사느니 차라리 쥐처럼 죽는 게 낫겠다며 까칠이 하는 말이에요.

'~하기 시작한다'는 〈I'm starting to + 동사원형〉으로 표현할 수 있어요. to 뒤에는 좋아하거나 싫어하는 감정(like), 특정한 느낌(feel, think), 의구심(doubt) 등의 동사를 쓸 수 있어요.

I'm starting to feel alive again.
난 다시 살아난 기분이 들기 시작해.

I'm starting to think that this winter will never end.
이번 겨울이 절대 끝나지 않을 것 같은 예감이 들기 시작해.

12	**It's absolutely the worst.** 진짜 최악이라고.

샌프란시스코의 새집 그리고 라일리의 방을 보고 저마다 불만을 토로하고 있는 상황입니다. 여기서 못 살아, 형편없어, 최악이야… 이들은 정말 이곳에서 정을 붙이고 살 수 있을까요?

Absolutely는 의미를 강조하거나 강한 동의를 나타내는 '굉장히, 틀림없이'라는 뜻인데요. 부정어와 함께 쓰이면 '전혀, 절대 아냐'라고 해석해요. 위 문장 바로 앞에 It's the worst.라는 문장이 나오는데 거기에 absolutely를 추가해 '최악의 악' 상황임을 강조한 거죠. Absolutely! '물론이지' 단독으로도 많이 사용하니 꼭 기억해 두세요.

The food was absolutely disgusting.
그 음식은 정말 역겨웠어.

You are absolutely right.
당신이 전적으로 옳아요.

13	The moving van won't be here until Thursday. 이삿짐 트럭이 목요일이나 돼야 온대.

엎친 데 겹친 격으로 집도 맘에 안 드는 상황에 이삿짐 트럭은 또 엉뚱한 곳으로 가버렸다고 하네요. 왜 이리 되는 일이 하나도 없을까요?

이 문장에서 이삿짐 트럭이 목요일에는 도착한다는 말일까요? 혹은 목요일 이후에 온다는 말일까요? until이 들어간 문장 해석을 헷갈려 하는 경우가 많은데요. 〈not ~ until A〉 구문은 'A 전까지는 안 된다', 즉 'A부터 가능하다'입니다. 그래서 위 문장은 '목요일에는 이삿짐이 온다'라고 해석해야겠죠.

It won't be available until September.
9월 전까지는 불가능합니다.

We don't open until ten.
우리는 10시부터 문을 열어요.

14	Did you even read the contract? 당신, 계약서는 읽어본 거야?

이삿짐 트럭이 사라진 여파로 그 갈등의 불똥이 라일리 엄마 아빠에게 튀었네요. 이삿짐 업체와 제대로 계약한 것은 맞는지 계약 사항은 제대로 읽었는지 엄마가 아빠에게 따지는 상황이에요.

예를 들어 Did you read the report? '그 보고서 읽었니?'라는 질문은 가볍게 확인하는 정도의 일반 의문문인데요. 동사 앞에 even이라는 부사가 추가되면 뉘앙스가 확 달라집니다. '강조'의 의미가 추가되어 '보긴 본 거야? 봤는데 이 모양이니?'라는 다소 부정적으로 따지고 추궁하는 뉘앙스로 변해버리죠. even은 상황에 맞게 사용해야 합니다.

You didn't even try it.
넌 그거 시도조차 안 했잖아.

He didn't even call to say he wasn't coming.
그는 못 온다는 전화도 하지 않았어.

15 **The investor's supposed to show up on Thursday, not today!**

투자자가 오늘이 아닌 목요일에 오기로 했다는군!

이삿짐 문제로 엄마 아빠 사이 갈등이 생기려는 찰나 라일리의 기지로 거실에서 하키 한 판이 벌어집니다. 얼었던 분위기가 다시 녹으며 따뜻한 가족 모드로 돌아오려는데, 아빠에게 걸려온 반갑지 않는 전화가 분위기를 깨네요.

be supposed to는 약속이나 계획을 '~하기로 되어 있다, 해야 한다'는 뜻입니다. 위 문장처럼 비즈니스 '약속 예정'이나 '행사 일정', 설명서 등을 따르는 '옳은 방법/규정'을 말할 때 쓸 수 있어요. should도 비슷한 표현인데 이는 개인적인 의견을 말하거나 충고할 때 많이 쓰여요.

The meeting is supposed to start at 10:00.
회의는 10시에 시작할 예정이에요.

The students are supposed to be at school by 8:30 am.
학생들은 오전 8시 반까지 학교에 와야 합니다.

16 **I saw a pizza place down the street.**

아까 거리를 지나가다 피자 가게 있는 걸 봤어요.

아빠가 급한 일로 나가면서 분위기가 다시 가라앉네요. 분위기 전환을 위해 라일리가 엄마에게 피자를 먹자고 제안합니다. 그나저나 라일리는 맛있는 피자를 먹을 수 있을까요?

down은 '아래'라는 뜻으로 down the street를 '길 아래에 있는'라고 해석하는 경우가 많아요. 샌프란시스코처럼 경사진 언덕이 많은 지역이라면 '길 아래'라는 해석이 틀린 건 아니지만, 위아래 방향보다는 '좀 떨어진 곳에, 걸어서 갈 수 있는 거리에'라는 의미가 강하니 해석에 유의하세요.

I saw a funny-looking building down the street.
나는 길을 가다가 이상하게 생긴 건물을 봤어.

I saw her walking down the street.
나는 그 여자가 길을 따라 걷는 걸 봤어.

17	**It's not as bad as the soup.** 수프처럼 어이없었던 건 아냐.

라일리와 엄마가 간 피자집에는 세상에나! 라일리가 그리도 싫어하는 브로콜리가 토핑으로 올라가 있네요. 엄마는 그래도 전에 먹었던 뻑뻑한 수프보다는 낫지 않냐고 위로 아닌 위로를 건넵니다.

〈as + 형용사 + as ~〉는 '~만큼 …한'이란 의미로 자주 언급되는 표현이죠. 이것을 활용해 It's not as bad as ~라고 하면 '그건 ~만큼(처럼) 나쁜 건 아니다'라는 패턴이 만들어진답니다. 뒤에는 명사뿐만 아니라 문장도 올 수 있어요.

It's not as bad as you think.
그게 네가 생각하는 정도로 나쁜 건 아니야.

It's not as bad as it seems.
그게 겉보기처럼 나쁜 건 아니야.

18	**I liked that time at the dinosaur.** 공룡이 있던 곳이 좋았어요.

엄마와 라일리가 집으로 돌아가는 길, 엄마는 라일리에게 샌프란시스코로 차를 타고 오면서 뭐가 가장 좋았는지 물어봅니다. 라일리는 공룡 모형이 있었던 곳을 떠올리네요.

'과거 좋았던 시간, 장소'를 떠올리며 쓸 수 있는 문장이에요. 여기서는 공룡 모형이 있는 공원에서의 시간이 좋았다고 장소를 간략히 말했는데, that time (when) ~을 써서 '~했었던 시간/시절'을 더 구체적으로 묘사할 수 있어요. '장소'를 나타내고 싶으면 the place (where) ~ '~하는/했던 곳'을 쓰면 되겠죠.

I liked that time at the beach.
나는 그 해변에서 보냈던 때가 좋았어.

I liked that time when we went to Busan.
나는 우리가 부산에 갔던 때가 좋았어.

19	You **nearly** touched a Core Memory. 넌 핵심 기억을 만질 뻔했어.

감정들이 다들 바쁜 사이 슬픔은 기억에 손을 뻗고 푸른색으로 변하려는 순간 기쁨이 급히 막습니다. 라일리의 핵심 기억을 늘 금빛으로 밝게 유지하고픈 기쁨에게 슬픔은 요주의 인물이네요.

〈nearly + 과거동사〉는 '거의(아슬아슬하게) ~할 뻔했다'는 의미입니다. 이 외에도 nearly 뒤에 숫자가 오면 '거의'라는 의미로 쓰이죠. 비슷한 표현으로 almost, about, roughly 등이 있어요. 익숙한 표현도 좋지만 가끔 nearly같은 단어를 대화에 사용하면 좀더 세련된 느낌이 들겠죠?

They nearly missed the train.
그들은 그 기차를 거의 놓칠 뻔했어.

I've worked here for nearly 10 years.
저는 이곳에서 거의 10년간 일했습니다.

20	**I don't know how to** do that. 그런데 난 어떻게 찾아야 하는지 잘 몰라.

슬픔이 기억들을 만지려고 하자 기쁨은 슬픔의 관심을 다른 데로 돌리려고 애씁니다. 기쁨이 함께 재밋거리를 찾아보자고 하지만 슬픔은 시무룩하게 그 방법을 모르겠다고 하네요.

어떤 일하는 방법을 모를 땐 〈I don't know how to + 동사원형〉을 쓰면 쉽게 도움을 청할 수 있습니다. 이때 〈how to + 동사원형〉은 '~을 어떻게 하는지, ~하는 방법'이란 의미죠. '뭘' 하는지 모를 땐 I don't know 뒤에 what to ~, '언제' 하는지 모를 땐 when to ~, '어디서' 하는지 모를 땐 where to ~를 이어주면 됩니다. 다양한 의문사를 넣어 다양하게 활용해 보세요.

I don't know how to control my stress.
난 스트레스를 어떻게 조절하는지 몰라.

I don't know how to explain it in French.
난 이걸 프랑스어로 어떻게 설명해야 하는지 잘 몰라.

21 Let's think about something else.

다른 것에 대해 한번 생각해 보자.

기쁨과 슬픔의 극과 극 배틀이 이어집니다. 기쁨의 기억은 늘 행복하지만 슬픔은 그 반대죠. 기쁨이 생각하는 '비'는 웅덩이를 첨벙거리며 예쁜 우산을 쓰는 것이지만, 슬픔에게는 추워서 떨고 축 늘어지는 우울한 '비'일 뿐입니다. 결국 기쁨은 또 다른 것으로 관심을 돌리려고 하네요.

Let's think about은 새로운 주제를 이끌어 내거나 상기시킬 때 일종의 화두를 던지는 표현입니다. 수업할 때 주제를 끌어내며 '~에 대해 생각해 봅시다'라고 시작하죠. 응용 표현으로 '~에 대해 말해 보자'는 어떻게 말할까요? 딩동댕. Let talk about ~.

Let's think about human rights.
인권에 대해 생각해 봅시다.

Let's think about environmental problems.
환경 문제에 대해 생각해 봅시다.

22 We've only got capital to last a month, maybe two.

우리 자본금으로는 한두 달 밖에 버틸 수 없어.

샌프란시스코에서 새로 사업을 시작한 아빠에게 문제가 생긴 것 같습니다. 계속 심각한 통화를 하는데, 자본금에 차질이 생긴 것 같아요. 버틸 수 있는 금액이 겨우 한두 달 치밖에 안 된다는데 걱정이 이만저만이 아니네요.

구어체에서는 have를 have got으로 많이 씁니다. 따라서 We've only got ~은 '우리는 겨우 ~만 갖고 있다. 우리한테는 ~밖에 없다'라고 표현하죠. to last a month는 바로 앞의 capital (자본금)을 꾸며주고 있습니다.

We've only got one chance to get it right.
이 사태를 제대로 바로잡을 기회는 한 번밖에 없습니다.

I've only got 5 minutes to do this.
이걸 할 시간이 내게는 5분밖에 없어.

23	**There are no bears in San Francisco!** 샌프란시스코에 무슨 곰이 있다고 그래!

샌프란시스코에 이사 온 첫날 라일리는 침낭에 기어들어가 잠을 청하지만 이 낯선 곳은 불안하기만 하네요. 마침 골목을 지나가던 차 불빛의 그림자가 벽에 드리우자 우리 겁쟁이 '소심'은 '곰이다!'라고 외쳐요.

'무엇이 있다'고 할 때는 There is/are ~라고 하는데, 반대로 '무엇이 없다'고 할 때는 There is/are not ~이라고 하지 않고 There is/are no ~라고 한답니다. no 뒤에는 명사나 동명사가 오는데, 문장 끝에 'in + 장소/상태'를 붙여서 더 구체적으로 말할 수 있어요.

There are no excuses for criminal acts.
범죄 행위를 저질러 놓고 변명하는 것은 있을 수 없는 일이야.

There are no winners in the conflict.
그 분쟁에 승자란 없어.

24	**I rest my case.** 내가 말했잖아.

라일리에게 굿나잇 키스를 해주러 올라온 엄마. 화가 많은 '버럭'은 엄마가 나쁜 소식을 잔뜩 갖고 온다고 큰 소리 치죠. 아니나 다를까 엄마는 '아빠가 새 사업 때문에 바쁘시다'고 말하네요. 그러자 버럭이 옳거니 하는 말입니다.

이 문장은 법정에서 변호사가 최종 변론할 때 쓰는 표현인데요. '더 이상 드릴 말씀이 없으며, 제가 옳은 것을 증명할 만큼 충분히 말했습니다'라는 속뜻이 있죠. '버럭'처럼 자기 주장을 강조 혹은 마무리 지을 때, 논쟁, 반박할 때도 사용할 수 있어요.

A: I watched the movie that you recommended to me. That was awesome!
나 네가 추천한 영화 봤는데. 정말 끝내줬어!

B: You see. I rest my case.
그렇지. 내가 말했잖아.

25	**I'm totally behind you, Joy.** 난 전적으로 널 지지해, 기쁨아.

앞 장면에 이어 '버럭'은 엄마와 라일리 사이에서 갈등을 은근히 기대(?)하는 듯한데, 그럼에도 불구하고 엄마는 라일리에게 이 모든 상황을 잘 견뎌줘서 고맙다는 인사로 따뜻하게 분위기가 바뀌죠. 의구심을 갖던 감정들은 다시 '기쁨'에게 돌아섭니다.

I'm behind you.는 말 그대로 '네 뒤에 서 있어'라는 뜻도 있지만, 위 문장처럼 '네가 무엇을 하든 나는 네 편이야, 전적으로 동의해'라는 의미로도 많이 쓰입니다. 누군가를 지지하고 믿을 때 이런 말을 해주면 상대가 힘을 얻겠죠. behind 앞에 totally, absolutely, always 등을 넣어 '전적으로' 강조할 수 있어요.

A: I'm not sure if I'm doing the right thing.
내가 옳은 일을 하는지 확신이 안 서.

B: Hey, you will be fine. I'm always behind you.
이봐, 잘 될 거야. 내가 늘 네 편인 거 알지.

26	**Don't you worry I'm gonna make sure that tomorrow is another great day.** 걱정 마, 내일도 아주 멋진 날이 되게 할게.

라일리가 잠이 들자 감정들도 퇴근할 시간입니다. 라일리의 행복을 책임지고픈 기쁨의 진심 어린 마음이 보이네요.

'걱정 마' 하면 바로 떠오르는 영어 표현은, Don't worry.이죠. 두 표현 모두 걱정 말라는 같은 의미지만 격식의 차이가 있습니다. Don't you worry.는 친한 친구들끼리 할 수 있는 아주 캐주얼한 표현이고, 우리에게 익숙한 Don't worry.는 일반적으로 무난하게 사용할 수 있어요. 아무래도 무난한 표현을 쓰는 게 안전하겠죠?

Don't you worry, dude. I can handle it.
야, 걱정하지 말래도. 내가 처리할 수 있다니까.

Don't worry about him. He'll be all right.
걔 걱정하지 마. 괜찮을 거야.

27 Does anyone know how to spell "meteor?"

'별똥별' 철자가 어떻게 되는지 알고 있는 사람?

라일리가 새 학교에 가는 날 아침입니다. 라일리도 바쁘고 감정들도 분주히 움직이네요. 기쁨은 소심에게 새 학교에서 생길 수 있는 나쁜 일들을 적어달라고 요청하는데 소심은 별똥별이 떨어지는 걱정까지 하는 모양이네요.

영어 시간에 선생님이 단어 철자를 물을 때 쓸 수 있는 표현이죠. '누구 ~하는 사람 있니?'라고 물을 때 Does anyone ~?을 기억하세요. how to ~ 뒤에 open, fix, draw, make, use 등 다양한 동사를 넣어 패턴 연습할 수 있어요.

Does anyone know how to fix this?
이거 고칠 줄 아는 사람 있니?

Does anyone know how to upload a photo on this?
여기에 사진 올리는 방법 알고 있는 사람 있니?

28 You want us to walk with you?

엄마 아빠하고 같이 걸어갈래?

엄마는 라일리의 첫 등굣길에 함께 갈까 묻지만 사춘기 소녀 라일리는 살짝 부끄러운지 혼자 가겠다고 하네요.

〈Do you want to + 동사원형 ~?〉는 상대방에게 직접적으로 '네가 ~을 할래?'하고 묻는 것이고, 제3자 '우리가(내가, 그/그녀가) 동사를 하면(혹은 함께하면) 좋겠어?'라고 물을 때는 〈Do you want (us) to + 동사원형 ~?〉 패턴을 쓸 수 있어요. 위 문장에서는 Do를 생략하고 말하고 있네요.

You want us to show up?
너는 우리가 나타나기를 바라니?

You want me to leave?
너는 내가 떠나길 원하니?

29	**We've got a group of cool girls at 2 o'clock.** 2시 방향에 멋진 애들 무리가 보여.

라일리는 긴장된 마음으로 교실 자리에 앉습니다. 여기저기 둘러보는데 한 쪽에 귀를 뚫고 꽤 세련된 스타일의 한 무리가 보이네요.

We've got 뒤에 '~의 그룹/무리'을 뜻하는 a group of를 붙여 We've got a group of ~라고 하면 '우리한테 ~그룹(무리)이 있다'는 의미가 됩니다. 위 장면에서처럼 해당 그룹을 포착했을 때도 '~그룹이 보인다'는 의미로 이 패턴을 쓸 수 있어요.

We've got a group of extremely talented people here.
여기 우리에게는 아주 재능이 뛰어난 그룹이 있죠.

We've got a group of youngsters together to talk about their experiences.
지금 청년 그룹이 자신들의 경험을 나누고 있습니다.

30	**Almost finished with the potential disasters.** 일어날 수 있는 끔찍한 사태는 거의 다 정리했어.

기쁨이 요청한 나쁜 일 예상 목록을 한가득 들고 소심이 등장합니다. 대체 무슨 걱정거리가 이리도 많은지… 모래늪에 빠지기, 소동 일어나기, 선생님 질문에 답하기 등 정말 걱정도 태산이네요.

숙제나 어떤 임무를 거의 마쳤을 때 Almost finished! '거의 다했어요!'라는 표현을 쓰죠. 비슷한 표현으로 Almost done!이 있고요. almost 대신 앞에서 배운 nearly도 기억 나시죠? 이렇게 단독으로도 많이 쓰이지만 구체적으로 설명하고 싶을 때 with 뒤에 '그 일'을 추가할 수 있어요.

Almost finished with my work.
내 일 거의 다 했어.

I'm almost finished with my review of the lecture.
그 강의 복습을 거의 마쳤어.

31 **It's a kind of family tradition.**

이게 우리 집 전통 같은 거예요.

선생님은 라일리에게 소개를 요청하고 라일리는 용기 내어 자기 소개를 합니다. 고향 미네소타와 가족과 함께 타는 스케이트 이야기를 하며 옛 추억을 떠올리네요.

a kind of는 '일종의, 어떤 종류의'라는 의미로 뭔가 설명하며 예시나 범위에 접할 때 쓸 수 있어요. 〈단수 + a kind of + 단수 명사〉 패턴을 기억하세요. 한편 kind of는 '약간, 좀' 처럼 정도를 표현하거나 '그건 약간 뭐랄까…' 하며 말을 뜸들이거나 애매한 상황에 자주 쓸 수 있어요.

This book is a kind of dictionary.
이 책은 일종의 사전이다.

I think the soup was kind of salty.
내 생각엔 국이 약간 짰던 것 같아.

32 **We used to play tag, and stuff...**

우린 술래잡기를 하고 놀았고…

라일리는 어린 시절 친구와 술래잡기 했던 추억을 얘기하며 갑자기 슬퍼집니다. 라일리의 머릿속에선 이미 슬픔이 기억을 만져 푸른색으로 변했고 기쁨이 그 푸른 기억을 내보내려고 하지만 꿈쩍도 하지 않네요. 비상! 비상!

〈used to + 동사원형〉은 좀 특별한 표현입니다. 과거에는 무엇을 했지만 지금은 하지 않는다는 어감을 나타내니까요. 과거형은 단순히 과거의 사실을 나타내는 것이라면 〈used to + 동사원형〉은 지금은 하지 않는다는 사실을 강조한다고 할 수 있죠.

We used to live there.
우린 전에 저기서 살았어요.

We used to go out a lot together.
우린 전에는 함께 외출을 많이 했죠.

33 I know it can be tough moving to a new place, but we're happy to have you here.

낯선 곳으로 이사한다는 것이 얼마나 힘든 일인지 잘 알고 있단다. 그래도 여기 네가 와서 참 반갑구나.

자기소개를 하다 결국 눈물을 흘린 라일리로 인해 교실 분위기가 약간 가라앉았어요. 그래도 선생님은 이해한다며 위로하며 따뜻한 환영 인사로 반겨줍니다.

이처럼 상대방의 입장을 공감해주며 얘기를 풀어가고자 할 때 I know it can be ~ '~일 수도 있다는 건 잘 알아'를 쓸 수 있어요. be 뒤에는 명사나 형용사를 쓰면 됩니다. 위 문장처럼 I know it can be ~ but까지 연결되면 '잘 알지만, ~하길 바라'는 완벽한 솔루션 문장이 되겠죠.

I know it can be out of our control sometimes.
이따금 그게 걷잡을 수 없게 될 수도 있다는 건 나도 잘 알아.

I know it can be a little bit frightening.
그게 좀 무서울 수도 있다는 건 나도 잘 알아.

34 We just have to get back to Headquarters.

우리는 본부로 돌아가기만 하면 되는 거야.

푸른색 핵심 기억이 저장소로 이동하는 것을 막기 위해 기쁨과 슬픔은 그 기억을 두고 엎치락뒤치락 몸싸움을 벌입니다. 그러다 둘 다 튜브로 빨려 들어가 본부에서 멀리 떨어진 장기 기억 저장소가 있는 곳으로 떨어집니다. 본부로 돌아가기만 하면 된다고 큰소리 치는 기쁨의 모습이네요.

'~하기만 하면 된다'고 할 때는 〈We just have to + 동사원형〉 패턴으로 말하면 됩니다. '~해야 한다'는 의미의 We have to ~에서 부사 just '딱(꼭) ~만'을 강조 포인트로 넣어서 목표에 더 힘을 주었네요.

We just have to relax.
우리는 그저 편하게 쉬기만 하면 되는 거야.

We just have to sit and wait now.
이제 우리는 앉아서 기다리기만 하면 되는 거야.

35	**Joy would know what to do.** 기쁨이라면 어떻게 해야 되는지 알 텐데.

라일리 가족의 저녁 식사 자리, 기쁨의 부재 탓인지 라일리는 평소에 안 하던 행동을 보입니다. 본부에 있는 까칠, 소심, 버럭은 그녀의 이상 행동을 감지하고 기쁨의 역할을 대신해보려 하지만 쉽지 않네요. 기쁨이 절실히 필요한 때입니다.

would의 용법은 다양한데요, 이 문장에서는 '~하면 좋을 텐데, ~할 텐데'의 '가정' 의미를 담고 있습니다. 즉, If Joy were here, she would know what to do. '기쁨이 여기 있었더라면 어떻게 하는지 알 텐데.'라고 풀어 쓸 수 있어요.

She would know what to say now.
그 여자라면 지금 무슨 말을 해야 된다는 걸 알 텐데.

He would know what to give her as a gift.
그 남자라면 그 여자에게 뭘 선물로 줘야 하는지 알 텐데.

36	**But keep it subtle, so she doesn't notice.** 슬쩍 떠봐, 라일리가 눈치 채지 못하게.

라일리의 이상 행동은 엄마도 감지했어요. 엄마의 머릿속 본부에서도 비상이 걸렸네요. '뭔가 잘못됐어.' '물어볼까?' 하며 라일리의 속마음을 떠보려고 합니다.

살다 보면 상대방의 의중을 은밀하게 파악해야 할 일이 생기죠. 거래할 때 더 나은 조건을 얻어내야 하거나 적과의 대치, 심지어 친구와 게임할 때도 필요한 게 바로 이 표현입니다. subtle의 사전적 의미는 '감지하기 힘든, 교묘한' 등의 의미로 '명백한, 직접적인'의 반대에 서 있죠. Keep it subtle할 때는 아주 교묘하게 잘 돌려 말하기 화법이 필요합니다.

I'll try a more subtle approach.
난 더 교묘하게 접근해야겠어.

She tried to put out a feeler about my subtle plan.
그녀는 내 은밀한 계획을 떠보려고 했어.

37 | **We're going to find out what's happening.**
무슨 일인지 알아내야지.

엄마 머릿속 감정들의 회의가 계속 이어집니다. '이런 적이 없었는데, 알아내야 해.' 하며 남편에게 도움을 청하려고 신호를 보냅니다. 아빠가 그 신호에 바로 응답할까요?

be going to는 '~할 예정이다'라는 의미로 미래의 계획, 의지를 말하는 표현입니다. to 뒤에는 동사원형이 오고요. 흔히 대화체에서는 going to를 gonna로 빠르게 발음하기도 한답니다. find out도 자주 쓰는 숙어인데 '알아내다, 찾아내다, 확인하다'라는 뜻을 담고 있어요.

I'm going to find out why he called me.
그가 왜 내게 전화했는지 알아내야지.

We're going to find out that she was cheating on the test.
그녀가 시험에서 부정행위를 했는지 우리가 알아낼 거야.

38 | **He really needs to start paying attention.**
저 이는 정말 남이 말할 때 집중하는 버릇을 길러야 할 텐데.

엄마가 신호를 보내도 아빠 머릿속은 하키 경기로 가득 차있어 바로 눈치채지 못합니다. 다시 신호를 보내자 그제서야 상황 파악하며 라일리에게 관심을 가지는데, 아빠의 집중 안 하는 버릇은 엄마의 감정들을 부글부글 화나게 만드네요.

누군가에게 '정말로 ~할 필요가 있다'며 진지하게 충고나 제안하고 싶을 때 〈주어 + really need to + 동사원형〉 패턴을 쓸 수 있어요. 주어는 I, He/She, We 자유자재로 바꿀 수 있고요 그에 따라 동사 단수 변화를 잘 확인해야겠죠.

He really needs to stop lying.
그 남자는 정말로 거짓말을 멈춰야 할 필요가 있어.

You really need to have patience.
넌 정말로 인내심을 기를 필요가 있어.

39	**Alright, make a show of force.** 좋아, 애비의 힘이 어떤 건지 보여줘야지.

라일리가 평소 안 하던 짓을 하니 늘 자상하던 아빠도 신경이 바짝 곤두섰어요. 라일리의 버럭과 아빠의 버럭이 팽팽하게 대립하는 상황입니다.

make a show of ~는 '~을 과시하다, 뽐내다'란 의미입니다. 위 문장에서는 아빠가 얼마나 무서운지, 아빠의 힘(force)를 보여주겠다고 경고하고 있고요. of 뒤에는 뽐내고 싶은 것; 자동차/옷 같은 유형 자산뿐만 아니라 무형의 힘, 능력, 지식 등이 따를 수 있어요.

The wise don't make a show of their knowledge.
지혜로운 사람들은 자신이 얼마나 많이 알고 있는지 과시하지 않습니다.

They make a show of bravery.
그 사람들은 용감한 척해요.

40	**I don't want to have to put "the foot" down.** 본때를 보여주는 걸 좋아하지는 않지만 말야.

아빠는 꼭 본때를 보여줘야만 하는 상황이 싫지만 라일리의 버릇없는 태도는 짚고 넘어가야겠죠. 이에 할 수 없이 본때를 보여줘야겠다는 결의 아닌 결의를 합니다.

이런 경우에 쓸 수 있는 I don't want to have to ~를 익혀둡시다. 딱히 하고 싶지는 않지만 꼭 해야만 하는 상황에 많이 부닥치니까요. put one's foot down은 발을 딱 버티고 서서 '강력히 (못) 하게 하다, 강하게 주장/결정하다' 모습을 연상하면 기억하기 쉽겠죠.

I don't want to have to cry anymore.
난 이제는 울어야만 하는 상황이 싫어.

I don't want to have to take legal action.
난 법에 호소해야만 하는 상황이 싫어.

41	**I don't know where this disrespectful attitude came from…** 그런 건방진 태도를 어디서 배웠는지 모르겠지만 말야…

아빠와 라일리의 대립 상황은 계속 이어집니다. 기쁨도 없겠다 라일리의 버럭은 고삐 풀린 망아지처럼 제어를 못하고, 아빠의 버럭은 인내의 한계점에 도달했네요.

살면서 몇 번쯤은 들어 봄직한… '너 그딴 짓 누구한테 배웠어!?' '누가 그리 가르치든!' 동서양을 막론하고 이 표현은 부모님들의 유행어인가 봅니다. 영어로는요. 〈I don't know where 주어 + 동사〉 패턴이고요. 물론 위의 질책 표현 외에도 '누가(주어)가 어디서/로 뭘(동사) 하는지 몰라'를 일상 표현으로 사용할 수 있어요.

I don't know where you come from.
난 네가 어디 출신인지 몰라.

I don't know where I am going to.
난 내가 어디로 가는지도 몰라.

42	**That could have been a disaster.** 대참사가 될 뻔했어.

자, 아빠와 라일리의 대결 결과는… 아빠 승! 뻔히 예상된 결과에 상처뿐인 승리지만 결국 라일리는 자기 방으로 쫓겨 올라갔네요. 아빠 머릿속 감정들은 제압의 기쁨과 함께 안도감을 느낍니다.

〈could have + p.p.〉 '~였을/했을 수도 있어, 할 수 있었는데'라는 구문으로 '주어가 ~될 수도 있었는데 (다행히도 혹은 아쉽게도) 못했다'는 뉘앙스가 있죠. 비슷한 표현으로 It could've been worse. '그만하면 다행이야, 더 안 좋을 수도 있었어'가 있어요. could have의 줄임말 could've도 기억하세요.

You could have been injured.
너 다칠 뻔했어.

The accident could have been prevented.
그 사고는 막을 수도 있었어.

43	**Things got a little out of hand downstairs.** 아래층에서는 좀 심했던 것 같구나.

아빠는 라일리에 방에 올라가 딸의 마음을 풀어주려 말을 건넵니다. 평소에 장난으로 주고받던 원숭이 흉내도 내지만 라일리의 굳은 마음은 좀처럼 열리지 않네요.

get out of hand는 '감당하기 어려운, 걷잡을 수 없는, 손 쓸 수 없는'의 뜻으로 부정적인 상황에 많이 씁니다. 산불이나 홍수 같은 자연재해뿐만 아니라 일이나 사건, 감정 등도 때론 걷잡을 수 없이 커지기도 하죠. 반대로 '통제 가능한' 상황이면 in hand, under control라고 쓸 수 있어요.

His dog is getting out of hand.
그의 개는 통제가 안 돼.

If the event gets out of hand, I'll call the police.
그 행사가 감당하기 어렵게 되면 난 경찰을 부를 거야.

44	**Riley's gone to sleep, which is a good thing!** 라일리는 잠이 들었어. 이건 좋은 일이야!

기쁨과 슬픔은 엉뚱섬이 우르르 무너지는 것을 눈앞에서 목격하고 충격을 받습니다. 당장 해결하고 싶지만 그들은 본부와 멀리 떨어져 있죠. 그때 하늘이 어두워지고 기쁨은 라일리가 잠든 사이 본부로 돌아가겠다는 야무진 꿈을 꿉니다.

먼저 문장이 제시되고(선행사), 관계대명사 which가 앞문장 전체를 수식하는 구조입니다. '라일리가 잠들었다(선행사), 그건(which) 좋은 일(a good thing)이다'라고 해석할 수 있어요. which가 앞문장을 이어가는 역할을 한다고 생각하면 이해가 쉽겠죠.

The Internet has democratized information, which is a good thing.
인터넷 때문에 누구나 정보를 이용할 수 있는 정보 민주화 시대가 열렸는데, 그건 좋은 일이야.

Rain cools down the Earth, thus lowering the temperature, which is a good thing on an environmental level.
비가 오면 지구를 식혀주지. 따라서 기온이 내려가는데, 그건 환경 차원에서 좋은 일이야.

45 I'm positive you will get lost in there.

네가 거기서 길을 잃을 거라고 확신해.

엉뚱섬이 연결된 외다리가 끊어지고 기쁨과 슬픔은 결국 원점으로 돌아와 본부로 돌아갈 방법을 찾습니다. 기쁨은 약간 돌아가더라도 기억의 저장소 통로로 가자고 하는데요. 설명서를 읽은 슬픔은 그쪽은 미로처럼 복잡해서 길을 잃을 거라고 경고합니다.

positive는 '긍정적인, 낙관적인'이란 뜻이죠. 이것을 일상 표현으로 쓰면 I'm positive. '확실해'라는 의미가 됩니다. 비슷한 표현으로 I'm sure. I guarantee it. 등이 있어요. Absolutely positive!처럼 앞에 강조 부사를 넣고 단독으로 쓰기도 하지만 위 표현처럼 어떤 점을 확신하는지 문장을 연결할 수도 있어요.

I'm positive that you will pass the test.
네가 시험에 통과할 거라고 난 확신해.

I'm positive that she knows the truth.
그녀가 진실을 알고 있다는 데 난 확신해.

46 Are you sure you know where we're going?

너 어디로 가야 하는지 알고나 있니?

설명서를 읽은 슬픔은 이제 중요한 지도 역할을 합니다. 기쁨은 힘이 빠져 드러누운 슬픔의 다리 한쪽을 질질 끌고 그녀가 지시하는 대로 움직이는데 정말 그 길이 맞는지 의심이 드네요.

'~을 알고나 있니? 알고 있는 거 확실해?'라고 묻고 싶을 때 Are you sure you know ~? 표현을 쓸 수 있어요. know 뒤에는 아래 예문처럼 〈의문사 + 주어 + 동사〉 또는 〈의문사 + to + 동사원형〉뿐 아니라 그냥 명사도 올 수 있습니다.

Are you sure you know what you're doing?
너, 지금 뭘 하고 있는지는 알고 있니?

Are you sure you know how to ride a bike properly?
자전거를 제대로 타는 방법은 알고나 있니?

47 | **Happens to the best of 'em.**

대부분.

기쁨은 기억 저장소에서 '기억 처리반'을 만나게 되는데, 그들은 라일리가 더는 신경 쓰지 않는 기억을 처리하는 일을 합니다. 아쉽게도 지워지는 기억이 '대부분'이라고 하네요.

앞에 It이나 That이 생략된 문장이네요. 영화에는 이렇게 주어가 생략된 구어체 문장이 종종 등장한답니다. 문장 끝에 best of them은 best 때문에 '최고' 관련 의미로 생각할 수도 있겠지만 '안 좋은 일은 누구에게나 일어날 수 있다'라는 심도 깊은 의미랍니다. them 대신 us로 대체할 수 있어요.

A: Oh my! I messed up my presentation.
오 맙소사! 나 발표 망쳐버렸지 뭐야.

B: Well, it happens to the best of us.
뭐 누구나 그럴 수 있지.

48 | **Do you know how to get to Friendship Island?**

우정섬에는 어떻게 가지?

기억 처리반의 작업에 이리저리 훈수를 두던 기쁨은 그들을 쫓아가며 우정섬은 어떻게 가는지 묻고 있습니다.

〈Do you know how to + 동사원형?〉 '~할 줄 아나요?'는 마법의 패턴이죠. 이 간단한 기본 패턴에 수백 가지 동사를 돌려 쓰면 문장이 마구 생성될 수 있으니까요. 동사 돌려 쓰기도 가능하지만 how 대신 where, what, when을 교체해서도 문장 활용이 가능합니다.

Do you know how to fix it?
그것을 어떻게 고치는지 아나요?

Do you know how to use them?
그것들을 어떻게 사용하는지 아나요?

49 What happened with the playoffs?

플레이오프 경기는 어떻게 됐니?

라일리는 미네소타의 옛 친구 멕과 노트북으로 영상 통화를 합니다. 멕은 재잘재잘 안부를 물으며 근황 얘기를 하는데 라일리는 왠지 심드렁하게 대꾸하네요. 그녀의 관심사는 오직 하키 플레이오프 소식인가 봅니다.

'너한테 무슨 일 생겼니?'를 영어로 하면? What happened to you? 익숙한 문장이죠? 그런데 위 표현은 with가 들어갔네요. to와 with의 차이는 무엇일까요? 〈What happened to + 사람/사물?〉, 〈What happened with + 상황/사건?〉 이렇게 구분할 수 있어요. 예문을 통해 알아볼게요.

Can you tell me what happened with the project?
그 프로젝트가 어떻게 됐는지 알려 주시겠어요?

Do you know what happened to Jamie?
제이미에게 무슨 일이 생긴지 아니?

50 I got something for you to read, right here!

마음이 통하는 게 뭔지 보여주지, 옛다!

멕은 하키 팀에 새로 들어온 여자애 얘기로 가뜩이나 속상한 라일리의 심기를 건드리네요. 친구 속도 모르고 새 친구와 마음이 통한다 어쩐다 자랑질이니 라일리의 버럭 게이지가 마구 치솟고 있어요.

〈I got something for you to + 동사원형〉은 '네가 ~할 걸 내가 갖고 있다'는 의미입니다. read mind를 직역하면 '마음을 읽다' 즉 '마음을 알다, 서로 마음이 통한다'는 뜻이죠. 위 문장은 to read를 '읽을 것'이 아닌 '마음이 통하는 것'으로 해석해야 합니다. 문맥을 파악하는 것이 바로 이런 것이죠.

I got something for you to eat.
네가 먹을 걸 좀 사왔어.

I got something for you to look at until we'll see each other again.
우리가 다시 볼 때까지 네가 봐둬야 할 게 있어.

51 | **Could you PLEASE just tell me which way is…**

어느 쪽으로 가야 하는지 제발 좀 알려줘…

기쁨은 기억 처리반을 계속 쫓아가며 길을 묻지만 그들은 껌 광고 노래를 흥겹게 부르며 나 몰라라 하네요. 그때 우르르 쾅, 뭔가 무너지는 소리가 들려 달려가 보니 우정섬이 무너지고 있어요!

앞서 길 묻는 표현이 소개됐는데 혹시 기억하시나요? 그렇죠! Do you know how to get to Friendship Island? 이번에는 길 묻는 표현 2탄! 〈Could you tell me which way is + 장소?〉 이것은 사실 너무 공손한 표현이라 특별한 상황에만 쓰지만, 예의를 갖춰 공손하게 뭔가 묻고 싶을 때 Could you please tell me ~? 패턴을 알아 두면 좋아요.

Could you please tell me when you will be available?
당신이 언제 가능하실지 제게 알려 주시겠습니까?

Could you please tell me where is the post office?
우체국이 어디인지 제게 알려 주시겠어요?

52 | **I look like a lot of people.**

내가 너무 평범하게 생겨서 말야.

기쁨과 슬픔은 다시 길을 떠나려는데 저장소 통로 저 멀리 누가 보입니다. 그는 라일리의 상상 속 친구 '빙봉'이에요. 그런데 그 누구보다 눈에 띄는 핑크빛 코끼리 빙봉은 자신이 너무 평범하게 생겼다고 큰 착각을 하고 있는 것 같네요.

look like는 '~처럼 보이다, ~인 것 같다'는 의미로 눈에 보이는 그대로의 느낌을 전할 수 있습니다. like 뒤에는 명사, 문장 모두 올 수 있고요. look 외에 다른 감각동사 쓸 수 있는데 smell, sound, taste, feel 동사 활용이 가능해요.

It looks like a fish.
그것은 물고기를 닮았어.

It looks like he is leaving.
그가 떠난 것처럼 보여.

53 **It runs on song power.**

그 로켓의 연료는 노래야.

기쁨은 '빙봉'을 만나 반가운 마음입니다. 라일리가 어릴 때 빙봉과 함께 즐겼던 것들 중 '로켓' 놀이가 있는데, '로켓'은 사실 '수레'랍니다. 노래를 크게 불러야 움직이는 아주 특이한 로켓이죠.

자동차의 연료는 뭔가요? 휘발유죠. 물론 요즘은 전기차도 많지만요. '~을 연료로 삼다'는 run on이란 표현을 씁니다. 운동장 트랙이나 러닝머신을 뛸 때도 run on을 쓰는데 뭔가 동력으로 움직이는 걸 연상하면 기억하기 쉬울 거예요.

This car runs on gasoline.
이 차는 가솔린을 연료로 삼아요.

Will the software run on my computer?
내 컴퓨터에서 이 소프트웨어가 작동할까요?

54 **When Riley was three, animals were all the rage.**

라일리가 3살 땐 동물들 흉내 내는 게 대유행이었지.

빙봉은 독특한 형태로 구성되어 있어요. 코끼리 형체에 속은 솜사탕, 꼬리는 고양이, 그리고 돌고래 소리를 기가 막히게 내죠. 라일리가 아기 때 동물 소리 흉내 내는 게 유행이었다는데 그래서 빙봉에게도 그런 능력이 생겼나 보네요.

〈When + 주어 was/were ~〉 '~가 ~였을 때'도 무한 생성 패턴인데요. 주어의 과거니 be동사 과거가 오고 그 뒤에는 young, 나이(숫자), a girl/boy, in college 등 다양한 형태의 시기를 쓸 수 있어요. all the rage는 '일시적인 대유행'이라는 의미입니다.

When I was in college, flared pants were all the rage.
내가 대학생이었을 때 나팔바지가 대유행이었지.

When Andrea was young, short hairstyles were all the rage.
앤드리아가 젊었을 때 짧은 머리가 유행했었지.

55 That is so much faster!

훨씬 빠르지!

기쁨이 본부까지 걸어서 간다고 하자 빙봉이 생각 기차를 타고 가면 빠를 거라고 제안합니다. 기쁨은 본부에 더 빨리 돌아갈 수 있을 거란 생각에 마냥 신이 나네요.

〈That is so much + 비교급〉은 '그게 훨씬 더 ~하다'는 의미이죠. 여기서는 so much가 '훨씬'이란 의미로 비교급을 강조해주고 있네요. 비교급 강조 부사는 much 외에도 far, a lot, even 등이 있어요.

That is so much better for you.
그게 너한테는 훨씬 더 좋아.

That is so much more important than anything else.
그게 그 어떤 것보다 훨씬 더 중요해.

56 I read about this place in the manual.

이곳에 대해서 설명서에서 읽었어.

빙봉은 기차역으로 가는 지름길이라며 어느 건물로 기쁨과 슬픔을 안내합니다. 그런데 슬픔이 여긴 '추상적인 개념' 구역이라며 들어가선 안 될 것 같다고 하죠. 과연 누구의 말이 맞을까요?

'무엇에 대해 읽었다'고 할 때는 슬픔이 하는 말을 응용해 볼 수 있어요. 〈I read about ~〉 이때 read는 '전에 읽은' 것이니까 과거형으로 발음은 [red]입니다. 순서를 바꿔서 '읽은 출처'를 먼저 제시하고 '읽은 내용'을 뒤에 말할 수도 있어요. I read the manual about this place. 이렇게요.

I read about it in the paper while on the subway.
지하철 타고 가면서 신문에서 그걸 봤어.

This must be true. I read about it on the Internet.
그건 틀림없어. 인터넷에서 봤거든.

57 **You'll be at Headquarters in no time.**

본부까지 눈 깜짝할 사이에 갈 거야.

슬픔의 우려 섞인 제기에도 결국 기쁨은 빙봉을 따라 건물로 들어가고 슬픔도 마지못해 따라갑니다. 빙봉은 본부까지 금방 갈 거라고 자신만만하게 큰소리 뻥뻥 치네요.

금세 어느 장소에 딱 도착해 있을 거다 라는 의미로 'You'll be at 장소'가 쓰였는데요. You'll be 뒤에는 okay, fine, surprised 같은 형용사나 a good teacher 같은 직업을 함께 언급할 수 있어요. in no time은 very soon '아주 빠르게'라는 뜻으로 시간 차이조차 없이(no) 즉시라는 의미가 담겼어요.

You'll be at the airport in no time.
공항에 금방 도착할 거예요.

Don't worry. You'll be a good mom.
걱정 마. 넌 좋은 엄마가 될 거야.

58 **We've gotta get out of here before we're nothing but shape and color.**

우리가 도형과 색깔만 남고 사라지기 전에 여기서 나가야 해.

결국 슬픔의 우려는 현실이 됩니다. 그곳은 오물을 태우는 일종의 소각장으로 그들은 몸이 추상화되고 해체되는 과정을 겪고 있어요. 슬픔은 자신들이 완전 사라지기 전에 빨리 여기서 나가야 한다고 외칩니다.

've gotta는 풀어서 have got to이고 같은 표현으로 gotta, have gotta, have to가 있습니다. 모두 '~해야 해, 틀림없어'라는 뜻이죠. 여기서 be nothing but은 '~에 불과하다, ~일 뿐이다'란 뜻으로 only와 비슷한 표현인데요. 즉 우리 존재가 '오로지 도형과 색깔만으로' 남기 전에 나가자는 의미입니다.

We're nothing but a sinking ship.
우리는 침몰하는 배에 불과해.

I'm nothing but a stranger in this world.
난 이 세상에서는 이방인일 뿐이야.

59	**We should NOT have gone in there.** 괜히 들어왔네.

해체 단계에서 결국 2차원 선이 되어 그곳을 겨우 빠져나온 기쁨과 슬픔 그리고 빙봉. 건물에서 나오자 다행히 몸이 원래대로 돌아왔어요. 기쁨이 빙봉을 탓하자 그가 하는 말입니다.

이렇게 이미 엎지른 물에 대해 후회하거나 남들에게 '너 그렇게 해서는 안됐어' 하고 질책할 때 이 패턴이 제격입니다. 〈should not have + p.p.〉는 '~하지 말았어야 했다'는 의미예요. 줄여서 should't have로도 많이 써요. 반대로 '했어야 했다'는 〈should have + p.p.〉입니다.

We should not have trusted him.
우리는 그 남자를 신뢰하지 말았어야 했어.

I should not have been there.
난 거기 가지 말았어야 했는데.

60	**If we hurry, we can catch it!** 서두르면 탈 수 있어!

추상 구역에서 나온 그들은 다시 기차를 타야 하는데 여기서 또 빙봉이 길 안내를 하네요. 기쁨도 이제 그의 말을 믿어야 하나 살짝 의심이 들기 시작합니다. 허풍과 천진난만함으로 가득한 빙봉을 또 따라가야 할까요?

'서두르면 어떤 일을 할 수 있어'라고 말하고 싶을 때 If we hurry, we can ~ 표현을 쓸 수 있어요. 상황에 따라 주어를 I, you 등으로 바꿀 수 있고, 서두르다 외에도 다른 동사를 대체해서 다양한 문장을 만들어 보세요.

If we hurry, we can still make it before the curtain rises.
서두르면 아직까진 막이 오르기 전에 갈 수 있어.

If I hurry, I can get that great parking space.
서두르면 그 좋은 주차 장소를 차지할 수 있어.

61 | I'm **practically** the mayor.

실질적인 시장이랄까.

기차역으로 가는 길에 들린 '상상의 나라'. 현실로 치면 놀이 동산 같은 곳이죠. 빙봉이 자주 가던 곳이라 자기가 이곳의 '시장'이나 마찬가지라고 자랑하네요.

practical은 사전적 의미로 '현실적인, 실용적인, 타당한'이란 뜻의 형용사이고, 부사형으로 practically는 '사실상, 실질적으로'라는 뜻으로 '나 거의 ~나 다름 없어, 조금 보태서 말하면 ~야'의 뉘앙스가 남겼습니다.

I'm practically perfect in every respect.
난 모든 면에서 거의 완벽해.

I'm practically useless.
난 거의 쓸모없는 존재야.

62 | **Let me** try.

나도 해 봐야지.

'상상의 나라'에서 그들은 여러 재밋거리를 즐깁니다. 감자튀김 숲, 트로피 마을, 구름 마을 등. 구름 마을에선 구름 덩어리를 뜯어 타고 공중으로 날아요. 재미있는 건 같이 해 봐야겠죠?

〈Let me + 동사원형〉 '내가 ~해볼게, 내가 ~좀 하자'은 짧지만 아주 유용한 표현 중 하나인데요. 위 상황처럼 '나도 그 경험 해 볼게' 하는 참여 의미도 있고, '네가 서투르니 내가 대신 해 볼게'라는 도움 제안 의미도 있어요. me 대신 her/him, us 등 다른 대명사로 대체할 수 있어요.

Let me help you.
내가 도와줄게.

Let me take a break.
나 좀 쉬자.

63	**These kids look pretty good considering they're from San Francisco.** 걔들은 샌프란시스코 출신인데도 꽤 잘하는 것 같네.

라일리가 하키 리그 입단 테스트를 하러 엄마와 함께 경기장에 왔어요. 미네소타가 워낙 아이스하키로 유명하다 보니 나름 하키 부심이 강하죠. 샌프란시스코 출신인데도 아이들 실력이 썩 나쁘지 않은 것 같다고 엄마가 말하네요.

'처음치고는 잘하네, 발 다쳤는데도 잘 뛰네' 이런 말 들어봤을 거예요. 이러이러한 상황(여건)인데도 불구하고 어떻네 하는 의미이죠. considering '~을 고려하면, ~에 비해'는 이때 쓸 수 있는 전치사입니다. considering 뒤에는 명사구, 문장이 올 수 있어요.

His grandfather is very healthy considering his age.
그의 할아버지는 그의 연세에 비해 매우 건강하셔.

She's a very good painter considering she's just started.
그녀가 이제 막 시작한 것을 고려하면 그녀는 정말 그림을 잘 그려.

64	**Stop saying everything will be alright!** 다 잘될 거란 소리는 그만하세요!

라일리는 하키 입단 테스트에서 제 실력을 발휘하지 못한 채 넘어지고 맙니다. 엄마가 따뜻한 위로를 건네지만 라일리에게는 전혀 도움이 되지 않네요. 괜히 엄마에게 화풀이하고 휙 나가버립니다.

Stop saying ~ '~라는 소리 그만해'의 기본 패턴은 〈Stop + -ing〉 '그만 ~해'입니다. say외에도 다양한 동사가 올 수 있죠. 정말 뻔하고 듣기 싫은 소리를 들을 때 이 표현을 써서 반박할 수 있어요. 다툼이 일어날 우려는 있지만요.

Stop saying robots are taking away jobs. They aren't.
로봇 때문에 일자리가 줄어든다는 소리는 그만하세요. 그렇지 않으니까요.

Stop saying "no" and start saying "yes" more often.
'아뇨'라는 소리는 그만하고, '네, 네'라는 말을 더 하세요.

65 I wonder why they moved it?

왜 옮겼을까?

상상의 나라에서 나와 기차역으로 가는 길 빙봉이 늘 봤던 크래커 성은 무너져 있고 공주님 꿈나라와 인형 명예의 전당까지 모두 해체되고 있습니다. 이는 기억 처리반처럼 라일리의 기억에서 잊혀지는 건 모두 해체해서 버린다는 것을 의미하죠.

wonder는 '의아해하다, 궁금해하다'는 뜻으로, I wonder why ~ 하면 '왜 ~한지 궁금해', 즉 '왜 ~하지?'란 의미가 됩니다. why 뒤에는 완전한 문장이 올 수 있어요.

I wonder why you're so mean to me.
너는 왜 나한테 그렇게 야비하게 구니?

I wonder why they are dressed so weirdly.
걔들은 왜 그렇게 이상하게 옷을 입는 거지?

66 Which way to the train station?

역은 어느 쪽이니?

라일리와 빙봉이 함께했던 상상의 나라 추억들이 사라지던 중 빙봉이 가장 소중하게 여기던 '로켓'도 무참히 쓰레기장에 버려집니다. 충격에 빠진 빙봉은 망연자실하고… 어서 본부로 돌아가고픈 기쁨은 안타깝긴 하지만 그래도 갈 길은 가야 하지 않겠냐며 빙봉을 재촉하네요.

길 묻는 표현 제3탄! 앞서 Do you know how to ~? / Could you please tell me ~? 패턴 기억날 거예요. 이번엔 비교적 짧고 간단한데요. 〈Which way to + 장소?〉 간단한 만큼 캐주얼한 뉘앙스가 강하니 상대와 상황에 맞게 사용해야 합니다.

Which way to the museum?
박물관은 어느 쪽이죠?

I'm not sure which way to go.
어떤 길로 가야 하는지 모르겠네요.

67	**Sadness, don't make him feel worse.** 슬픔아, 그를 더 속상하게 만들지 마.

기쁨과 슬픔에게 있어 빙봉을 위로하는 방식은 완전 달라요. 기쁨은 빙봉을 억지로 웃겨서 끌고 가려고 하고 슬픔은 빙봉 곁에 앉아 최대한 공감하며 그의 얘기를 들어주려고 합니다. 기쁨은 슬픔에게 빙봉을 더 속상하게 만들지 말라는데, 결국 빙봉은 슬픔에게서 큰 위안을 받네요.

〈Don't make 목적어 + 목적보어(동사원형)〉 '~를 …하게 만들지 마' 패턴으로 누군가 어떤 상황에 처하거나 행동하게 만들지 말라고 요청, 명령하는 문장입니다. 문법 용어로 사역 동사라고 하죠. 사역 동사는 make, have, let 등이 있습니다.

Don't make me nervous.
날 긴장하게 만들지 마.

Don't make her cry.
그녀를 울게 만들지 마.

68	**Did I ASK for the gum commercial?!** 내가 껌 광고를 틀라고 했어?!

하키 입단 테스트를 망치고 잔뜩 화가 난 라일리, 그녀의 복잡한 심경마냥 본부도 혼란에 빠집니다. 그때 버럭에게 아이디어가 떠오르는데, 미네소타로 돌아가 행복한 기억을 더 만들자는 거죠. 그러고 옛 기억 버튼을 팍 치는데 뜬금없이 껌 광고 음악이 튀어나오네요.

Did I ~?는 '내가 ~했니?'라는 뜻인데 말 그대로 바로 직전이나 과거 행동을 묻는 문장이기도 하지만 이 장면에서는 '버럭'답게 짜증을 내며 '누가 해 달랬어?' 하고 따지는 뉘앙스가 담겼습니다. ask for는 '~에 대해 묻다, 요청(부탁)하다'라는 의미입니다.

I'm sorry, did I ask for your opinion?
죄송한데요, 누가 당신의 의견을 물어봤습니까?

Did I ask for your help?
누가 도와달라고 했나요?

69 **I'm sure jolly fun-filled times are just around the corner.**

내일 아주 재미있는 일들이 벌어질 것 같은 예감이 드니까.

버럭의 '가출 아이디어'는 가뜩이나 소심한 '소심'을 잔뜩 긴장하게 만듭니다. 설마 진짜 가출하자는 건 아니겠지 노심초사하며 하룻밤 자면서 다시 생각해 보자고 제안하네요. 그에 버럭도 그러자 하며 흥미로운 내일을 기대합니다.

just around the corner는 글자 그대로 '모퉁이를 돌면 바로 있다'는 뜻인데요. 물리적으로 '모퉁이를 도는' 상황에서도 쓰이지만, 이 장면에서는 '어떤 일, 사건'이 '코앞에 닥쳤다, 곧 다가온다'라고 해석할 수 있어요. 크리스마스, 봄, 졸업식, 시험, 폭설 등 모두 곧 다가올 수 있는 것들이죠.

Apparently the storm is just around the corner.
보아하니 폭풍우가 금방 몰아닥칠 것 같아.

The competition is just around the corner.
대회가 코앞에 닥쳤어.

70 **Just because Joy and Sadness are gone, I have to do stupid Dream Duty.**

기쁨이랑 슬픔이 없다고 내가 꿈 당번을 해야 된다니.

라일리가 잠에 들면 감정들도 모두 퇴근하는데, 그녀의 꿈을 지켜보는 '꿈 당번'을 소심이 맡았네요. 기쁨과 슬픔이 본부에서 벗어난 바람에 자신이 당번을 해야 하니 꽤나 억울한가 봅니다.

Just because ~는 '단지 어떤 이유 때문에, 오로지 ~때문에'라는 뜻으로 사소하거나 특정 상황 때문에 억울하고 부당한 일, 문제가 생긴 걸 표현할 수 있어요. Just because. 단독으로도 많이 쓰이는데요. '그냥 (이유 없어)'라는 뜻이에요.

Just because you had a nightmare, don't stop dreaming!
악몽을 꾸었다고 꿈을 꾸는 것을 포기하지 마세요!

Do not say that just because he isn't here.
그가 여기 없다고 그렇게 말하지 마.

71	**We're gonna make her so happy she'll wake up with exhilaration!** 우리가 라일리의 행복하게 만들어서 기분 좋게 깰 거야.

기쁨, 슬픔, 빙봉은 생각 기차를 타고 가던 중 라일리가 잠들자 기차도 멈추게 됩니다. 시간이 촉박하니 셋은 꿈 공작소를 통해 라일리를 깨우기로 하는데 슬픔은 '겁을 줘서 깨우자', 기쁨은 '기분 좋게 깨우자'라며 의견이 갈리네요.

누구를 어떻게 만들겠다고 말하고 싶을 땐 〈We're gonna make + 누구 ~〉를 활용해 보세요. 물론 '누구' 대상에는 사람, 동물, 사물 모두 올 수 있습니다. 누구 뒤에는 형용사뿐 아니라 동사원형이나 명사를 붙일 수 있어요.

We're gonna make her feel more secure.
우리는 그녀를 좀 더 안심할 수 있게 할 거야.

I'm gonna make you regret what you said.
나는 네가 한 말을 후회하게 만들 거야.

72	**I don't think this happy thing is going to work.** 이 행복 작전이 잘 안 먹힐 것 같아.

개 의상을 입고 꿈 촬영 중에 난입할 '행복 작전'을 밀어붙이는 기쁨, 슬픔은 계속 이 작전이 안 먹힐 것 같다고 의문을 제기합니다. 과연 이 행복 작전으로 라일리 잠 깨우기는 성공할 수 있을까요?

I don't think it's ~ '~라고 생각하지 않아'라는 의미입니다. this happy thing을 it으로 받아서 I don't think it is going to work. 이렇게도 쓸 수 있고요. 반대로 I think it's ~ '~라고 생각해'도 자주 쓰이는 패턴이니 기억해 두세요. 문장 끝의 work는 '일하다'가 아닌 '효과가 있다, 먹히다'라는 뜻입니다.

I don't think it is going to happen.
그런 일이 벌어질 거라 생각하지 않아.

I don't think it is going to rain today.
오늘 비 올 것 같지 않은데.

73 | **They're trying to wake her up!**

라일리를 깨우려는 거야!

꿈 촬영 중 기쁨의 작전대로 무대에 난입해 개처럼 짖고 돌아다니는 기쁨과 슬픔. 말 그대로 무대를 난장판으로 만들어 버립니다. 꿈 감독은 그들이 라일리를 깨우려는 의도가 있다는 것을 알아차리고 경비를 부르라고 하네요.

be trying to ~는 '~하려고 하고 있다'라는 뜻입니다. 자신이나 누군가 목적을 갖고 애쓰고 있을 때 쓸 수 있죠. wake up은 '잠(정신)을 깨우다'인데 '누구'를 깨우다 할 때 me/you/her같은 대명사는 wake her up처럼 목적어가 사이에 들어가고, his son같은 명사는 사이 혹은 wake up 뒤에 둘 다 올 수 있어요.

I'm trying to lose weight.
난 살 빼려고 노력하고 있어.

They're trying to find their dog.
그들은 개를 찾으려고 애쓰고 있어.

74 | **I know people in Headquarters!**

난 본부에 아는 사람들이 있다고!

결국 기쁨, 슬픔, 빙봉은 꿈 침입자로 들켜 경비원에게 빙봉이 끌려갑니다. 다행히 기쁨과 슬픔은 무대 구석에 숨었어요. 이제 빙봉을 구하러 가야겠네요.

영화나 드라마에 종종 나오는 대사죠. '당신 나 누군지 알아? 어디에 내 친구 있다고!' 이런 허세는 동서양을 막론하나 보네요. 이 장면은 약간 웃픈 상황이긴 하지만 이 표현이 아주 유용하게 쓰일 때도 있답니다. 직장에서 '어느 부서에 누구 알아요'는 필수 표현이죠.

I know people in the movie industry.
영화계에 아는 사람들이 있지.

I know people in high places.
높은 데에 아는 사람들이 있지.

75 | **I'm scared of the dark. Please!**

나는 깜깜한 게 무서워. 제발!

경비원들에 의해 빙봉은 어두운 절벽 아래 거대한 문으로 끌려갑니다. 기쁨과 슬픔은 그들을 쫓아가고 안타깝게도 멀리서 지켜볼 수밖에 없어요. 덩치만 크지 겁 많은 빙봉은 무섭다고 난리네요.

be scared of는 '~을 무서워하다, 두려워하다, 겁내다'란 의미입니다. 참고로 두려움을 나타내는 단어는 scared, afraid, fear 등이 있어요. of 뒤에 두려움의 대상을 넣어 다양한 문장을 구성해 보세요.

I'm scared of being old and alone.
난 나이 들어서 혼자가 되는 게 두려워.

I'm scared of getting too close to anyone.
난 누구든지 너무 가까워지는 게 두려워.

76 | **That's what I wrote in my hat.**

내가 내 모자에 그렇게 써놓은 거야.

빙봉이 갇힌 동굴은 '잠재의식의 세계'로 라일리의 기억 속 말썽꾸러기들을 가둬두는 곳입니다. 그 입구를 지키는 경비원들은 별 의미 없는 대화를 주고받고 있네요. 저 경계를 뚫고 빙봉을 구할 수 있을까요?

〈That's what 주어 + 동사〉 '그것이 바로 (주어)가 (동사)하는 것이다'라는 의미로 쓰임이 매우 많은 표현입니다. That's what I said. '그게 내가 했던 말이야 = 내 말이' 이 표현도 익숙하죠? That's 다음에 exactly (바로, 틀림없이)를 추가해 하고자 하는 말에 강조점을 찍을 수 있어요.

That's what I'm talking about.
내가 하는 말이 그거야.

That's what I want to know.
그게 내가 알고 싶은 거야.

77	**All he cared about was the candy!** 얘는 사탕에만 관심 있더라!

슬픔의 기지로 둘은 손쉽게 잠재의식 동굴로 들어갑니다. 이곳은 꽤나 으스스한 공간이네요. 빙봉이 흘린 눈물, 사탕 껍질을 따라 드디어 빙봉을 발견하는데 그는 거대한 삐에로 위 풍선 우리 안에 갇혀 있어요.

〈All + 주어 + 동사 ~〉은 '(주어)가 (동사)하는 것은 ~일뿐이야'라는 의미입니다. 이 장면은 '삐에로 풍선이 관심 있는 것은 사탕뿐이었어'라는 해석할 수 있죠. All은 단수 취급을 해서 뒤에 is/was처럼 단수 동사가 온다는 점도 기억하세요.

All she cared about was the boy band.
그녀는 그 아이돌 그룹에만 관심이 있더라.

All you need is patience.
네게 필요한 건 인내심이야.

78	**Guess who's on their way to Headquarters?!** 누가 본부로 가고 있게?!

빙봉을 무사히 구출하고 나가려는데 기쁨과 슬픔은 라일리가 아직 잠들어 있다는 것을 깨닫죠. 여기서 필요한 건? 결국 슬픔의 제안대로 겁줘서 깨우기! 삐에로 풍선을 꿈에 출연시켜 라일리를 깨우고 셋은 기쁜 마음으로 기차에 탑승합니다.

Guess who ~?는 누구인지 알아맞혀 보라고 할 때 쓰는 표현입니다. 내가 어제 누굴 봤는데, 그게 누군지 알아? 이때 단독으로 Guess who?를 쓸 수 있어요. who 뒤에 동사, '주어 + 동사'를 써서 '누구'를 수식하는 역할을 해요.

Guess who is back?
누가 돌아왔게?

Guess who is planning to show up at our party?
누가 우리 파티에 참석하려는지 알아?

79 Time to take action.

행동으로 보여줄 때야.

간밤의 꿈 소동으로 소심은 횡설수설하며 정신을 못 차리고 이에 버럭은 더는 못 참겠다는 듯이 가출 아이디어를 실행에 옮겨야겠다고 선언합니다.

'무엇을 할 때'라고 선언하고 싶으면 버럭처럼 〈Time to + 동사원형〉으로 간단명료하게 말할 수 있어요. 앞에 It is를 추가해서 It's time to ~라고 할 수 있고 간략하게 Time to ~만 써도 좋아요. take action은 '행동에 옮기다'는 의미로 action, to do something과 같은 의미죠.

Time to move on.
계속 전진할 때야.

Time to think differently.
생각을 달리할 때야.

80 I can't wait to get the old Riley back.

난 빨리 예전의 라일리로 돌아오게 하고 싶어.

생각 기차 안에서 셋은 기차 밖 세상 구경을 하며 대화를 나누고 있습니다. 기쁨은 슬픔에게 '라일리를 겁줘서 깨우는 것'이 좋은 생각이었다고 칭찬합니다. 모처럼 슬픔의 얼굴이 밝아지네요. 이어 빨리 돌아가서 예전의 라일리로 돌려놓고 싶다고 희망을 말합니다.

〈I can't wait to + 동사원형〉은 비교적 잘 알려진 표현이죠. '무엇을 하는 것을 기다릴 수 없다', 즉 '~을 빨리 하고 싶어 죽겠다, 좀이 쑤신다, 하루 빨리'라는 뜻입니다. 비슷한 표현으로 I'm anxious to ~가 있어요.

I can't wait to hear more about this.
어서 빨리 이것에 관해서 더 듣고 싶어 좀이 쑤셔.

I can't wait to get started.
어서 빨리 시작하고 싶어 죽겠어.

81	**It was the day the Prairie Dogs lost the big playoff game.** 프레리도그 팀이 중요한 플레이오프 경기에서 진 날이었어.

기차에서 빙봉은 하키 팀원들이 라일리를 헹가래치는 옛 기억을 보며 얘기를 꺼냅니다. 기쁨은 그것을 보고 즐거웠던 때로 기억하는데 슬픔은 그날 플레이오프 경기에서 지고 라일리가 하키를 관두고 싶어 했다고 기억하네요. '그날의 서로 다른 기억'입니다.

살다 보면 어떤 날은 다른 날들과 달리 자신에게 굉장히 의미 있는 날로 다가오는 경우가 있습니다. 그런 날에 대해 회상할 때 〈It was the day + 과거 문장〉을 써보세요.

It was the day I was told that I had cancer.
그날이 바로 내가 암에 걸렸다는 말을 들은 날이었어.

It was the day the souls of the dead would roam the streets and villages at night.
그날은 죽은 사람들의 영혼이 밤에 거리와 마을을 떠돌아다니는 날이었어.

82	**Isn't there any way that you can rush it?** 좀 더 빨리 여기로 도착하게 하는 방법은 없나요?

라일리는 미네소타로 가출 계획 실행을 위해 엄마 지갑에서 신용카드를 꺼내 듭니다. 이때 엄마는 이삿짐 트럭 문제로 통화 삼매경이네요.

Isn't there any way that ~는 '~하는 방법 없을까요?'라는 표현으로 뭔가 방법이나 대책을 궁리하거나 찾아내려고 할 때 쓸 수 있는 표현입니다. 일할 때 이런 표현 쓸 때가 꽤 많답니다. 부정 의문문(Isn't ~)이지만 일반의문문(Is ~)과 큰 차이가 없으니 둘 다 사용 가능하고 해석도 '~방법 있을까요?'라고 해도 무방합니다.

Isn't there any way to improve the efficiency of this process?
이 과정의 효율성을 증명하는 방법이 없을까요?

Is there any way to contact her right now?
지금 바로 그녀와 연락할 수 있는 방법이 있을까요?

83 Are we really doing this?

정말 이렇게 해야겠니?

엄마 신용카드도 손에 넣었겠다 라일리는 이제 작정하고 가출 짐까지 싸고 있습니다. 이 상황을 보고 소심이는 이렇게까지 해야겠냐며 심히 걱정하는 모습입니다.

우리가 하고 있는 일에 의구심이 든다면 소심처럼 〈Are we really + -ing ~?〉로 물어볼 수 있어요. really를 넣어 '정말 이렇게까지' 하는 강조 의미를 늘렸고요. 당장 지금의 행동을 짚고 싶을 땐 위 표현처럼 뒤에 현재형을 쓰는데, Are you really okay/sad?처럼 상태를 물을 수도 있어요.

Are we really making progress?
우리는 진짜로 발전하고 있는 걸까?

Are you really listening to me?
넌 진짜로 내 얘기를 듣고 있는 거니?

84 But that's our only way back!

하지만 우리가 돌아갈 수 있는 길은 저곳밖에는 없어!

정직섬이 무너지며 타고 가던 생각 기차가 추락합니다. 구사일생으로 살아남은 기쁨, 슬픔, 빙봉은 이제 마지막으로 남은 가족섬으로 가는데 그것마저 흔들리고 있네요. 슬픔은 위험하다고 경고하지만 기쁨은 돌아갈 길은 저곳뿐이라며 강행하려는데…

'믿는 구석이라곤(남은 방법이라곤) 그것밖에 없다'고 할 때 That's our only ~를 이용해 봅시다. 약간 변형해서 〈That's/It's the only way to + 동사원형〉 패턴도 자주 쓰이니 알아 두세요.

That's our only option.
우리가 선택할 수 있는 건 그것밖엔 없어.

That's our only way to help her.
우리가 그녀를 도와줄 수 있는 방법은 그것뿐이야.

85 **If you get in here, these Core Memories will get sad!**

네가 여기 들어오면 이 핵심 기억들이 슬퍼진단 말이야!

가족섬이 흔들리는 여파로 주변 절벽과 기억 저장 선반이 무너지고 그 와중에 회상 튜브가 드러나자 셋은 그것을 타고 본부로 돌아가려고 해요. 슬픔이 좁은 튜브에 오르고 핵심 기억들이 몸에 닿으며 푸른색으로 변하려고 합니다. 이에 기쁨은 슬픔을 밀어내며 라일리를 위해 어쩔 수 없다며 혼자 튜브를 타고 올라가네요.

〈If + 주어 + 동사(현재), 주어 + 동사(미래)〉 If 조건절 패턴으로 '~하면, ~할 거야/하게 될 거야'라는 의미예요. If절에는 현재형을 종속절에서는 will이나 be going to같은 미래 시제를 쓰는 것 기억하세요.

A: So, what are your plans for the weekend?
그래서 주말에 뭐할 거예요?

B: If it's sunny, I'll go to the beach.
날씨 맑으면 해변이나 가려고요.

86 **We might as well be on another planet.**

다른 별에 있는 거나 다름없어.

회상 튜브를 통해 홀로 가려던 기쁨은 결국 그 튜브마저 부서지며 저 아래 기억 쓰레기장으로 추락합니다. 절벽이 무너지는 바람에 빙봉도 함께 떨어지고 마네요. 기쁨은 빠져나가려 애쓰지만 그곳은 외딴 별과 다름없이 깊고 어둡습니다.

〈might as well + 동사원형〉은 '그냥/차라리 ~하는 편이 낫다'라는 의미로 현재 상황에서 다른 방법이 없을 때 쓸 수 있는 표현입니다. 이 장면에서도 '여기서 나가는 건 글렀고 다른 행성이다 생각하고 여기 있는 게 낫겠어'라는 빙봉의 자포자기 심정이 담겼다고 볼 수 있어요.

We might as well stay here.
우리 그냥 여기 머무는 게 낫겠어.

You might as well tell me what happened.
무슨 일인지 내게 말하는 게 좋을 거야.

87

I've got a feeling about this one.

이번엔 예감이 좋아.

얼마 전 빙봉이 아끼던 '로켓'이 이 쓰레기장에 버려진 걸 기억한 기쁨은 노래를 부르기 시작합니다. 저 멀리서 화답하는 '로켓'. 이제 그들은 이곳을 탈출할 방법을 찾았어요. 몇 차례 발사 실패 후 빙봉은 이번엔 예감이 좋다고 한 번 더 해보자는 의미심장한 제안을 하네요.

get a/the feeling은 '~라는 느낌이 있다'는 뜻이에요. good/bad feeling으로 좋은/나쁜 느낌임을 나타내고 뒤에 about, that을 연결해 어떤 느낌인지 구체적으로 설명할 수 있어요.

I have a bad feeling about this.
이것에 대한 느낌이 안 좋아.

I've got a feeling that she doesn't like my work.
그녀가 내 작업을 안 좋아한다는 느낌이 들어.

88

Take her to the moon for me.

나 대신 라일리를 달에 데리고 가.

빙봉이 예감이 좋다고 한 시도는 결국 성공합니다. 기쁨 혼자 절벽 위에 무사히 안착했는데, 이는 기쁨이 더 가볍게 날아갈 수 있게끔 발사 직전 빙봉이 로켓에서 뛰어내렸기 때문이죠. 그리고 빙봉은 소멸합니다. 기쁘고도 슬픈 성공이네요.

take ~ to …는 '~을 …로 데려가다'는 의미입니다. 누군가에게 어디로 데려달라고 부탁하거나 해외 여행에서 택시 기사에게 요청할 수 있는 표현이기도 하죠. 꽤 유명한 올드 팝 중에 'Take Me Home, Country Roads'라는 곡이 있는데, 딱 기억하기 좋은 곡명이죠?

Would you take me to the Plaza Hotel, please?
플라자 호텔로 가주시겠어요?

Take Mike to the soccer lesson for me.
나 대신 마이크 좀 축구 레슨에 데리고 가줘.

89 **Is that someone walking towards us?**

저기 누가 오는 거 아냐?

부모님이 귀가해서 라일리가 집에 없자 걱정이 앞섭니다. 그 시간 라일리는 샌프란시스코의 후미진 골목길을 홀로 걸어갑니다. 소심은 가뜩이나 불안한 마음에 저기 누가 오는 거 아니냐며 안절부절못하네요.

이 장면처럼 뭔가 의심스러운 상황에 저기 '저기 누가 ~하는 거 아니야?'라든가 '저기 빨간 자전거 타는 저 사람 말이야?' 하며 상대가 가리킨 대상을 확인하며 되물을 때 〈Is that someone + -ing ~?〉 패턴을 활용할 수 있어요.

Is that someone running on the roof?
지붕 위를 달리는 사람이 있잖아.

Is that someone laughing out there?
밖에 누군가 웃는 사람이 있잖아.

90 **If I were Sadness, where would I be?**

내가 슬픔이라면 어디에 있을까?

기쁨은 무사히 폐기장에서 나와 슬픔을 찾지만 보이질 않습니다. 저장소 통로 사이를 뛰어다니다 갑자기 슬픔처럼 철퍼덕 드러누워 '내가 슬픔이라면 어디에 있을까?' 하며 잠시 그녀가 되어보기로 합니다.

〈If + 주어 + 동사(과거) ~, 주어 + would + 동사원형〉의 가정법 과거 문형입니다. 약간 복잡해 보여도 문장을 통하면 쉽게 이해할 수 있어요. 이 구문은 '내가 ~라면 ~할 텐데'라고 해석하며 누군가에게 조언하거나 위 문장처럼 내가 다른 사람 입장에서 의견을 말할 때 사용합니다.

If I were in his shoes, I would be embarrassed.
내가 걔 입장이라면 난 창피할 거야.

If I were you, I'd take this email very seriously.
내가 너라면 이 이메일을 아주 심각하게 받아들일 거야.

91 Riley's better off without me!

라일리는 내가 없는 게 나아!

저 멀리 슬픔이 보입니다. 기쁨이 반갑게 부르지만, 슬픔은 갑자기 기쁨을 피해 도망치네요. 슬픔이 도망치는 이유는 라일리를 위해 자신이 없는 게 낫다고 생각하기 때문이에요.

be better off ~는 '~보다 더 낫다'는 의미로 '경제적으로(더 부자가 된) 더 나아진' 경우와 '상황이 더 나아진' 경우 모두 쓰이죠. 위 문장은 후자에 해당되고요. 참고로 반대 표현도 알아볼까요? better의 반대어를 떠올려보세요. be worse off '더 가난하다, 불행하다'입니다.

She's better off working in design.
그녀는 디자인 팀에서 일하는 게 나아요.

You'd be better off without all these toys.
너는 이 장난감들이 없는 게 나을 거야.

92 What do you mean it's stuck?!

꼼짝도 안 하다니 무슨 소리야?!

라일리는 터미널에서 미네소타행 버스를 막 타려 하고 사태가 심각해지자 본부에서도 비상이 걸립니다. 이 가출 계획을 주도했던 버럭도 이건 미친 짓이라며 콘솔을 제어하려고 하지만 이제 꼼짝도 안 하네요.

'그게 무슨 의미야?'라고 물을 때 머리에 떠오르는 표현, What do you mean? 기억하고 있죠? 끝에 by that을 붙여 '그게 무슨 뜻이야'라고 물을 수 있고요. 위 문장처럼 앞사람의 대사를 그대로 가져와서 What do you mean it's stuck?라고 되물을 수도 있어요.

What do you mean you don't like my style?
내 스타일이 마음에 들지 않는다니 무슨 소리야?

What do you mean this gift isn't for me?
이 선물이 내 게 아니라니 무슨 소리야?

93 Nothing's working!

되는 게 아무것도 없네!

소심, 까칠, 버럭은 콘솔을 제어하려고 버튼을 마구 누르고, 의자로 내려치는 등 온갖 방법을 다 쓰지만 콘솔은 계속 먹통입니다. 이제 라일리가 그 어떤 감정도 느낄 수 없게 되는 걸까요?

'아무것도 ~하지 않는다'라고 할 땐 Nothing's ~ 패턴을 쓸 수 있어요. 비슷한 표현으로 〈I have/There's nothing to + 동사원형〉 구문도 많이 사용해요. work는 앞에서도 소개됐지만 '일하다'가 아닌 '효과가 있다, 작동되다'라는 뜻입니다.

Nothing's going to stop me.
이 세상에서 아무것도 나를 막을 수는 없어.

Nothing's really happening down here.
여기는 정말 아무 일도 일어나지 않아.

94 Did you mean what you said before?

너 전에 말했던 거 진짜지?

이제 기쁨은 본부로 돌아가기 위한 최후의 방법을 찾습니다. 상상의 나라에 있는 '상상 남자친구' 생성기를 이용할 예정이에요. '라일리를 위해 죽을 수 있어'라고 외치는 '상상 남자친구'에게 정말 그럴 수 있는지 묻는 상황이에요.

mean의 대표 뜻은 '의미하다, 뜻하다'인데요. 문장으로 쓰이면 어떤 의미가 될까요? Did you mean it?은 '그거 진심이었어?'라는 의미로 의도를 강조하고 묻는 거예요. 구체적인 '그것'을 위 문장처럼 풀어 쓸 수 있고요. I mean/meant it. '진심이었어'라고 답할 수 있어요.

A: Did you mean what you said last meeting?
지난 회의 때 말씀하셨던 것 진심이신가요?

B: No. I didn't mean it.
아뇨. 그런 의도는 아니었어요.

95	**Her teacher hasn't even seen Riley all day.** 담임은 종일 라일리를 보지도 못했대.

집에서 라일리의 엄마와 아빠는 초초하게 딸의 행방을 찾고 있습니다. 휴대폰으로 여러 번 전화를 해도 받지 않고 학교 선생님은 라일리를 보지도 못했다고 하니 환장할 노릇이네요.

현재완료형 부정문 〈have/has not + p.p.〉 구문으로 '~한 적이 없다'라고 해석할 수 있어요. 오늘(과거)부터 라일리를 못 봤고 지금까지 못 본 상황이니까요. even은 '심지어, ~도'라는 뜻으로 행위의 강조 뉘앙스가 있습니다.

He hasn't even seen his own child yet.
그 남자는 자기 애를 아직 보지도 못했어요.

She hasn't even seen the new machinery, let alone tested it yet.
그 여자는 새로 설치한 기계를 테스트해보기는커녕 보지도 못했어요.

96	**Please don't be mad.** 화내지 마세요.

기쁨과 슬픔이 본부로 돌아오고 슬픔이 콘솔 제어를 맡으며 결국 라일리는 버스에서 내려 집으로 무사히 돌아옵니다. 라일리는 눈물을 흘리며 그녀의 속마음을 털어놓습니다.

'제발 ~하지 말아달라'고 간곡히 부탁할 때 쓸 수 있는 표현이에요. don't be ~ 뒤에는 명사, 형용사가 올 수 있는데 위 문장처럼 감정에 호소할 땐 angry, nervous, upset 등 형용사를 쓰고, '아기처럼 굴지 마' 할 때는 be 다음에 a baby 같은 명사가 올 수 있어요.

Please don't be scared.
겁먹지 마세요.

Please don't be sad. I'm here.
슬퍼하지 마세요. 내가 여기 있잖아요.

97	Your new expanded console is up and running. 새로 확장한 콘솔이 작동돼.

감정들의 본부도 라일리의 집도 이제야 안정을 되찾아 갑니다. 본부에는 새로운 콘솔이 생겼어요. 예전보다 더 커지고 작동도 잘 된다고 하네요. 더는 고장날 일이 없었으면 좋겠네요.

up and running은 어떤 '시스템, 조직, 기계 등이 정상적으로 작동된다'는 의미를 나타내는 숙어입니다. 벌떡 일어나(up) 달리고 있는(running) 모습을 연상하면 이 표현을 기억하기 쉽겠죠? 기계뿐만 아니라 회사 같은 조직이나 사업, 프로젝트에도 이 숙어를 쓸 수 있어요.

Finally, our website is up and running!
드디어 우리 사이트가 작동되네!

The world's largest solar-powered plant is up and running.
세상에서 제일 큰 태양열 발전소가 가동되었다.

98	I have access to the entire curse word library! 욕 대백과 사전에 접속할 수 있어!

감정들은 새 콘솔 앞에 모여 저마다 한마디 하네요. 이제 각 감정 별 섹션으로 나뉜 것 같은데요. 버럭은 욕 대백과 사전에 접속할 수 있다며 아주 신이 난 모양입니다. 어떤 욕이 있는지 궁금해지네요.

access는 '접근, 접촉'이란 뜻으로 인터넷 활용도가 높아지면서 이 단어도 쓰임이 많아졌습니다. 인터넷 상에서는 '접속'이라고 하는데 그냥 '액세스가 안 돼' 하며 통용되기도 하죠. 〈have access to + 명사〉 '~에 접속(접근)하다', '~을 이용할 수 있다'는 표현도 함께 알아 두세요.

Do I have access to e-books?
전자도서에 접속이 되나요?

What resources do I have access to?
어떤 자료에 접속할 수 있는 건가요?

99	You guys **don't have to** come to every game. 매 경기마다 오실 필요는 없어요.

라일리의 하키 경기를 보러 총출동한 가족. 라일리는 부모님이 살짝 부끄럽게 느껴지는 모양인데 얼굴 가득 페이스 페인팅에 과한 응원 때문일까요? 엄마 아빠의 딸에 대한 사랑과 관심을 어찌 막을 수 있겠어요.

'너 꼭 학교 가야 해!' 할 때 have to ~ '~해야 해'를 쓰는데요. 그 반대로 '~할 필요는 없어'는 앞에 don't를 추가해서 ⟨don't have to + 동사원형⟩로 쓸 수 있어요. 비슷한 표현으로 don't need to ~가 있는데 have to 보다는 강도가 약간 낮은 편입니다.

You don't have to come to every meeting.
회의 때마다 오실 필요는 없어요.

You don't have to come to every session. Feel free to pick and choose!
수업을 모두 들을 필요는 없어요. 듣고 싶은 것만 골라서 들으세요!

100	**Just in case.** 혹시 모르니까.

엄마의 머릿속 본부에선 아빠에 대한 애정이 넘치는 대화가 오가네요. 엄마의 버럭은 페이스 페인팅이 아빠의 멋진 아이디어라고 칭찬하며 브라질 헬기 조종사 기억을 뒤로 휙 던져 버립니다. 그때 엄마의 소심이 스윽 나타나 기억을 주우며 말하네요. '혹시 모르니까.'

미드나 영화에 빈번히 나오는 표현으로 짧지만 매우 유용한 문장이죠. '혹시 모르니까, 만약을 대비해서'라는 뜻으로 ⟨just in case 주어 + 동사⟩ '혹시 ~할까 봐'처럼 뒤에 문장이 추가되기도 합니다. just in case 단독으로도 많이 쓰이니 이참에 잘 외워 두세요.

A: Why are you buying a bunch of toilet paper?
왜이리 화장지를 많이 사?

B: Just in case.
혹시 모르니까.